当前，我国的农产品流通仍然处于粗放运行阶段。

农产品生产的长周期增加了供应链运行的风险。

在农产品流通迈向现代化的过程中，供应链管理将成为普遍的管理手段。

农产品供应链整合研究

NONGCHANPIN GONGYINGLIAN ZHENGHE YANJIU

本书以农工商产业协同视角对农产品供应链整合进行了深入研究，构建了组织整合、信息整合和资源整合的农产品供应链整合研究框架。回答了在农产品流通过程中谁和谁有条件结成供应链合作伙伴、以什么样的方式在链上使用信息技术、如何对物流设施设备进行投资等问题，从而揭示农产品供应链获得增值的一般规律。

纪良纲　刘东英等◎著

人民出版社

责任编辑:柴晨清

图书在版编目(CIP)数据

农产品供应链整合研究/纪良纲 刘东英 等著. —北京:人民
出版社,2016.8
ISBN 978－7－01－016335－2

Ⅰ.①农… Ⅱ.①纪… Ⅲ.①农产品-供应链管理-研究-
中国 Ⅳ.①F724.72

中国版本图书馆 CIP 数据核字(2016)第 130071 号

农产品供应链整合研究
NONGCHANPIN GONGYINGLIAN ZHENGHE YANJIU

纪良纲 刘东英 等著

人 民 出 版 社 出版发行
(100706 北京市东城区隆福寺街 99 号)

北京汇林印务有限公司印刷 新华书店经销

2016 年 8 月第 1 版 2016 年 8 月北京第 1 次印刷
开本:880 毫米×1230 毫米 1/32 印张:9.875
字数:222 千字

ISBN 978－7－01－016335－2 定价:39.00 元

邮购地址 100706 北京市东城区隆福寺街 99 号
人民东方图书销售中心 电话 (010)65250042 65289539

总　序

　　时光荏苒，岁月如梭，河北经贸大学已历经 60 年岁月的洗礼。回首她的发展历程，深深感受到经贸学人秉承"严谨为师、诚信为人、勤奋为学"的校训，孜孜不倦地致力于书山学海的勤奋作风，而"河北经贸大学学术文库"的出版正是经贸师生对她的历史底蕴和学术精神的总结、传承与发展。为其作序，我感到十分骄傲和欣慰。

　　60 年来特别是改革开放以来的三十多年，河北经贸人抓住发展机遇，拼搏进取，一步一个脚印，学校整体办学水平和社会声誉不断提升，1995 年学校成为河北省重点建设的 10 所骨干大学之一，1998 年获得硕士学位授予权，2004 年在教育部本科教学工作水平评估中获得优秀，已成为一所以经济学、管理学、法学为主，兼有文学、理学和工学的多学科性财经类大学。

　　进入新世纪以来，我国社会经济的快速发展，社会各届对高等教育提出了更高的要求，高等教育进入了提升教育质量、注重内涵发展的新时期，不论是从国内还是从国际看，高校间的竞争日趋激烈。面对机遇和挑战，河北经贸人提出了以学科建设为龙头，走内涵发展、特色发展之路，不断提高人才培养质量，不断提升服务社会经济发展的能力和知识创新的能力，把我校建设成高水平大学的奋斗目标和工作思路。

　　高水平的科研成果是学科建设水平的体现。出版"河北经贸大学学术文库"的主要目的是进一步凝练学科方向、推进学科建设。近年来,我校产业经济学、会计学、经济法学、理论经济学、企业管理、财政学、金融学、行政管理、马克思主义中国化研究等重点学科在各自的学科领域不断进取,积累了丰富的研究成果。收入文库的著作有的是教授们长期研究的结晶,有的则是刚刚完成不久的博士学位论文,其作者有的是在本学科具有较大影响力的知名专家,更多的则是年富力强、立志为学的年轻学者,文库的出版对学科梯队的培养、学科特色的加强将起到非常积极的作用。

感谢人民出版社为"河北经贸大学学术文库"的出版所付出的辛勤劳动,人民出版社在出版界的影响力及其严谨务实的工作作风,与河北经贸大学积极推进学科建设的决心相结合,成就了这样一个平台。我相信,借此平台我们的研究将有更多的机会得到来自社会各界特别是研究同行们的关注和指教,这将成为我们学术生涯中的宝贵财富;我也希望我们河北经贸学人能够抓住机会,保持锲而不舍的钻研精神、追求真理的科学精神、勇于探索的创新精神和忧国忧民的人文精神,在河北经贸大学这块学术土壤中勤于耕耘、善于耕耘,不断结出丰硕的果实。

河北经贸大学校长　纪良纲

·目　录·

第一章　绪　　论

在持续二十年的时间里,我们一直在关注农产品流通领域的变化,既包括理论研究也包括实践探索。让我们印象深刻的是,尽管有包括新理念、新主体、新渠道、新技术等现代元素的不断加入,但是这个领域中一些痼疾一直没有能够得到彻底解决,比如说局部区域或个别品类的农产品买难卖难现象不仅从未间断,而且还在基本的供需不平衡原因之外又加入了资本炒作的影子,比如生鲜农产品流通过程中的巨额损耗问题始终存在,再比如全国市场视角下的农产品生产、流通、销售等信息的零散、残缺、滞后、缺乏使用价值的情况始终没能出现质的改变。在这些痼疾之外,还有新问题出现,其中最为严重的莫过于食品安全问题,近些年来频发的食品安全案件几乎引发了全民对食品的信任危机。我们不禁要问,这些食品中的不安全因素究竟始于哪个环节:生产环节? 加工环节? 物流环节还是销售环节? 最为糟糕的是很多时候我们没有答案。建立食品安全可追溯体系是各方普遍认可的解决食品安全问题的方法,但是很显然,建设成效十分有限,特别是国内市场生鲜农产品流通渠道上的可追溯体系几乎没有。以上这些问题揭示两个事实:第一,大流通大市场背景下的农产品流通仍然处于粗放运行阶段,少量的供应链系统、冷链系统的存在还远未普遍性地改变这个现状;第二,存在于农、工、商三大产业发展水平上的差异以及政府管理的分隔加大了农产品流通一体化管理的难度,从而加重了流通粗放运行的特点。

实施农产品供应链管理实际上是希望借助于先进的管理手段来提高流通效率,从理论上讲这是可行的。目前,在一些领域已经有一些运行比较好的供应链让我们看到了希望,但是个案的成功经验难以得到有效推广也是事实。众所周知,农产品具有生物性且品类繁多,几乎所有的研究者都认同:不同品类的农产品在供应链上流动必然对供应链管理提出不同要求,这也是很多关于农产品供应链的研究成果要么笼统而模糊,缺乏针对性;要么是个例经验,缺乏可复制性的原因。基于这样的研究现状,在已有成果的基础上,本书慎重选择了农工商产业协同视角来研究农产品供应链整合问题:第一,在农产品流通迈向现代化的过程中,供应链管理将成为普遍的管理手段,那么透过千差万别的农产品品类差异,农产品供应链构建过程中的一般规律必须得到揭示,本书致力于一般化规律的研究;第二,我国三次产业结构调整进入对聚合质量的追求阶段,农产品供应链横贯农工商三大产业,对农产品供应链整合一般规律性的揭示必须置于三大产业发展阶段与发展趋势的广角视野之下;第三,协同学方法对系统发展变化的认识是超学科界限的,借助其基本理论理解跨越农工商三大产业的农产品供应链整合的一般规律是合适的方法。

一、研究背景

(一)中国改革进入攻坚期,民生幸福成为改革的根本目标

2013 年 11 月 9 日至 12 日,中国共产党十八届三中全会在北京召开,会议通过了《中共中央关于全面深化改革若干重大问题的决定》,至此,会议之前国内社会各界以及国际上对中国改革推

进的种种猜测和预期尘埃落定。人们多将本次三中全会与十一届三中全会相提并论。在中国政府及全世界的学术界看来,十一届三中全会的召开是中国市场转型开始的标志,是这个世界人口第一大国从贫穷萧条转变成为世界上最富活力的市场经济的源头,是它成就了中国未来30年的卓越发展。① 历史的车轮滚滚向前,十八届三中全会成为了中国改革的重要中继时点。2013年12月30日,中央全面深化改革领导小组成立,负责改革的总体设计、统筹协调、整体推进、督促落实。这一举措向全世界宣示了新一届中国政府强力推进改革的决心,以及"顶层设计"与"摸着石头过河"相结合的改革方法。与政府高层传递的改革决心相呼应的是广大民众对改革寄予的厚望。虽然国人已经认识到:改革进入深水区,每一点推进都将步履维艰,但是,对于现在的中国来说,除了继续深化改革,没有任何的回头路可走,只是如何走下去、走向何方的问题。如果仔细梳理改革的历程,思考改革的趋势,我们不难发现,抛开千头万绪的具体方面,从本质上看,国民对改革的期待最终会归集到一个问题上:如何让改革已经和即将取得的成果惠及最大多数的人民群众。这既是对改革成就的评价,也必须是未来改革的方向。在2014年年初的两会上,总理政府工作报告中对每项具体工作的部署都紧扣着三句话:以改革为强大动力;以结构调整为主攻方向;以改善民生为根本目的。这三句话实质上就是对改革如何走下去、走向何方的回答。深化改革的大背景必将成为一切微观领域创新的基础,而增加民生幸福则顺理成章地成为评价创新效果的重要标准。

---

① ［英］罗纳德·哈里·科斯、王宁:《变革中国:市场经济的中国之路》,徐尧、李哲民译,中信出版社2013年版,第63页。

（二）提高农民收入、保障食品安全是关系民生幸福的两大热点问题

可以预期,在接下来的时间里,中国的经济结构、社会结构将发生更为深刻的变化。其中一个重要的方面无疑将是城乡二元结构的逐渐弱化和"三农"问题的逐步缓解:农业生产的组织方式、规模、技术水平会随着城镇化进程而不断调整;农民普遍兼业化以及季节性迁徙现象将有所改变,取而代之的是职业化或专业化的新型农民以及彻底离开农业和农村的城镇新居民;农村有望从表象凋敝的状态回归为真正的田园农庄。当然这个过程并不简单,需要所有相关主体的共同努力。回顾中国的改革历程可以看到,事实上,我们的改革正是发轫于农业与农村,30多年来,首先是农产品产量的大幅增长,然后是农产品专业化、商品化程度的提高,接下来是农村大量剩余劳动力先推动了乡镇企业大发展,继而在全国范围内流动促成区域经济的快速增长。但是,"三农"最初的创新动力与创新能力在城市改革开始之后逐渐削弱了,在城乡二元经济与社会结构下,农民增收途径狭窄,城乡收入差距不断拉大,由此带来的经济与社会地位的落差使"三农问题"越来越突出,已经成为国民经济持续增长的瓶颈,正如其他领域的改革一样,对待今天的"三农"问题需要更为坚定也会更为艰难的制度创新、管理创新与技术创新。截至2013年,中国农村尚有6亿农民,他们的前途必然是最大的民生问题。

民以食为天,伴随着改革的步伐,中国民众感受最为明显的应该是餐桌的日益丰富了。现在40岁以上的人对曾经的餐桌都会有非常深刻的记忆,以玉米为主的单调的主食,季节分明总量有限的蔬菜,稀缺的油、肉、蛋、奶,特别是对农村孩子来说,肉是过年都难得一见的奢侈品。农村改革开始之后,这种局面得到迅速缓解,清冷的餐桌变得越来越热闹。1985 年至 1991 年间,我国城镇居民恩格尔系数不但未随收入增长而降低,反而增加了,研究消费经济的学者曾经把这种特别现象归结为居民在饮食方面的补课。农产食品的不断丰富极大改善了人们的食物结构,食品加工业的大发展进一步延伸了农业产业链条,不仅拓展了农产品的增值空间,也为居民营养水平的提升做出了重要贡献。但是,伴随着量的提升,质的问题却越来越突出,食品安全已经成为目前百姓最为关心也最为担心的问题。《中华人民共和国食品卫生法》于 1995 年 10 月 30 日第八届全国人民代表大会常务委员会第十六次会议通过,并于 1995 年 10 月 30 日中华人民共和国主席令第 59 号公布,标志着中国对食品安全的管理纳入法制轨道。尽管如此,从文献资料上看,2000 年以后,食品安全问题才开始引起广泛关注。根据徐晓新(2002)的研究整理,从 1998 年至 2001 年上半年,上报卫生部的食物中毒人数 20406 人,而这个数字尚且不到实际数的十分之一。① 从食品安全问题演化的过程来看,大致经历了这样几个阶段:1. 对新原料、新工艺带来的食品安全性的关注,如转基因食品的安全问题;2. 对农业、种植业、养殖业的源头污染带来的安全问题的担忧,如农药残留、滥用抗生素、生长素等问题;3. 对市场秩序混乱、大量假冒伪劣食品充斥现象的忧虑;4. 食品添加剂(防腐剂)问题。在这些问题频繁发生的情况下,百姓对于食品安全的信任越来越动摇,终于在三鹿三聚氰胺事件、双汇瘦肉精事件等影响巨大的食品安全事件爆发后,引发了全民的食品安全危机。对食品安全信任的丧失已经严重影响到人们对生活质量的感知,成

---

① 徐晓新:《中国食品安全:问题、成因、对策》,《农业经济问题》2002 年第 10 期。

为民怨的一大焦点,切实保障食品安全成为重大民生问题。

(三)推动农产品流通现代化成为增加农民收入、保障食品安全的突破口

一头是农民,农产品的供给者,农产品的销售收入是其重要的收入来源;一头是市民,农产品的消费者,农产食品的质量安全关乎其生活根本;与这两头均关系密切的正是农产品流通产业。从1985年粮食以外的大部分农产品流通全面市场化以来,农产品流通产业逐渐形成,并得到了飞速发展。蔬菜、禽蛋、生猪等农副产品的生产和消费规模不断扩大,且在全国范围内大市场、大流通的格局逐渐形成。随着交易量的提升和交易范围的扩大,农产品的生产专业化和商品化程度不断加深。但是从宏观总量看到的形势与微观主体的感受有一定偏离,作为小规模分散生产和经营的农民一方面对市场的依赖程度不断加深,另一方面其在市场上的弱势地位不断凸显,面对频繁波动的农产品价格,农民显得茫然无措,不同种类的农产品买难卖难现象从未间断。在原有国合流通渠道弱化之后,与农民相连接的运销商、批发商等农产品流通主体依托批发市场发展起来,他们成为实现农产品大流通的主要力量。事实上这些主体主要脱胎于农民,从事流通活动的缘起及其资本、技术实力都决定了其规模的有限性,可以说农产品流通环节鱼龙混杂,信息散乱,流通增值能力以及流通信息对生产的引导能力十分有限。农民专业合作社的发展,连锁超市对生鲜农产品经营量的不断增加,为农产品流通领域增加了新鲜血液,然而各类流通主体之间的关系还远未理顺。比如说合作社在一定程度上改善了农民在生产经营上单打独斗的局面,但是当前合作社与农民之间的关系形式复杂,多数是松散的、责权不清的,在农产品生产指导、产

后流通加工与创造增值方面作用十分有限,虽然在助农增收的途径上迈出了一步,但是还没有从根本上找到更有效的方法。超市在经营模式上的现代性对生鲜农产品产业链的影响也十分有限,信息不能连贯传输,片段检测无法形成完整的可追溯体系,附加价值有限而且仅限于超市的自创自收。虽然现代化的流通终端给流通增值和保障食品安全带来了可能性,但是因其经营模式的构建并没有沿着供应链下探到生产环节,所以我们看到更多的是供应商与超市之间的在配送、标准和账期等方面的矛盾。2008年,商务部为减少流通环节,增加农民收入,减轻市民在农副食品涨价方面的压力,大力推动"农超对接",但是效果不尽如人意,有学者研究表明与其他流通渠道相比,"农超对接"模式相对效率较低①,这说明超市还没有在提升农产品流通效率方面有效发挥作用。尽管现状还令人忧虑,但是我们看到,伴随着技术的进步,不断有现代元素加入到农产品流通领域,这是推动农民增收、保障食品安全的希望。不断推动流通中现代元素与传统元素的有效整合,实现农产品流通的现代化,才是提高农民收入、保障食品安全的突破口。

(四)供应链管理正在成为实现农产品流通现代化的重要手段

应该说30多年不间断的实践探索已经使农产品流通状况得到了极大改观,形成了由多元主体、多种渠道、跨区域流通路径构成的农产品流通体系。但是农产品在从地头到餐桌的过程中,农户与中间商的小散化、交易的随机性、产品的非标准化、产品质量

---

① 郭娜:《生鲜蔬菜流通渠道效率研究》,人民出版社2013年版,第235页。

信息不对称甚至缺失、流通损耗巨大、流通加工与流通增值能力弱等情况一直没有得到彻底改变。根据国际经验,农产品流通现代化的实现,不仅需要流通主体组织化程度以及市场能力的不断提高,需要信息技术的引进与广泛应用,更需要有先进的管理方法促成现代元素与传统元素的有效整合,打破巨大的系统运行惯性,实现农产品流通在水平上的飞跃。目前理论界和实践领域对供应链管理方法寄予厚望,这样的希望并非理想主义,而是具有现实依据,发达国家高效安全的农产品流通体系具有一些共同特点:第一,农产品实现分级和标准化。发达国家农产品初加工产业发达,对采收后的农产品普遍进行检验分级、简单的加工和精细的包装。第二,贮存、运销系统完备。发达国家都有对冷藏库、仓储和加工设施的大量投资,公路、冷藏车等运输基础设施完善。第三,农产品流通体系拥有依托法律法规形成的严格的标准化、规范化流程。第四,有先进高效的信息采集、分析与传递系统。第五,由农民合作组织或其他流通主体发起的产供销有机结合的一体化农业发展趋势明显。这些特点的背后就是政府与市场的密切配合以及存在于各个流通环节上的各类主体间稳定密切的合作。长期密切合作形成了一条条高效运行的农产品供应链,供应链之间的竞争有效促进了主体对标准的执行、对设施设备的投资、对流程的优化、对信息的分享以及对市场的合力开拓,从而进一步推动了农产品流通体系内部的专业化和现代化。单纯从流通环节和流通渠道上来看,目前中国的农产品流通体系与发达国家已经很相似,但是我们的流通效率和质量保证跟发达国家还相差甚远,我们认为,这其中最根本的差别就来源于流通过程管理。

供应链管理是组织致力于加强与上下游合作伙伴之间的联系

与沟通,充分利用现代信息技术,通过组织间的协调实现业务流程的调整,达到整体提升竞争力的目的。供应链管理理念首先在制造业领域得到了充分实践并取得了良好效果,但是在农产品流通领域,供应链的实践要相对复杂。在以美国为代表的大农业市场中,由于参与农产品流通的各类主体组织化程度非常高,农产品供应链实践与制造业差别不大。但是,在中国这样以农户分散生产和经营为起点的农产品流通中,供应链概念的引入需要考虑更多的问题。目前,中国迫切需要找到整合主体和资源、构建畅通高效的信息系统的办法,引导和刺激对流通设施设备的投资,那么就能够通过供应链管理方法的实施来提高流通效率、保障食品安全、实现流通增值,迈向农产品流通现代化。

二、基本概念与研究现状

(一)产业链、价值链、供应链

"链"的提法是对纵向分工与合作行为的形象描述。产业内纵向分工的深化是经济主体不断追求专业化效率的结果,随着分工程度的加深,各个主体对社会化协作的依赖度也越来越强。因为"链"的概念形象地展示了处于各个专业领域内的主体就像链环一样既相对独立又环环相扣的关系和性质,所以很快被大家认同,出现了产业链、价值链、供应链等概念。在研究中,这些概念经常被混用,本书研究农产品供应链的整合,为了使研究对象更加明确,在这里首先对以上相关概念进行界定。

产业链。产业链是产业经济学中的一个概念,用于描述一个具有某种内在联系的企业群结构。产业链概念具有宏观性,自其产生以来,国内很多学者对其概念进行过界定,但是并无统一结论。李平、陈计芳、郭洋(2013)①对2000年以来文献中出现的30个有学术影响力的产业链概念进行了分析和研究,总结出了9个高频率出现在产业链概念中的标准:链网式组织结构、各产业之间、产业各部门之间、供需关系、最终产品/消费品、各个环节、产业关联关系、自然资源/原材料、价值增值,并以此为基础提出了产业链的定义:产业链是各产业之间以及产业各部门之间以供需关系为基础,以产业关联关系为纽带,以价值增值为目的,由从最初原材料生产到最终产品的各个环节组成的链网式组织结构。本文认同此定义,由此定义可以看出,产业链的概念包含着价值链、供应链的概念。

价值链。价值链是管理学中的一个概念,1985年由迈克尔·波特在其所著的《竞争优势》中提出。他最早关注的只是企业内部价值形成的过程,他认为企业内存在着一系列活动,这些活动相互联系,相互影响,对企业的价值创造产生作用,这就是价值链。之后,彼得·海恩斯将原材料和顾客纳入价值链系统中,意味着任何产品价值链中的每一业务单元在价值创造的不同阶段可以包含不同的企业。再之后,哈姆弗瑞与舒米茨又进一步提出了全球价值链理论,将企业价值链分析拓展到全球领域,重视研究和分析价值环节在全球地理空间上的分布、价值链的重组和价值链条的协调。价值链与产业链从形式上看很相似,都涉及由多工序生产在时间和空间上的分离引发的企业内与企业外不同主体之间的合作关系与过程,但是从本质上说,价值链优化集中在会计范畴,是产业链研究的一个重要组成部分。

---

① 李平、陈计芳、郭洋:《基于内容分析法的产业链概念分析综述》,《江苏商论》2013年第12期。

供应链。供应链也是管理学中的一个概念,与价值链的提法起源于企业内部不同,供应链概念从产生就强调了它是对供应商的供应商、顾客的顾客的连接。根据马士华(2005)①的定义:供应链是围绕核心企业,通过对信息流、物流、资金流的控制,从采购原材料开始,制成中间产品以及最终产品,最后由销售网络把产品送到消费者手中的将供应商、制造商、分销商、零售商,直到最终用户连成一个整体的功能网链结构。供应链研究的重点是供应链上各个主体间信息的沟通与流动、快速响应的能力、流程再造的过程以及物流的效率。全球供应链论坛对供应链管理的定义是:供应链管理是包括从最终用户一直到初始供应商的向顾客提供增值的产品、服务和信息的业务流程的一体化。比较来看,供应链管理最重要的就是对物流的管理,其研究对象更具体,更有针对性,属于微观范畴,也属于产业链研究的一部分。

(二)农产品供应链相关研究现状

1. 对农产品供应链概念及其作用的理解

学者们对农产品供应链的定义繁简不同,有的是对供应链概念的直接套用,比如游军、郑锦荣(2009)②借鉴供应链的定义,针对农产品的特性,给出的农产品供应链概念是以农产品加工企业为核心,通过对信息流、物流、资金流的控制,从农资采购开始、农产品的生产及加工成最终产品,最后由销售网络把产品送到消费者手中的,并将农资供应商、农户、加工企业、批发商、零售商、直到最终消费者连成整体的功能网链结构。刘勇、

---

① 　马士华:《供应链管理》,机械工业出版社2006年版,第37页。
② 　游军、郑锦荣:《农产品供应链研究进展》,《湖南农业科技》2009年第10期。

刘纯阳(2008)①,杨金海(2009)②认为农产品供应链可以描述为农产品沿着农户、加工企业、配送中心、批发商、零售商以及消费者运动的一个网状链条,供应链管理的根本目的是在满足消费者需求的同时获得供应链的整体利益。也有一些学者考虑到了改革开放30多年来农产品市场所发生的深刻变化,一些变化的元素被加进了农产品供应链的概念,朱娟、胡定寰(2007)③认为现代化的农产品供应链是以超市为龙头,由连锁超市、农产品供应商、供应商的直属农场及合同农户为参与主体的农产品供应链。胡莲(2008)④提出农产品供应链是以市场为导向,以消费者需求为中心,以契约为纽带,通过合作社及生产基地将上游的广大分散农户有机地组织起来,与处于链条中游的加工企业建立战略合作关系,以下游连锁超市或大型仓储超市为核心企业和主要零售地点,通过对信息流、物流、资金流和质量流的控制,将生产商、加工商、运输商、批发商、零售商直到最终消费者连成整体,为消费者提供优质安全、快捷和高附加值农产品的功能网链结构。赵晓飞(2012)⑤认为现代农产品供应链(MASC),是以农产品供应链信息化平台为基础,对农产品供应链中的渠道体系、组织体系、服务体系和监管体系等进

---

① 刘勇、刘纯阳:《农产品供应链外部成本及其分担机制——以湖南柑橘生产为例》,《世界农业》2008 年第 9 期。
② 杨金海:《农产品供应链协调机制问题初探——基于委托—代理理论的视角》,《农村经济与科技》2009 年第 5 期。
③ 朱娟、胡定寰:《现代化的农产品供应链对我国小农户贷款行为的影响》,《农业经济问题》2007 年第 1 期。
④ 胡莲:《基于质量安全的农产品供应链管理及其信息平台研究》,同济大学2008 年博士学位论文。
⑤ 赵晓飞:《我国现代农产品供应链体系构建研究》,《农业经济问题》2012 年第 1 期。

行重塑,以降低流通成本、提高各环节的反应速度,进而实现农户、企业、中间商和消费者之间的无缝对接,并最终完成农产品价值增值、农民增收和消费者满意的目标。

　　不管如何定义农产品供应链,学者们均对农产品供应链的作用寄予很高希望。朱雪珍(2007)①认为农产品供应链管理一方面可以提高农产品生产的市场反应速度,节约交易成本,降低库存数量,缩短生产周期,提高服务水平,提升产品质量,增加产品销售利润,最大限度满足客户要求和社会需要。另一方面,农产品供应链管理可以确保农产品质量安全、确保生态环境安全、确保生物资源安全、提高农业企业综合经济效益。郝爱民(2008)②指出,有效的农产品供应链可以解决农产品供应链的链接松弛问题,有助于中国三农问题的解决。王洪鑫(2009)③认为农产品供应链管理水平的高低将直接决定着农产品流通的快慢和农产品价值的增值大小,并最终影响农村经济的发展。陈小静(2010)④认为一个稳定的、利益分配合理的农产品供应链可以促进农业稳定发展和农民持续增收。郭欣旺、李莹、周云凤(2011)⑤认为现代农产品供应链可以促进信息在链条各成员之间的及时传递,从而形成信息共享和价格预警机制,提高供应链各成员尤其是农户抗击市场风险的

①　朱雪珍:《绿色农产品供应链中供应商的选择》,《农业经济问题》2007 年第 4 期。
②　郝爱民:《农产品供应链事件序列图模型及其应用——以河南小麦为例》,《安徽农业科学》2008 年第 34 期。
③　王洪鑫、樊雪梅、孙承志:《基于物流能力的农产品供应链绩效评价问题研究》,《生产力研究》2009 年第 19 期。
④　陈小静:《基于优质农产品供应链的我国农产品流通体系研究》,《农业经济》2010 年第 7 期。
⑤　郭欣旺、李莹、周云凤:《小农户加入现代农产品供应链的思考》,《农村经济》2011 年第 2 期。

能力,有效避免"谷贱伤农",增进农民福利。

2.对农产品供应链整合的研究

农产品供应链与工业品供应链不同,首先,农产品供应链设施设备的专用性程度高,比如为保证农产品鲜活性而实行的冷链物流,所需的储运设施和设备的专用性都很强;第二,农产品供应链运作的风险大,农产品生产和消费以及市场信息都比较分散,使人们难于全面把握市场供求信息。同时,农业生产的季节性强,使得农产品上市后,如果在短期内难以调节的话,就会使市场价格波动较大。此外,农产品的鲜活易腐性限制了农产品在跨区域和跨季节调节中的自由度,这会使农产品供应链具有更高的风险;第三,农产品供应链对物流水平的要求高,由于农产品生产具有区域性,而人们的需求是多样性的,因而需要不同区域间进行流通交易。但是农产品的鲜活易腐性会导致一定比例的损耗,而且这个比例会随时间和距离加大而迅速增加,从而使流通成本上升,限制了农产品供应链的流通。特别是对于生鲜农产品,对物流配送的要求更高。要提高农产品供应链的物流水平,必须实行专业化的物流管理,减少农产品供应链环节(王洪鑫,2009)[①]。除此之外,我国的农产品供应链还有一个突出特点,那就是参与供应链的各类主体规模偏小,组织化程度高低不齐,市场地位不对等。农产品生产组织分散,规模小,组织化程度低严重阻碍了市场参与度,很难具备明显的竞争优势来参与联盟组织,在农产品供应链中处于弱势地位,使我国农产品供应链中的组织主体客观上存在不平等,阻碍

---

① 王洪鑫、樊雪梅、孙承志:《基于物流能力的农产品供应链绩效评价问题研究》,《生产力研究》2009 年第 19 期。

了农产品供应链管理的发展(谢秋菊等,2010)①。刘勇,刘纯阳(2008)②也指出了中国农产品受传统的物流观念影响及组织体制的局限,农产品供应链的协调化与高效化的程度低,成本一直居高不下。李季芳(2007)③进一步阐述了农产品供应链管理成本过高的原因:小生产与大市场的矛盾是我国目前实施生鲜农产品供应链管理的最大障碍,该矛盾使我国生鲜农产品供应链系统基本处于自发状态,构建整合力度不够,供应链集成度低,不能及时掌握顾客的真正需求和把握市场的变化,供应链管理的成本太高。

　　基于上述原因,肖为群,魏国辰(2010)④提出如何根据农产品流通的特点合理组织农产品供应链活动,进而提高农产品供应链的竞争力,关键是在农产品供应链各节点之间建立起双赢的合作伙伴关系,产生协同作用,实现最优化配置。由此,我们认为构建供应链的关键问题在于实现供应链的整合。供应链整合是将供应链上所有的相关链条和环节按照一定的集成方式和模式进行再构造和再组合,使其优化成为一个更为有机运行的系统,而不是整合单元之间的简单叠加。目的是通过整合减少节点企业间的冲突竞争及内耗,从而提升核心企业及其供应链的整体获利

---

① 谢秋菊、褚洪光、赵智晶:《农产品供应链垂直协作关系探讨——以加工企业为中心》,《农村经济与科技》2010年第6期。

② 刘勇、刘纯阳:《农产品供应链外部成本及其分担机制——以湖南柑橘生产为例》,《世界农业》2008年第9期。

③ 李季芳:《我国生鲜农产品供应链管理思考》,《中国流通经济》2007年第1期。

④ 肖为群、魏国辰:《发展农产品供应链合作关系》,《宏观经济原理》2010年第5期。

空间(刘瑞涵,2009)①。魏毕琴(2011)②指出促进供应链上各主体的共生关系的和谐发展非常关键,只有这样才能满足消费者的需求,适应人们快节奏生活;促使全体成员关注供应链,提高农产品质量水平和附加值,实现规模化经营,推动农业产业化的发展,从而增加农民收入。江波,吴秀敏(2008)③也认为协作关系是建立供应链管理的核心。农产品供应链中,参与者众多,环节繁杂,不仅包括农户、收购农产品的经纪人等自然人,还包括涉农企业及农产品批零市场。因此,各交易方的协作方式显得尤为重要。链条上各个成员伙伴的衔接程度将是整个供应链的关键(郝爱民,2008)④。

3. 关于农产品供应链组织整合的研究

(1)核心企业主导的农产品供应链整合模式

关于农产品供应链组织整合的研究主要集中在构建新的农产品供应链组织模式上,研究思路是先确定担当农产品供应链核心位置的主体,然后依据各核心主体组织不同的模式进行农产品流通。从现有文献来看,大多数学者将超市、农产品批发市场、农产品加工企业和物流配送中心定为核心主体。凌宁波,朱凤荣(2006)⑤认为

---

① 刘瑞涵:《供应链整合运作模式探析——以农产品供应链为例》,《市场营销导刊》2009年第5期。
② 魏毕琴:《论超市的生鲜农产品供应链上主体共生关系》,《消费经济》2011年第2期。
③ 江波、吴秀敏:《农产品供应链垂直协作方式的选择——基于资产专用性维度的分析》,《农村经济》2008年第3期。
④ 郝爱民:《农产品供应链事件序列图模型及其应用——以河南小麦为例》,《安徽农业科学》2008年第34期。
⑤ 凌宁波、朱凤荣:《构建由超市主导的生鲜农产品供应链》,《农村经济》2006年第7期。

在以超市为主导的生鲜农产品供应链中,超市的配送中心向上游延伸和发展,形成生鲜农产品加工配送中心,采用先进的电子信息技术辅助生鲜农产品交易,配备完善的物流体系和信息平台,使其成为联结生产、零售的核心环节。王素霞,胡定寰(2007)①指出超市开始通过同农产品供应链上游的农产品加工企业(和农户)加强合作来优化农产品采购体系,并且现在我国已经出现"超市+农产品加工企业+(农民经济合作专业组织)+农户"的农业产业化新模式。大中型农产品流通企业和农民专业合作经济组织都是这条供应链中的主体。由于我国现有的大多数农产品批发市场只是为成员交易提供场所,并且缺乏市场的准入制度,多以现货交易为主,交易主体分散,这样的批发市场并不能够承担农产品供应链核心主体。所以张学志,陈功玉(2009)②提出要建立以企业化的批发市场为核心的农产品供应链,企业化的批发市场要建立在临近消费市场的大中城市,由其规范农产品经销商,制定统一的市场准入制度,提供标准的产品分类鉴定服务,引入农产品拍卖和远期交易模式,提供统一的农产品储存与配送。还有的学者如韩耀、杨俊涛(2010)③提出较为理想的农产品供应链模式应以批发商为核心,向上整合供应商,向下整合零售商。

不论是以批发市场为核心还是以批发商为核心,都是因为它们承担着信息汇集和商品集散功能,是整个农产品供应链的信息

---

① 王素霞、胡定寰:《以超市为中心的农产品供应链流通成本研究》,《经济研究参考》2007 年第 26 期。
② 张学志、陈功玉:《我国农产品供应链的运作模式选择》,《中国流通经济》2009 年第 10 期。
③ 韩耀、杨俊涛:《论批发商主导型农产品供应链联盟》,《北京工商大学学报》2010 年第 5 期。

交换中心和物流中心。但是具有核心地位的主体不再是传统意义
上的批发市场或者批发商,而是能够运用信息技术组织、规范农产
品流通的企业化的批发市场和大型批发商群。赵晓飞(2012)①也
提到通过"大型农产品批发集团",在前端与农户、合作社及加工
企业组建购销联盟,在中间利用批发集团的信息、技术、物流、网络
等优势整合区域批发商(市场),在后端与农产品分销商组建分销
联盟。谭涛,朱毅华(2004)②指出加工企业具有较强的市场力量,
以加工企业为中心能够保障生产活动的稳定性,在资金技术和生
产资料等方面由公司为农户提供支持,而且企业在加工原材料的
供应上获得了保障。以农产品加工企业为核心的供应链模式经常
被称为"公司+农户",这里的农户大多是合同农户,但是由于缔约
双方地位差距大,所以很多学者对此模式进行了改进。张敏
(2010)③认为农协有很高的市场地位,可以与加工企业进行平等
的合作谈判。所以此种模式可以优化为"农协+企业",这样就可
以实现保障农产品质量安全和保护农民利益的双重目标。农产品
物流中心是组织、协调、衔接、控制农产品物流活动,具有一定规
模,集农产品集散、流通加工、仓储、包装配送等多功能于一体,将
收货验货、储存保管、装卸搬运、拣选、分拣、流通加工、配送、结算、
信息处理等作业有机地结合起来,形成多功能、集约化和全方位服

---

① 赵晓飞:《我国现代农产品供应链体系构建研究》,《农业经济问题》2012年
第1期。

② 谭涛、朱毅华:《农产品供应链组织模式研究》,《现代经济探讨》2004年第
5期。

③ 张敏:《农产品供应链组织模式与农产品质量安全》,《农村经济》2010年第
8期。

务的一个农产品物流运作组织。谭涛、朱毅华(2004)①提出特别是大宗农产品可以着重建立以物流中心为核心的供应链整合体系。物流中心可以由原来的批发市场发展而来也可以是连锁企业。张学志,陈功玉(2009)②认为农产品物流中心适合建立在供应链上游临近农产品产地的地方,组织本地区特色农产品生产、储存、加工与流通。

(2)一般主体对协作方式的选择

国内外学者在供应链主体如何选择协作方式方面做了大量研究,比如 Allen(et.al.,2003)③在考察了土豆种子和芹菜生产者的垂直协作战略选择行为后认为,经营者在选择协调战略时,必须估计资产专用性和互补性引起协调障碍时所产生的成本。Boger(2001)④在对波兰生猪养殖行业的研究后,认为随着经济的发展,交易组织形式由市场交易逐渐向合同生产方式转变,质量才是决定生产者是否采用合同生产的关键因素。Abebe(et.al.,2011)⑤运用 Probit 模型,对埃塞俄比亚北部农产品购买者和销售者协作方式选择的影响因素研究,表明市场信息、产品特点、企业特征和产

① 谭涛、朱毅华:《农产品供应链组织模式研究》,《现代经济探讨》2004 年第5 期。
② 张学志、陈功玉:《我国农产品供应链的运作模式选择》,《中国流通经济》2009 年第 10 期。
③ Allen F.Wysoeki,H.Christopher Peterson & Stephen B.Harsh.Quantifying,"Strategic Choice Along the Vertieal Coordination Continuum",*Intemational Food and Agribusiness Management Review* 2003 年第 6 期。
④ Boger,s:《Quality and Contractual Choice:A Transaction Cost Approach to the Polish Hog Market》,《Euro Review of Agriculrural Economics》2001 年第 3 期。
⑤ Abebe Ejigu Alemu:《Trader-supplier Coordination in the Agrifood Supply Chains in Northern Ethiopia》,Paper prepared for presentation at the EAAE 2011 Congress Change and Uncertainty,2011.

品质量是关键要素。熊彩云(2004)①通过对美国家禽鸡蛋业和肉猪业垂直协作方式的比较分析后,认为在农产品供应链中由专用性资产投资方面导致市场不确定性因素包括技术进步、价格和产量的不稳定性、垂直系统内部间缺少信息交流等促使人们在合同制或垂直一体化模式之间作出不同的选择。王爱群、夏英(2006)②运用资产专用性、交易特性理论,分析合同一体化与垂直一体化方式的各自适应条件认为,当企业和农户资产专用性都很强,且两项资产严格互补时,双方就应采用垂直一体化形式,否则应采用合同关系。江波、吴秀敏、林坚(2008)③通过对四川省农产品加工企业的研究,表明农产品种类、企业固定资产、原料收购时间等对加工企业选择协作方式的影响较为显著。席利卿(2010)④基于企业视角,分析表明企业购买原材料考虑的主要因素是农产品的价格、农产品的品质、采购费用较低、是否有长期供货能力、与供应商关系好等。

4. 关于农产品供应链信息整合的研究

对农产品供应链中的信息进行整合的目标是:使信息能够在供应链内顺畅、高效、规范地传递,使农产品供应链各交易环节实现无缝对接,并且能够满足供应链上各主体的利益诉求。然而在

① 熊彩云:《美国家禽鸡蛋业和肉猪业垂直协作方式的比较分析》,《世界农业》2004年第9期。
② 王爱群、夏英:《合同关系与农业垂直一体化应用比较研究》,《农业经济问题》2006年第7期。
③ 吴秀敏、林坚、江波:《农产品供应链中加工企业垂直协作方式的选择分析——以四川省90家农产品加工企业为例》,《纪念农村改革30周年学术论文集》2008年。
④ 席利卿:《农产品营销渠道纵向协作关系研究》,华中科技大学2010年博士论文。

对信息进行整合的过程中存在着一些问题及难点。

第一,农产品供应链上各主体之间缺乏合作精神。李岩(2008)①指出供应链上的参与者,如农户、分销商、零售商代表了各自不同的利益,他们之间缺乏纽带和协调,各个环节的企业缺乏信任,有时甚至隐瞒实际情况,很难建立合作互动和长期稳定的协作整合。庄晋财(2009)②指出,我国农产品供应链上存在着大量的小规模的农产品收购商、运输商、批发商、零售商等,这些主体之间的关系仅仅是简单的交易关系,竞争多于协同,导致信息在传递过程中出现信息失真的情况。杨申燕(2009)③认为我国农产品的现行模式以各地批发市场为纽带,而目前批发市场基本上以商流和物流一体的现货交易方式为主,这种现货交易方式决定了购销商与分销商之间只存在单纯的竞争关系,不可能实现信息的充分交流与共享,也不可能实现真正的合作与协调。

第二,农产品供应链上的信息繁杂,各成员间信息设备、信息处理能力存在差异。肖为群(2010)④认为,农产品供应链中的信息流覆盖了从生产到零售等供应链的所有环节,从上游看,主体是农户,数量众多且分散,信息网络和通讯设施较为落后,从下游看,主体是广大的消费者,需求偏好有很大的差异性和多样性,这些多样和复杂的信息也很难整合到生产者处。从加工和流通环节来

① 李岩、傅泽田、刘雪:《农产品供应链管理问题初探》,《农村经济》2008年第3期。
② 庄晋财、黄群峰:《供应链视角下我国农产品流通体系建设的政策导向与实现模式》,《农业经济问题》2009年第6期。
③ 杨申燕、陈向军:《农产品供应链信息平台的构建与实施》,《经济社会体制比较》2009年第2期。
④ 肖为群、魏国辰:《发展农产品供应链合作关系》,《宏观经济管理》2010年第5期。

看,农产品供应链信息的时效性较强,加之农产品供应链的环节众多,企业众多,农产品加工和流通跨越了不同的产业和不同的地域,对信息也较难掌握,共建信息平台也较为困难,致使信息在转移过程中极易失真。许金立(2011)①认为,农民在农产品供应链中占据着十分重要的地位,农产品的生产是由分散经营的农户来完成,农户对农村市场信息的需求很高,但是由于农村的信息基础设施较差、农民的文化水平较低等因素制约了农户信息的获得与共享。杨申燕(2009)②也有类似的观点:我国农产品生产经营的主体——农户数量多、分布广,在对市场信号和经济信息的认知反应上理性和非理性并存。罗建群(2010)③认为,国内农产品供应链的总体信息化程度很低,国内农产品市场几乎没有一个经过统一规划设计的信息系统,各企业之间信息化程度差距较大,发展很不平衡。

第三,我国农产品供应链缺少强有力的核心企业。张敏(2004)④指出在一条供应链上必须要有一个核心企业,并且提出核心企业是供应链的信息交换中心。来自下游的需求信息和来自上游的供给信息都将汇总到核心企业,核心企业经过处理生成各类信息再传送到供应链的相关节点,于是,核心企业就成了供应链上的信息交换中心。由于供应链的运作效果在很大程度上依赖于网链上的信息交换质量,要想通过信息共享达到物流顺畅、产品增

① 许金立、张明玉:《农产品供应链协同机制研究》,《管理现代化》2011年第2期。
② 杨申燕、陈向军:《农产品供应链信息平台的构建与实施》,《经济社会体制比较》2009年第2期。
③ 罗建群:《网络信息技术在农产品供应链管理中的应用》,《新学术论丛》2010年第3期。
④ 张敏:《基于核心企业的农产品供应链分析》,《物流技术》2004年第5期。

值的目的,就必须提高供应链上的信息传递质量,在这方面,核心企业至关重要。并且她认为,目前我国农产品供应链是以批发市场为核心的。盛革(2009)①认为由于我国大部分批发市场信息处理手段与技术落后,而难以发挥信息中心的重要功能。孙黎宏(2009)②也有类似看法,他认为批发市场阻断了农产品供应链的信息流,这既包括从消费者到供应商的需求信息流,也包括从供应商到消费者的供给信息流,上下游的信息不能顺畅地到达对方,甚至被严重扭曲。

对于解决我国农产品供应链信息传递不畅、共享性不足的问题,学者们都进行了积极的探索研究,一些学者针对供应链上各主体间各自为政,彼此不信任的问题,提出了解决方案。比如,许金立(2011)认为供应链上合作伙伴间要建立起相互信任机制,确保整个农产品供应链形成"双赢"的协同效应,并且从利益、文化、公平三个方面探讨了合作伙伴间如何建立信任。肖为群(2010)③也提到了要加强供应链主体之间的互动,培育信任机制。

而对于解决农产品供应链上信息繁杂,各成员间信息共享以及信息处理能力差异的问题,建立信息共享平台来处理供应链上的信息是学者们比较认同的观点。比如,易法敏(2007)④认为信息整合的基本方法就是在农产品供应链管理中搭建不同层次的信

① 盛革:《我国农产品现代流通服务体系的协同优化设计》,《管理评论》2009年第8期。
② 孙黎宏:《农产品供应链一体化经营模式研究》,《合肥学院学报(社会科学版)》2009年第4期。
③ 肖为群、魏国辰:《发展农产品供应链合作关系》,《宏观经济管理》2010年第5期。
④ 易法敏、夏炯:《基于电子商务平台的农产品供应链集成研究》,《经济问题》2007年第1期。

息平台,以形成供应链上各企业的中枢神经系统。集成整合的方式,可以参照其他行业成功运行的电子商务模式,建立网上农产品流通中心和集成化的农产品交易平台。赵晓飞(2012)[①]提出了构建基于电子商务网站的信息网络系统和基于构建信息中心的信息网络系统相结合的模式。杨申燕(2009)[②]认为农产品供应链信息平台的总体框架由综合信息平台和协同作业平台两个层次组成。综合信息平台服务于协同作业平台,而协同作业平台所采集的部分相关数据又为综合信息平台所用,二者共同形成一个有机的整体。龚梦(2012)[③]提出建立完善的信息发布平台,加强供应链主体间的信息沟通,建议在我国设立权威部门专门进行信息汇总、综合分析等工作,再通过专家分析预测形成更高级的信息向市场发布,避免农民的盲目生产。

以批发市场为核心的农产品供应链,之所以不能完成信息的顺畅流通,是因为批发市场信息处理手段与技术落后,而难以发挥信息中心的重要功能。所以一些学者提出了由其他流通企业来对农产品供应链实施信息管理。比如,周树华(2011)[④]在探讨生鲜农产品信息管理体系时,提出了以连锁超市为核心企业,将连锁超市信息管理系统(ERP)功能、生鲜农产品采购和流通关系信息管理(VRM:Vendor Relationship Management)功能和生鲜农产品社会

① 赵晓飞:《我国现代农产品供应链体系构建研究》,《农业经济问题》2012 年第 1 期。
② 杨申燕、陈向军:《农产品供应链信息平台的构建与实施》,《经济社会体制比较》2009 年第 2 期。
③ 龚梦、祁春节:《我国农产品流通效率的制约因素及突破点——基于供应链理论的视角》,《中国流通经济》2012 年第 11 期。
④ 周树华、张正洋、张艺华:《构建连锁超市生鲜农产品供应链的信息管理体系探讨》,《管理世界》2011 年第 3 期。

公共信息管理功能集成起来,构建公共信息平台、VRM 和 ERP"三位一体"的信息管理系统。杨学义(2011)①也提出了基于第三方物流企业为核心企业,应用计算机技术网络建立信息共享平台,将农产品生产者、分销商、第三方物流企业以及批发零售商、顾客联结起来,通过数据交换(EDI)和时点销售信息(POS)实现数据的自动采集和交换,建立统一的农产品市场供求、交易及价格和食品安检等信息的收集、整理和发布制度及信息管理系统,达到整个农产品供应链上的资源共享、信息共用;将条形码技术(Bar Code)、射频技术(RFID)、数据交换(EDI)、快速响应(QR)、有效客户信息反馈(ECR)、全球卫星定位系统(GPS)、地理信息系统(GIS)以及电子商务等技术集成起来,实现对农产品供应链管理各个环节的实时跟踪、有效控制和全程管理,达到资源共享、信息共用。

(三)对文献的简要评述

改革开放 30 多年来,我国的农产品市场发生了深刻的变化:首先,农业生产方式、土地集约程度发生了很大变化,农民组织化程度正逐渐加强;其次,农业生产的商品化、专业化程度不断加深;第三,农产品国际贸易的范围不断扩大,内容日益复杂;第四,国内市场中超市等现代零售终端介入农产品经营,农产品流通渠道呈现出多样化特点,等等。这些变化一方面证明了农产品供应链研究的必要性,另一方面也指明了农产品供应链的研究阶段。综观当前农产品供应链的研究文献,应该说取得了不少成果,前面我们所讨论的问题基本上得出了比较一致的结论,但是从中也可以看

---

① 杨学义、李新卯:《以第三方物流企业为核心的农产品供应链管理模式探析》,《西安财经学院学报》2011 年第 1 期。

到,这些成果总体来说未能对上述变化作出准确的剖析,致使在研究上没有实质性进展。分析其原因,一是农产品供应链的概念过于广义,几乎囊括了农产品供给与需求的全部范畴,淡化了供应链的管理实质,其结果就是多数研究内容使用相同的概念却在讨论不同的问题,研究领域边界模糊造成研究结论缺乏对实践的指导意义。二是多数研究"策论"的性质比较明显,基于具体实践进行的实证研究比较少,致使文献的内容大同小异,较少借鉴意义。简言之,农产品供应链研究还有待深入。

基于现有文献成果,结合我国农业产业链的发育情况及农产品市场的变化,我们认为进一步的研究可以分别围绕三条线索进行。(一)对组织化程度较高的主体构建的相对成熟的供应链进行管理效率方面的研究,即狭义的农产品供应链整合研究。此类研究不再将分散的、小规模主体参与的情况纳入进来,研究方向是按照供应链的相关原理重点讨论信息联通、流程再造、准时制管理及供应链效率等属于管理学范畴的内容。其研究意义在于探索成熟的农产品供应链在提高效率、创造竞争优势方面的途径。本书即将沿着这一方向进行研究。(二)对现有各种类型的市场主体组建供应链的过程进行经济学分析,即广义的农产品供应链研究。根据目前农产品市场各类主体的发育情况,此类研究的内容主要包括主体的组织化程度、主体间的契约关系、主体间市场地位比较以及各类主体在供应链上的定位等问题,目前已有一些成果运用新制度经济学理论、信息经济学理论、博弈论等理论对这些问题进行分析,为后续研究做了很好的铺垫。从方法来看,围绕本条线索进行的研究既可以通过构建理论模型对现实问题进行抽象,也可以针对具体的实际案例进行解析,目的是使研究成果对实践具有明确的指导意义。(三)针对农产品供应链运行可能产生的社会

效应进行研究,重点关注农产品安全问题,侧重分析农产品供应链
与社会系统之间的互动关系,对农产品安全问题的产生给出理论
解释,对可追溯的质量安全体系构建提出建议。

总之,尽管中国的农产品供应链实践尚未取得明显的效果,但
是从趋势上看,其对农产品流通及食品安全状况的改变仍值得期
待,这需要理论和实践领域的共同努力。

三、研究思路

(一)研究对象:狭义的农产品供应链

正如上一节对相关文献成果进行评述时所讲,目前农产品供
应链的研究过于泛化,查阅中国知网知识文献总库,自 2003 年开
始出现有关农产品供应链的研究,10 多年来,光是篇名中含有"农
产品供应链"词汇的文献就有 900 多篇,并且还在逐年增加,研究
内容涉及系统建立、绩效评价、合约机制、食品安全、运行模式、核
心主体等方方面面,但是如果仔细分析其内容,有个问题就会显
现:如果用"农产品流通渠道"、"农产品流通模式"或者"农产品流
通组织"等词汇来替代"农产品供应链"是不是没有什么不妥呢?
回答即使不是肯定的,但一定也是模糊的。这一现象说明当前农
产品供应链的研究至少含有部分文字游戏的意味,是用一个时髦
的词汇来进行老问题的研究,包含进步的实际意义不明显。其实,
农产品供应链的概念完全是套用自制造业的,就是因为制造业供
应链管理实践取得的令人瞩目的成就,使人们对同样作为商品的
农产品生产和分销过程的优化产生了期待,希望用供应链管理的
方法来实现。但事实是农产品流通现状过于复杂,参与主体过多
且市场能力严重不平衡,鲜销和加工的过程控制完全不同,劳动生

产率以及现代化水平差异也交杂其中,很显然,如果在不对这些因素加以厘清的情况下做研究,那么我们能指望研究成果在多大程度上有指导意义呢? 基于这些考虑,本书将在农产品流通领域中进行选择,选取对于供应链管理起明显影响作用的指标,以此界定"狭义的农产品供应链"概念,并作为本书的研究对象。

(二)研究目标:揭示农产品供应链整合的一般规律

即使有了"狭义的农产品供应链"概念,研究其整合的过程仍然是复杂的,首先要面对的就是农产品种类的千差万别,其次是加工与鲜销的差别,还有产业层次的影响等,那么通过我们的研究到底要达到一个什么目标呢? 我们又从哪里着眼、哪里入手呢? 多年的研究经验和对实践的观察告诉我们,在千差万别的表象背后,一定有一些共同的规律性的东西存在,只有抓住这些规律、研究这些规律,并以此预测事物的发展,才能对实践产生真正的指导意义。农产品供应链整合研究也不例外,尽管农产品种类不同会对参与其生产和分销的主体产生不同的技术要求、管理要求,但是如果透过这一表象,所有的主体是不是有着一个共同的目标,即对最大收益的追求呢? 这并不是简单地回到了经济学的基本假设,因为还有一个具体的前提需要与此共同考虑,那就是供应链获得增值的途径。即使是农产品供应链,要获得增值也和制造业供应链一样,必须在三个方面作出努力,一是建立长期的稳定的战略合作伙伴关系,谋求交易成本的降低;二是保证现代信息技术在供应链上无障碍使用,将时间成本和空间成本降到最低;三是持续提高物流作业质量,提升产品的客户价值。有了这样的基本认识之后,那么农产品供应链整合的研究就可以站在农产品种类之外,忽略鲜销与加工的区别,只需回答谁和谁有条件结成供应链合作伙伴,以什么样的方式在链上使用信息技术,如何对物流设施设备进行投资等问题。因为这些具有一般性的答案回答的是根本问题,所以我们可以期待这些成果能够对微观实践中的不同个例具有普遍的指导意义。

(三)研究内容:组织整合、信息整合、资源整合

对前面所提到的三个问题的回答在本书中将由组织整合、信息整合和资源整合三部分完成。组织整合回答谁和谁结成供应链合作伙伴的问题。做供应链不是做公益,为了实现供应链增值,每个成员需要必备一些能力,用这些必备能力对参与农产品流通的所有主体进行筛选,得到狭义的农产品供应链主体集,这些主体将有可能结成供应链合作伙伴。供应链稳定运行并能可持续发展的关键是有一个有力的核心主体,除了基本必备能力外,核心主体还应该有影响供应链其他伙伴的能力,有带领供应链持续取得增值的能力,选择适当的方法在狭义的供应链主体集中进一步筛选来确定核心主体。接下来需要研究的是这些主体合作的关键步骤,也就是如何从可能性转化为必然性的问题。

信息整合回答什么信息需要整合、整合需要什么技术,如何实现技术的无障碍使用和信息的顺畅流动问题。农产品不同于工业品,很多产品在终端消费市场上接近于无差别竞争,而且农产品生产的长周期性和自然风险以及产后易腐性都要予以考虑,所以农产品供应链管理所需信息不仅是合作伙伴之间基于分销管理的信息,还有供应链之外的农产品流通的总体信息,所以信息整合首先是对信息集的确定,然后是链内信息和链外信息的划分,最后才是技术性整合的关键步骤。

资源整合重点回答供应链资源的协调与集约使用问题。本文

首先探讨供应链的资源范畴,然后将农产品流转过程中节点企业间可能产生资源整合的机会分为物流资源整合和营销资源整合。物流资源整合主要关注于农产品供应链上有相互关联的经营组织间,通过对具有共同需求、相近流通渠道及相似加工工艺的物流资源共享使用用途,从而使链上各经营组织能有效地降低成本,产生农产品供应链整合效应,增强农产品及相关企业的市场竞争优势。营销资源整合主要关注于供应链上节点企业凭借其组织内占有稀缺性、不可复制性资源的优势,通过发挥销售促进性资源的资源禀赋优势,使链上各经营组织都能受到其带来的效益波及影响,提高产品竞争力,增强整个农产品供应链的综合效益。

第二章 农产品供应链的发展背景

一、农产品供应链发展的国际经验

(一)美国农产品供应链发展经验

1. 农业生产专业化、经营规模化

农业生产的专业化、经营规模化是美国农产品供应链发展的主要条件。这样的生产经营特点能使零售商获得持续稳定、安全可靠的农产品供应。由于美国的农业经营规模大,大多数农场主的经营规模达到 1000 亩以上,因此使得农场主能够提供数量多和品种多样的农产品,农产品生产出来,由农场主对农产品进行初级处理后,直接将农产品供应超级市场尤其是综合性大型超级市场、零售连锁店或配送中心,因此,美国农业生产的专业化、经营规模化使得农产品流通没有中间环节。零售终端组织迅速发展使得其与供货商建立了长期稳定的合作关系,在此基础上,终端组织开始自建配送中心,直接到产地组织采购,这样进一步推进了农业生产规模化。

2. 良好的专业合作组织基础

在美国,单独的农户在农产品流通体系中不占有重要地位,为了在营销中具有较强的谈判实力,同地区、同种类农产品的生产农户趋向组成具有一定组织化程度的流通实体。这样由于具有一定组织化的农户组织规模扩大、谈判实力增强,因此使得农户在农产品销售中具有了优势,尤其是有助于开拓国外市场。同时,前面分析到美国的农业经营规模大,大多数农场主的经营规模达到1000亩以上,但是为了更具有竞争力,一些农场主按照协同联合的方式组织起来,从而形成规模更大的组织,以和大型公司相抗衡。由此可见,良好的专业合作组织在美国农产品供应链发展中起到了非常重要的作用。以果蔬销售为例,通过合作组织流通的比例约达到98%。

3. 农产品供应链社会化程度较高

在美国农产品供应链发展中,完善的物流社会化服务体系必不可少。美国农工商一体化经营与完备的社会化服务体系,将农场生产与农业前部门和农业后部门有机地结合在一起,降低了市场风险,提高了经营效益,提高了专业化生产的稳定性和适应性。美国的物流社会化服务体系具有规模化、专业化的特点,并且物流社会化服务体系非常发达,体现在物流的各个节点上。由于农场主生产经营规模大,农产品品种多,大量物流企业、代理商和加工商在农产品供应链环节中,承担了农产品的加工、包装、运输、保管、信息传递等功能。同一条供应链中的成员大多采用"订单交易原则",建立了较为稳固的关系。

此外,美国的产销一体化组织和专业性农业协会也是农产品物流的重要组成部分,科技的进步也提升了农产品物流的社会化程度,美国普遍实行条形码技术的追踪系统,一旦农产品质量出现问题,就可以通过该技术查找农产品质量安全问题产生的源头,不仅仅检测物流系统的各个节点是否存在问题,还可以监督供应链的上游环节。以鲜活农产品为例,美国大部分水果如苹果和袋装橘子都使用条形码技术,借助条形码技术不仅仅使得生产企业了解自己的产品销售地域,而且也便于让销售环节了解产品的生产源头,从而对农产品的质量安全进行监督。另一方面,美国的物流社会化服务体系也体现在拥有先进的基础设施、较发达的冷链物流技术,同时,美国农业电子商务较发达,这与美国投资建立的农业信息网络提供技术支持有密切的关系,美国政府也加大对农产品物流体系的调控,这些因素对促进美国农产品供应链的发展奠定了必要的基础。

(二)日韩农产品供应链发展经验

1.农业生产精细化

日本和韩国农业都具有人多地少、农户生产种植规模小,分散经营等特点。以日本为例,日本是典型的人多地少的国家,70%的农户经营规模在 1 公顷以下,并且经营分散。正是因为上述特点,日本农业生产精细化十分突出,其农业生产已全部实现了机械化,在世界居领先地位,特别是水稻生产机械化处于世界最高水平。作为农产品流通的枢纽,农产品批发市场发挥了重要作用。日本与美国大规模农业生产不同,生产规模有限,人多地少,主要是以家庭为单位的小规模农业生产,因此需要解决与大流通之间的矛盾,而农产品批发市场具有集散商品的功能,所以农产品批发市场在日本农产品供应链中居于主导地位。

2.农业合作组织在农产品流通中扮演重要角色

在日本农产品供应链发展过程中,农业合作组织简称农协发挥着非常重要的作用,农协在农产品供应链的职能主要体现在以下几个方面:第一,通过制定种植计划指导农民生产。农协按照以往的经验和市场供需信息制定种植计划,为了鼓励农户按照种植计划进行生产,也采取了一些激励措施。具体做法是:一旦农民按照农协的种植计划进行农产品生产,农产品生产出来后由农协负责农产品的销售,如果农产品卖不出去,农协就用"农产品价格稳定基金"和"农产品上市奖金"补偿农民。第二,发挥农产品的集散功能。日本农业规模化小,单个农民种植面积有限,为了保证市场供应充足,农协负责集中农户的农产品,然后利用自己的销售渠道销售给消费者,因此发挥了很强的集散功能。第三,农协负责提供各种服务工作。如为农民提供市场供需信息,从而使得农民生产出来的农产品适销对路,避免农产品滞销,从而保证农民获得稳定的收益。

韩国的农产品流通合作组织是韩国水果蔬菜流通协会,简称"青果人协会",该协会负责执行韩国政府的很多农业政策。青果人协会也指导农业生产,为了保证农产品供给,协会每年年初根据已有信息和经验预测今年的市场需求,然后让农民按照其预测的市场需求生产农产品,为了激励农户生产,协会先给农户支付一定数额的定金,当农户生产出来农产品后,借助于协会将农产品销售出去。可以看出,协会在农产品流通中发挥着至关重要的作用,不仅仅保证农户生产出适销对路的农产品,获得了经济效益,而且也满足了城市居民的需求。

3. 农产品标准化程度高

日本农产品供应链的发展和日本农产品标准化有关,日本农产品标准化最早始于 1970 年,最初主要是针对洋葱、葛手、黄瓜等13 种蔬菜制定上市规格标准化,随后不断地进行修订。目前日本大多数农产品基本上都有详细的标准化,涉及农产品上市标准、产品分级包装标准等,上市标准分为质量标准、规格标准和包装规格标准。日本政府明确规定,农产品批发市场入场的农产品必须符合标准,否则不许进入农产品批发市场交易。韩国也非常注重农产品标准化,政府明确规定,进入农产品批发市场的农产品必须达到进场标准,否则将予以惩罚,如白菜、大葱等农产品如果包装达不到进场标准就会被征收垃圾处理费。

4.有完善健全的法律法规和市场监督机制

日本 1923 年出台的《中央批发市场法》和 1971 年出台的《批发市场法》推动了日本农产品供应链的发展,出台两部法律的目的是保证农副产品供应。随着时代的变化、技术水平的提高、消费者需求的变化,为了更好地迎合广大消费者的需求,日本农产品供应链的相关法律法规也在调整,如 1999 年日本政府对《批发市场法》进行修改,然后 2004 年又进一步修改,调整的内容主要涉及如何更好地监管农产品供应链中的交易方式,法律法规的不断完善进一步促进日本农产品供应链的发展。

韩国于 1951 年颁布了《中央批发市场法》,这部法律的出台保障了农产品的供给,稳定了农产品流通,促进了农产品供应链的发展。后来随着经济发展水平的提高、人们收入水平的增加、消费者的生活方式的改变,韩国政府为了迎合这些变化,在这部法律的基础上,陆续出台了《农水产品批发市场法》《农水产品流通及价格安定法》。这些法律法规不仅仅明确了保障农产品流通体系正常运转的措施,而且也对触犯法律的行为明确规定了相应的处罚措施。通过这样的监管体系的实施,促进农产品批发市场的正常运转,保障了农产品供应链体系的发展。

(三)欧盟农产品供应链发展经验

1.农业生产高度专业化

欧盟生产高度专业化,如作为欧盟第一大农业国的法国,由于对土地经营采用租赁经营为主,土地所有者直接经营的土地越来越少,因此促使占农场总量大多数的中小型农场向大农场集中。

由于单一农场面积扩大,因此使得法国农业生产表现出较强的专业化水平,主要体现在:区域专业化、农场专业化和作业专业化。政府把农业作为一个完整的产业来对待,包括农产品的生产、收购、加工、购买和销售的全部内容。

2. 发达的农业合作组织

欧盟和日韩一样,也有较发达的农业合作组织,农业合作组织在农产品供应链中发挥着仓储、运输和销售的服务作用,这些作用对于广大农户来讲非常重要,涉及面也较广,包括农业产前、产中和产后服务。同时,欧盟的农业合作组织不仅有全国性组织,也还有地区性组织和行业性组织。有些合作组织甚至在国外有自己的销售网络,大部分的农产品通过合作组织集中到批发市场,以公开拍卖等方式销售到国外市场。

3. 完善的物流基础设施

欧盟的农产品对于送货时间、速度、产品的可靠性和质量提出了严格要求,这就促使农产品供应链有发达的物流服务。农产品零售商在市场附近建立一个农产品和食品中转站,农产品首先集中到中转站,然后再在中转站进行配送。配送中心收到货物后,根据规范和要求,对农产品进行分类、调制、分割、包装和贮藏,把农产品和食品及时运送到各个零售商手里。

欧盟的信息系统也十分发达,这非常有利于提高农产品的交易效率。以汉吉斯国际批发市场为例,其一个突出特点是物流的有效性,最新的信息技术发挥着重要作用。汉吉斯国际批发市场运用新的信息技术和信息系统,如15家驻场肉类公司组建了一个统一结算的交易中心,诸多信息技术如电子信息、自动识别系统、商品条形码技术等在肉类交易中得到了充分应用。不仅生产者、批发商、销售商之间信息沟通顺畅,也充分满足了消费者需求,降低了交易成本。欧盟也非常重视基础设施建设,每年政府给予财政拨款,这些完善的基础设施促进了农产品供应链的发展。

二、供应链发展的制度因素

(一)供应链内部关系的制度协调

1. 供应链制度发展的逻辑:生产者→市场体制→供应链制度

供应链是经济社会发展到一定阶段的产物,它受到上游生产者和下游市场体制的双重影响。上游生产者和下游市场体制的变化必然促使农产品供应链的发展。随着时代的发展,竞争日益激烈,20世纪90年代竞争形势呈现出以下特征:信息化手段使用越来越广泛、全球化竞争日益凸显、企业之间的竞争由规模上的竞争转变为速度上的竞争、竞争优势更多的来自于核心竞争力。到了21世纪,竞争形势发生了巨大的变化,生产者在激烈的市场竞争形势下经营模式发生了很大的变化,而市场交易内部化的纵向一体化模式在新的形势下呈现出如下特征:市场反应速度慢,不适应快速发展的市场环境;潜在市场风险高;核心竞争力难以形成和强化等。同时市场体制也发生了巨大的变化。市场体制是指买卖双方在充分竞争的市场上促成了买卖交换活动的发生,而买卖交换活动发生的原因在于价格机制的协调,价格是由买卖双方的供求决定的,因此交易双方的行为是受到市场这支无形力量的影响。

在社会化专业分工高度发展的情况下,市场体制日益普及,既可以是有形的物质产品,也可以是无形的服务产品,都可以通过市场交换达成交易。但是,除了生产者和市场体制之外,还有第三种组织形式,就是供应链组织,我们也可以称之为"中间性体制"。

供应链组织是为了解决以下两方面的问题而产生的,第一,有些商品资产专用性较高、质量无法提前界定,由此可能导致交换活动过程中产生机会主义行为,从而使双方利益受损;第二,生产者为了能够生产出让消费者满意的产品,不断提高产品质量,就需要对消费者的需求有比较深入的了解,而采取"中间性体制"就能很好地满足这两个问题,因此,介于企业体制和市场体制之间的"供应链组织"日益发展起来,这为供应链的发展提供了制度基础。

2. 供应链组织的制度内涵

供应链组织是指通过供应链上各节点之间的分工和合作,降低交易成本,促使物流、商流、信息流和资金流的优化,从而提高竞争能力。

通过前面的分析,我们发现纵向一体化的模式在新的形势下,呈现出如下特征:市场反应速度慢,不适应快速发展的市场环境;潜在市场风险高;核心竞争力难以形成和强化等。市场体制的弊端也日益呈现出来。科斯认为,不仅市场交易中的价格机制运行有成本,而且组织行政管理机制运行也存在成本,因此都表现为交费费用,而组织的产生和组织的边界就可以用交易费用来解释。

供应链内部各节点的交易成本低于纯粹市场交易的成本,主要原因是:第一,供应链内部的市场各节点之间关系紧密,通过隐性和显性的知识溢出容易产生外部效应,从而使得由于选择理性而减少交易成本;第二,供应链表现为社会关系网络化,便于信息共享从而增强选择理性进而减少交易成本;第三,供应链组织体制各节点之间建立的长期合作关系,便于相互之间学习从而使得认知环境的能力提高;第四,供应链组织体制各节点之间建立的合作关系又存在相互竞争,通过长期合作,双方相互了解,从而减少搜集信息、讨价还价和监督等成本,通过相互之间的竞争提高交易效率。这样通过合作、竞争机制并存促使效率提高。

综上所述,供应链组织的产生迎合了竞争形势的需要,是经济全球化背景下,生产者经营目标和发展模式转变的结果,供应链组织的建立又促使供应链管理的产生,因为供应链管理作为一种制度规范,可以有效地节约交易费用,也有利于培育核心竞争力。供应链组织既不同于纵向一体化的市场交易模式,也不同于纯粹的市场交易模式。它是在纵向一体化关系和纯粹的市场交易关系基础上产生的更高的形式,这种组织形式不仅克服了纯粹市场交易的高昂的交易费用,而且也克服了纵向一体化不利于培育核心竞争力等不足。供应链上的各节点之间的交易关系是建立在相互信任的基础上,因此各节点能保持长期合作的关系,通过塑造长期合作的关系,不仅仅减少交易费用,而且也减少了组织成本。因此供应链组织既吸收了生产者的优势,又吸收了市场组织的优势,这种组织创新不仅仅大大提高了资源的使用效率,也保证了各节点之间的相对独立性,也带来了链上各环节的长期灵活应变性。

(二)供应链内部关系的制度变迁

根据新制度经济学的观点,促进经济发展的众多因素中,制度是其中一个非常重要的因素,通过制度创新可以促进经济发展。20世纪90年代以来,伴随着全球经济一体化,企业的生存环境发生很大的变化,从而促使企业之间的竞争呈现出一些新的特点:竞争战略从原来的追求成本最小化转化为培育企业的核心竞争力;消费者需求发生着巨大的变化、难以准确预测,经济环境中的变数越来越多;现代企业之间的竞争不是数量上、规模上的竞争,而转变为时间、应变速度上的竞争;由于应用高科技技术使得企业之间竞争的手段日新月异等。以往的纵向一体化体制在新的环境中弊端日益凸显,主要表现在:纵向一体化体制倡导全面,而企业的资源是有限的,从而使得由于精力分散难以形成核心竞争力;纵向一体化模式下,由于企业的应变能力较慢使得企业不能很好应对市场的变化;纵向一体化也使资产专用性组织的潜在风险大大增加。因此,企业要想在新的市场环境中生存并进一步发展,就需要企业了解市场环境并根据市场环境变化调整自身,培育企业的核心竞争力。总之,不管是从外部环境来看,还是从企业自身需要来看,都要求企业要不断地进行制度创新,重点放在培育核心竞争力上。

供应链的出现实现了组织制度的创新,即从边界企业发展到扩展企业。扩展企业是以供应链为平台,通过业务外包而产生的一种新的企业形式,它对单一企业的好处在于:第一,供应链管理将资源集成的范围扩展到组织外部,供应商、加工生产商、分销商结成伙伴关系,基于这种运作环境的产品制造过程,从产品的研发到投放市场的周期缩短、顾客导向增强,使生产者快速响应复杂多变市场需求的能力得到提升。第二,它使供应商、加工生产商、分销商之间的职能能够跨越组织的界限得以集成,以此为基础实现跨功能或经营活动的整合,跨越整条供应链,实现运营活动的连接和整合,并且各种活动都能做到优势互补,发挥更大的资源配置优势,巩固和强化核心竞争力。第三,当市场需求发生变化时,可以通过对供应链成员的重新整合适应新的变化,有效化解专用性资产固化的风险。第四,供应链体制下的非核心业务的外包增加了市场交易成本,但组织由此也节约了内部运行成本、项目投资成本和机会成本,同时可以充分利用合作组织的资源和优势来获得基于总体的收益,只要总体收益大于总体成本,外包方式就是应对复杂环境和不确定性的可行策略选择,供应链这种组织形式就成为一种理性的制度安排①。

（三）供应链管理的制度规范

供应链管理作为供应链组织的一种制度规范,可以促使供应链组织绩效水平提高,即供应链管理可以通过构建一系列制度规范来约束各节点企业,因此可以说,供应链管理由一系列规则组成,用以规范供应链组织,具体来说,规则主要有:

1. 协同规则

协同规则是指供应链管理要协调促使供应链各节点企业分工合作,产生 1+1>2 的效果,也就是说要促使供应链的整体竞争力提高。供应链各节点企业有不同的利益追求,要想达到协同,就需要供应链管理来协调。供应链管理使得各节点企业充分了解其他节点企业的信息,并且促使不同节点企业相互沟通,因此在此基础上作出的决策不仅仅考虑了自己,也充分考虑了其他节点企业。但同时我们也应该认识到,供应链协同不是长期能保持的,随着环境的变化,协同可能会被打破,因此要保证稳定的供应链协同需要各节点企业互相理解和互相沟通。供应链协同不仅仅能发挥资源优势互补,创造整体价值更大,而且也能促使各节点企业建立长期合作关系,降低信息搜集成本、再协商成本、履行成本等,从而有效地减少交易费用。

2. 激励规则

供应链管理在设计规则时,充分考虑各节点企业利润最大化的要求,按照委托—代理理论的方法来设计,这样做的目的是不仅

---

① 杜红梅:《中国农产品绿色供应链耦合机制研究》,社会科学文献出版社 2012 年版,第 80—82 页。

保障各自利润最大化的实现,而且有助于供应链整体利益的最大化。各节点企业应该通过勾画美好的未来合作蓝图以避免其他节点企业只关注短期利益,而是把关注点放在长期利益上。供应链管理还要构建有助于促进供应链动态平衡的评价指标体系,这种指标体系和方法可以促使各节点企业努力保持在供应链中的地位。供应链各节点合作关系的维持主要靠两个方面:第一,在利润最大化目标激励下,节点企业需要与其他节点企业承诺合作,否则其他节点企业就会寻找其他的合作伙伴;第二,如果节点企业不合作,那么其他的节点企业就会重新选择,在新一轮的供应链构建中将被淘汰。这两个方面促使供应链合作伙伴关系的维持。供应链管理激励规则的目的是使得各节点企业能够最大化地满足消费者需求、不断提高产品质量和服务水平、快速应对市场环境变化的能力。

3. 伦理规则

供应链的伦理规则是指,供应链的发展不仅仅要实现经济利益最大化,而且要实现环境效益的最大化,要实现社会的可持续发展而不是仅仅实现短期目标。各节点企业作为供应链整体组织的一部分遵循伦理规则要容易得多,因为供应链作为一个整体组织,当对其进行监管时,不仅仅监管某一个节点企业,而是同时要考虑供应链的上游节点和下游节点,监管不仅仅依靠强制力量,也可以依靠伦理道理的约束力量。

4. 自律规则

供应链发展的自律规则是指通过供应链组织不断地向各节点企业渗透可持续发展理念,以及合作意识理念,促使各节点企业发挥自律能力,而不是依靠外在的强制力量。自律规则促使各节点企业相互合作,避免相互之间的竞争而带来损失,从而能够实现降低交易成本的目的。

三、我国农产品供应链发展的动力机制

(一)农产品供应链发展的外在动因

1.市场环境的变化

20世纪90年代以来,农产品市场日益呈现出一些新的特点:第一,消费者对农产品的需求变化加快,对农产品服务的要求越来越高;第二,整个国际市场农产品供给大于需求,农产品竞争日益激烈;第三,食品安全问题日益凸显,成为国际社会高度关注的话题。面对这些新的发展变化,就需要农业生产者、加工制造商、经销商等增强自身竞争力,需要农产品供应链来解决。

时至今日,农产品已全面进入买方市场,如何降低农产品流通成本,缩短流通时间,提高流通效率和效益,已成为农产品生产者和流通企业生存与发展的关键问题。因此时代发展到21世纪,供应链之间的竞争重要性日益凸显,供应链是否具有竞争力,主要取决于两个因素:供应链的总成本以及满足顾客需求的速度。农产品供应链各环节只有转变观念,打破原有的束缚,树立整体利益最大化思想,建立起长期合作关系、利益共享的供应链,通过实施供应链管理,最大化市场机会和收益,才能获得新的发展空间,实现新的腾飞。

随着经济的发展,传统的农产品生产、购销模式正面临两方面的转变:一方面,消费者对农产品和服务的要求不断上升,农产品消费正在形成一种全新的消费观念:消费者不但关注其基本效用,而且更加关注食品安全;另一方面,超市正在取代传统的农贸市场,成为农产品销售终端的主流模式。在这种背景下,发展我国农产品供应链是新的环境对我们提出的必然要求。

2. 居民消费结构的改变

消费结构是指在一定的条件下,人们所消费的不同类型的消费资料或者劳务的比例关系。消费结构包括两个方面:"质"是指产品本身的质量和"量"是指产品本身的数量,这说明消费结构不仅考察消费者消费产品的数量而且也考察消费者消费产品的质量,是质量与数量两方面的统一。近年来,随着环境的变化,消费结构也发生了变化,这促使了农产品供应链的形成。

改革开放以后,随着收入水平的提高以及商品供给数量的增加,人们对商品的消费已经不仅仅追求数量,慢慢地开始转变为对商品质量的满足,这种变化必然影响到农产品流通体制的变化。为了迎合消费者需求的这种变化,必然要求农产品流通要变革,以加快农产品流通速度、降低农产品流通成本,更好地满足消费者需求。如新型农产品流通模式"农超对接",这种模式是指农产品生产者直接和超市对接,不需要中间的流通环节,所以农产品流通周转的时间短,保证了把新鲜的农产品流通到消费者手中。由于超市直接对接农产品生产者,中间流通时间短,所以便于超市提供较多品种的生鲜农产品,也满足了消费者对农产品质量的要求。

3. 物流的发展

农产品物流包括农产品生产、收购、运输、储存、装卸、搬运、包装、配送、流通加工、分销、信息活动等一系列环节,并且在这一过程中实现了农产品价值增值和组织目标。农产品物流有四大特点:农产品物流量大;物流运作具有相对独立性;物流点多、面广;加工增值是农产品物流的重要内容等。农产品物流是企业利润的源泉,对农业企业而言,物流也日益成为越来越重要的价值增值源泉。可见,发展农产品供应链物流系统,加强物流管理,具有十分重要的作用。

物流的规范与发展,为农产品供应链的发展提供了技术上的保证与支持。在国家和相关市场主体的大力推动和实践下,我国物流业发展迅速,基础物流系统使支持物流系统得到切实加强,使得农产品供应链的建立成为可能,如我国城乡公路建设得到了快速发展,降低了运输费用成本。铁路建设里程迅速增加而运费降低使得流通成本降低,同时铁路提速使得农产品流通的时间更短,农产品物流更加快捷。为了及时发布农产品供需信息,我国大力完善农产品信息网络平台建设。为了保证鲜活农产品的质量,仓库冷链物流技术迅速发展,为消费者提供了高品质的农产品。物流业的发展,促使我国农产品供应链新模式的建立成为可能。

(二)农产品供应链发展的内在动因

1. 信息共享机制

(1)农产品供应链信息不对称问题

供应链各节点企业由于追求自身利润最大化,因此在相互合作过程中,很容易由于信息缺失而产生信息不对称问题,这包括各节点企业,如生产要素提供者,农产品生产者、加工制造商、经销商以及消费者。

第一,生产要素提供者与农产品生产者之间的信息不对称。农产品生产者要购买种子、农药、化肥等生产要素,由于农产品生产者文化水平不高、无法对农产品生产资料的质量进行鉴别,而提供这些生产资料的供给者出于自身利润最大化考虑,不愿意主动提供关于农产品生产要素的全部信息,如生产要素的使用期限、安全使用量、安全使用次数等,结果使得广大农户对农产品生产要素的全部信息并不了解,因此在对不同生产要素进行选择时,往往依据价格或者以往的经验来购买,但是价格越低的生产要素往往质量更差,结果导致了逆向选择问题。

第二,农业生产者与经销商之间的信息不对称。农业生产者对生产的农产品的数量、质量、所添加的农药、化肥等情况非常了解,但这些信息出于最大化利润考虑,农户并不会全部告知经销商。而对农产品的质量安全检测不仅仅需要专门的仪器设备,往往也需要有专业的检测人员,这都需要比较高的成本,对单个的经销商来说是无法做到的。农产品加工过程中需要防控微生物污染,这就需要加工商达到一定的条件,如卫生、冷链仓库、工作人员的健康情况等,而这些信息,加工商不会主动告诉经销商,从而产生了两者之间的信息不对称。

第三,经销商与消费者之间的信息不对称。供应链终端的消费者是农产品的最终消费和使用者,但消费者对农产品信息的获得主要依靠自己的感觉器官,因此信息量非常少。同时消费者不可能对所有农产品具备相关的知识量,而且去搜集相关产品信息需要浪费大量的时间和精力,消费者认为不值得。同时经销商出于利润考虑,不会主动向消费者提供相关信息,由此带来了经销商和消费者之间的信息不对称。

信息不对称影响着农产品均衡、稳定市场的形成。这是由于在农产品供应链各环节、各行为主体中所获得的信息量不同。在追求利益最大化的前提下,拥有信息优势的一方必定利用其优势进行交易,从而损害了供应链上其他环节的利益。这样的行为会打破供应链公平的原则,导致供应链稳定结构被破坏。同时,信息不对称也提高了供应链相关方的信息搜寻成本。消费者在购买农产品时是理性的,总是希望用一定的支出获得最大化的收益,而信息成本是随着消费者效用和成本不断变化的,一般是信息成本边际递增,搜寻成本边际递减。这样就影响消费者最终收益,降低了供应链整体的竞争力。同时不完全信息会导致消费者不能掌握农产品生产加工等相关信息,因此不能准确地分辨出不同质量的农产品,这样就使得不法商贩有可乘之机,以次充好,影响到高质量供应链的整体运营效果。

（2）农产品供应链信息共享促进农产品供应链发展

农产品供应链的管理是商流、物流、信息流和资金流的统一,在这四流中,信息流具有基础性的作用,通过农产品供应链的信息流可以有效地传递信息从而促进整体链条的发展。农产品供应链信息流的管理可以促使供应链各节点的信息共享,通过有效地信息沟通,可以将生产者的供给信息和消费者的需求信息及时传递,从而降低生产经营风险,提高对市场环境的反应能力。同时,信息的有效传递可以促进各节点的技术创新,加速知识的传播,从而提高供应链的竞争力。信息流对于农产品生产者来说更加重要,因为通过农产品供应链的信息流,便于生产者了解消费者需求的相关信息以及消费者对农产品的反馈信息,生产者在这些信息的基础上,能够生产出与消费者需求相一致的农产品,从而避免"卖难"问题的产生。对于消费者来说,通过农产品供应链的信息流,可以提高消费者对农产品的知识量,从而能够作出最佳的购买决策,避免购买行为的不理性。

（3）农产品供应链信息共享的路径

第一,共享的信息内容要全面,通过前面的分析我们发现,生产者和消费者由于处于不同节点,存在信息不对称问题,为了解决这个问题,需要强化农产品供应链信息共享。内容涉及生产的农产品的品种、品质、数量等,也涉及农产品技术知识。供应链信息共享强调的是信息内容的全面共享,尤其强调的是技术知识的共享,不仅仅有助于供应链的技术创新,而且便于消费者全面地了解农产品信息,加速农产品的市场推广工作。

第二,信息共享的成员涉及面广,包括供应链的各节点即生产要素提供者、生产者、经销商和消费者。消费者由于对农产品相关信息了解的非常少,并且消费者不愿意也没有足够多的时间和精力搜集农产品的相关信息,结果导致消费者不能正确判断农产品的品质,从而产生逆向选择问题。为了解决这个问题,供应链环节中的消费者也需要参与到信息共享的环节中来。

第三,信息共享的手段多样化,既可以采用正式交流手段,也可以采用非正式交流手段。原因在于共享的信息内容太全面,既有文本形式的信息也有非文本形式的信息。对于农产品生产数量等文本形式的信息可以采用正式交流的手段实现,消费者需求发展变化等非文本形式的信息可以采用非正式交流的手段实现。为了促进信息的充分共享,在手段的使用上尽可能地使用各种技术支持。信息技术的广泛应用、运行成本低以及信息共享过程中的可对话性为信息共享提供了有力的技术支持,因此,充分利用信息技术有利于实现农产品供应链内成员间的信息共享。

第四,构建供应链信息共享激励机制。为了促使农产品供应链信息共享,需要对供应链成员采取一定的激励措施。激励措施分为正向激励和负向激励,正向激励是指采用一定的物质和精神的正面意义上的手段,如奖励、表扬等;负向激励是指采用一定的物质和精神的负面意义的手段,如惩罚、批评等。对供应链成员大多采用正向激励,可以采取以下手段:第一,价格激励,如针对经销商和生产者之间的信息不对称,可以给予经销商一定的价格补贴,增加经销商的收益,从而提高其加入信息共享的意愿;第二,技术激励。供应链之所以出现信息不对称,其中一部分原因是客观技术因素,为了能够实现信息共享,供应链核心成员可以向技术实力较差的节点企业提供技术支持,这样促使了不同技术实力的供应链节点企业的信息沟通,带来供应链整体效率提高。同时要加强培训,以增强生产者的信息处理技术能力,避免因为知识量不够而带来的信息处理差异。通过激励措施的实施,使得农产品供应链信息满足以下几个特征:时效性、准确性和有效性,除此以外还需要注意要针对供应链各节点成员采取不同的激励措施。

2.合作利益分配机制

农产品供应链是物流、信息流和资金流的统一,通过农产品供应链将原材料供应商、生产者、经销商和消费者整合到一起,农产品通过农产品供应链从农户经过流通转移到消费者手中,实现了价值的增值。农产品供应链的目的是通过协调各节点的关系保证物流、信息流和资金流的顺利运转。由于供应链的各个节点都是独立的个体,都以最大化利润为追求的目标,因此各节点间关系的协调就是利益关系的协调,合作利益分配机制的建立对于农产品供应链的运行与发展起着重要的作用。

(1)农产品供应链合作利益分配的内涵

供应链各节点是独立的经济体,各自有各自的追求,都以追求个人利益最大化为目的,因此为了很好地协调供应链各节点的合作关系,就需要对供应链各节点建立起合理的利益分配机制。利益分配机制的建立有助于农产品供应链的发展,也是影响供应链效率的重要因素。由于各节点以追求个人利益最大化为目的,因此供应链各节点之所以加入供应链,无疑是希望通过与其他节点的合作为自己带来更大的收益,利益之争无法避免。因此,要想平衡供应链各节点之间的合作关系,保障供应链的有效运行和发展,就必须建立合理的利益分配机制,这是供应链管理成功的关键。

农产品供应链合作利益分配的含义是:一是针对各节点合作产生的利益如何分配,以确保各节点对分得的利益满意;二是针对合作过程中产生的费用和风险如何分摊。这两个问题如果不能很好地处理,将会影响供应链各成员之间的合作,也将影响整个供应链的利益最大化。

(2)农产品供应链合作利益分配的特点

农产品整个供应链各成员之间长期稳定合作的前提是:第一,合作后的供应链总收益要大于合作之前各方各自收益之总和;第二,供应链成员在长期的合作中分得的利益要比没有进行这种合作之前它所获得的利益多①。由此可见,农产品供应链的合作利益共享机制与其他的合作利益分配不同,它的特点有:农产品供应链合作利益分配的复杂性;农产品供应链合作主体利益分配主要是通过各节点的产品或服务的定价来实现的;农产品供应链合作主体利益分配是一个协商的过程。

(3)农产品供应链合作利益分配的原则

从经济学角度来看,农产品供应链中各环节、各主体之间的相互联系是以共同的经济利益为中心的,在经济利益的驱动下,农产品供应链开始运作。需要指出的是,由于农产品供应链中各主体自身实力不同,所处发展阶段不同,所在环节不同,因此所面临的经济利益的表现形式不同。有的以资金收入最大化为目标,有的以市场占有率提高为目标。在实践中,必须保证各主体的利益诉求有正确的指引方向和分配指导思想,同时关注公平、效率,尽量使各主体在利益分配环节达到各自目标。因此农产品供应链各主

---

① 杜红梅:《中国农产品绿色供应链耦合机制研究》,社会科学文献出版社2012年版,第112页。

体利益分配应当遵循以下几个原则：

第一，平等互利的原则。依照此原则，农产品供应链中的各个主体的地位是平等的，都有权利去追求自身应得的利润。各个主体应当根据自身在供应链中所发挥的作用，多劳多得，依据自身贡献索取利益，而不是依据主体规模大小、实力强弱。同时处于供应链核心位置的主体，不应依靠自身优势地位，侵占其他主体利益。只有在互惠互利的基础上发展起来的供应链才有可能维持长期的合作关系。

第二，公平兼顾效率的原则。农产品供应链中全部利润是供应链整体创造的，这些利润需要各合作主体作为一个供应链整体和其他供应链进行竞争得来，因此各主体间的合作应该是顺畅高效的。因此公平是供应链合作的一个基本前提。只有在利润分配公平的前提下，供应链成员间才可以培养出团队精神，才可以消除成员间的隔阂和不正当竞争。但是需要指出的是，供应链各主体不能一味追求绝对的公平而损失了供应链运行效率。只有当供应链高效运行的时候，才可能创造出更多的利润供各主体分配。只有把蛋糕做大，每个部分才可以获得更多的收益。因此，农产品供应链中的各成员在面临利益分配的时候，一定要在公平和效率间找到一个合适的平衡，既让供应链中的各主体感到满意，同时又不影响供应链运行效率，既保证公平又兼顾效率。

第三，"双赢"或"多赢"原则。由于农产品供应链可以创造出更多的利润，因此供应链各主体之间不是竞争关系，而是合作共赢的关系。因此供应链应该创造出合理的机制，公平公开的环境，让各环节、各主体的成员充分地享受到供应链发展所带来的收益，使之从"单赢"发展成为"双赢"甚至是"多赢"、"共赢"的局面。这样才可以使农产品供应链主体间的合作关系得以形成，并最终推动农产品供应链向前发展。

第四,协商让利的原则。农产品供应链所处的环境是不断变化的,多变的环境导致利润点也不断的发生变化。当旧的利润点消失,新的利润点出现时,此时供应链各主体间最容易出现分歧和纠纷。当面临这样的情况时,供应链主体间应该遵循协商让利的原则,即得到利益的成员应该从供应链长远角度出发,主动出让一部分利益给利益受损的环节,以维持供应链整体的平衡性和稳定性,使各主体共同发展。

第五,风险与利益相匹配的原则。农产品供应链链条较长,涉及的主体种类较多,相互关系较复杂,因此在面临市场变化和突发危机时,所承担的风险也不同。因此供应链主体在利益分配时应充分考虑到风险和利益对等的原则,即承担较大风险的主体或环节应得到相对较大的利益补偿。不可以出现高风险低收益或低风险高收益的情况,这样就可以维持供应链整体的稳定性,也可以保持各主体、各环节间顺畅合作,提高供应链效率和竞争力。

第六,兼顾各方的原则。在农产品供应链中各主体在市场竞争中,对资源、信息、资金的需求各有不同,因此在追求自身利益最大化的过程中难免会出现一定矛盾。这样的矛盾如果不能得到及时有效的解决,必然会对供应链整体带来不稳定因素。解决这样的矛盾的关键在于兼顾各方、合理分配供应链整体利益,尽量满足供应链各成员的利益诉求。

3. 契约履行约束机制

农产品供应链在运作过程中,必然会有部分的成员为了自身利益而作出有损其他成员的行为。这样的私利行为会对供应链的稳定性带来巨大的破坏作用。因此应当构建出适当的约束机制来防止和惩罚这样的私利行为,从而使得供应链各主体的合作关系稳固,促使共同目标实现。

(1)提高声誉市场的监督作用

农产品供应链各主体间除了受到正式、非正式的协议约束外,还应受到声誉市场的监督作用。在市场经济条件下,普通个体通常愿意与具有良好声誉的经营者进行经济交往活动,因此培育良好的声誉已经成为了经营者增加自身竞争力的有效途径。良好声誉所带来的收益是长期的、稳定的,但是良好声誉不是短时间培育起来的,它需要相对较长的时间,同时,一旦经营者采取了不道德的行为,其声誉会在很短时间内下降,甚至可能完全丧失信誉。一个经营者没有了商业信誉,那么他只有离开这个市场。这就是供应链声誉监督作用的影响和发挥机制。声誉的监督作用会使得供应链主体在追求自身利益最大化时,一定考虑到长远收益,不应以当期利益为评判标准。因为长期来看,声誉的增加能带来的收益是递增的,经营者即便是面临着巨大物质利益刺激,也会考虑声誉对其长期利益的影响。

(2)提高违约成本

要想使得供应链各成员很好履行契约,可以采取一些约束机制,其中包括提高违约成本。这种约束机制具体包括:第一,通过支付一定的价格贴水,即提高未来升水流的现值,使其大于潜在违约者因违约所获得的收益①;其次,一旦某一供应链成员要退出供应链组织,其退出费用提高,即供应链成员会因为要退出供应链组织,而导致其声誉、固定资产、人力资本等都受到影响;再次,促使每个供应链组织成员从供应链整体角度出发考虑自身利益,即供

---

① 杜红梅:《中国农产品绿色供应链耦合机制研究》,社会科学文献出版社2012年版,第139页。

应链整体利益和个人利益息息相关,这样每个供应链成员都会相互监督,从而从根本上消除互相欺骗的可能。

(3)构建一定的惩罚机制

为了有效地促使供应链各成员履行协议,维护供应链的整体利益最大化,应该构建一定的惩罚机制。首先应该建立绩效考核评估指标体系,然后按照评估指标体系对供应链各成员进行绩效考核,这种考核可以定期进行,也可以不定期进行,对于考核结果达不到绩效考核指标体系的成员就可以实行一定的惩罚机制。惩罚机制可以采取不同办法,如经济上的惩罚或者责令其退出供应链等,具体采取哪种办法,要根据供应链成员的绩效来定。如果供应链成员因为外界的诱惑而产生投机行为,从而对合作效益造成危害,供应链应对其做出经济上的惩罚,如责令其交纳一定的罚金或直接降低其在最后利益分配中的比例等;对于由于内外环境的改变而不能很好适应、并非因为投机心理而对供应链产生不良影响的成员,通过适当降低其退出费用,使其离开供应链,并重新选择新的合作伙伴以提高合作效益①。

---

① 杜红梅:《中国农产品绿色供应链耦合机制研究》,社会科学文献出版社2012年版,第140页。

第三章　农工商三次产业协同与
农产品供应链整合

一、农工商三次产业协同及其运行机理

德国物理学家赫尔曼·哈肯在其所著的《协同学——大自然构成的奥秘》中译本序言中说:"改善每个人的生活是人类当今最重要的任务之一。无论对社会或对个人来说,这个任务所提出的问题日益复杂。自然科学、工程科学和社会科学必须为解决这些问题奠定基础。为此,他们像目前那样仅仅提供许多零星的成果是不够的;这个任务的复杂性要求各门不同学科之间密切对话。"①协同学正是哈肯为不同学科之间密切对话提供的工具,将此工具应用于经济学可以帮助人们更透彻地对经济系统进行解释。

(一)农工商三次产业协同的概念及其发展规律性

1.协同学及其在经济领域中的应用

协同学即"协调合作之学",不探讨个别规则,而是注重发现结构赖以形成的普遍规律。哈肯的协同学有一个基本认识:尽管

---

① ［德］赫尔曼·哈肯:《协同学——大自然构成的奥秘》,凌复华译,上海译文出版社 2001 年版,第 1 页。

大自然的结构千差万别,但是就结构是如何建成的问题存在着一些统一的基本规律。(这里的结构不仅涉及物理、化学等物质世界的结构,也包含经济、文化等精神世界的结构。)体现这一基本规律的现象是大自然中的种种"有序性"的出现,根据哈肯的研究,有序性出现的过程是这样的:"单个组元好像由一只无形之手促成的那样自行安排起来,但相反正是这些单个组元通过它们的协作才转而创建出这只无形之手"①(典型的协同现象)。哈肯将这只使一切事物有条不紊地组织起来的无形之手称为序参数,将协同学看成是一门在普遍规律支配下的有序的、自组织的集体行为科学,其目标是在千差万别的各学科领域中确定系统自组织赖以进行的自然规律。哈肯认为高度复杂的经济生活提供了大量的协同效应的例子,在其《协同学——大自然构成的奥秘》一书中,专门用了一章来讲解协同学在经济学中的应用:协同学认为对经济中整个集团的行为是可能预测的,只要能证明可以根据一般规律来描述经济领域或社会领域中整个集团的行为②。这个一般规律就是协同,集体行为形成一种自动反应,使个体不能逃脱它的摆布,结果是使整个系统形成一些微观个体层次所不具有的新的结构和特征。利用协同学来分析经济问题,给了我们一个新视角:系统的形成和变化受到一些基本规律的支配,那就是系统中的各个要素在独自的运动中会不自觉地协同起来,从而产生一个"无形之手",这个"无形之手"转而支配各个要素的行为,使其共同达到某种平衡状态,值得注意的是这种平衡状态并非是唯一的,条件的微小变动可能导致完全不同的平衡状态。所以说,经济发展过程

---

① [德]赫尔曼·哈肯:《协同学——大自然构成的奥秘》,凌复华译,上海译文出版社 2001 年版,第 7 页。
② 哈肯所说的集体行为是指人们的那些似乎是相互约定的行动。

中存在着某种必然的发展,它们不可能通过意识形态上的一厢情愿的想法来摆脱,更值得探究的是这些自动机制将走什么途径,以便在更高层面上来利用它们为人类谋福利。[①]

2. 农工商三次产业协同的内涵

在经济发展过程中,产业类型的不断丰富、资源在不同产业间的流入与流出无疑可以作为一个系统来考察。目前对产业系统最具普遍性的认识是三次产业的划分和描述三次产业结构演进的配第—克拉克定理。早在 17 世纪,英国古典政治经济学家威廉·配第就提出:制造业比农业,进而商业比制造业能够得到更多的收入,这种产业间的相对收入的差异导致了劳动力在产业间的流动。到 20 世纪 30 年代,费歇尔明确提出了三次产业分类法,随后克拉克在前人的基础上提出配第—克拉克定理:随着经济的发展和国民收入水平的提高,劳动力首先由第一次产业向第二次产业移动;以后随着人均收入水平的进一步提高,劳动力又会向第三次产业移动;劳动力在三个产业之间的分布状况是,第一次产业逐渐减少,第二次、第三次产业将逐步增加。历史地看,农工商三次产业的形成是劳动分工的结果,而产业一旦形成又有其自身的特定的发展周期,各类产业在自身发展的过程中因为劳动力等资源的流动不自觉地产生了协同,形成了劳动力和国民收入分布的规律性,这个规律性反过来支配产业系统的变动。很显然,这个过程与协同学原理是一致的。

党的十七大报告中提出促进经济增长主要由第二产业带动向第一、第二、第三产业协同带动转变,之后,有关三次产业协同的研

---

① ［德］赫尔曼·哈肯:《协同学——大自然构成的奥秘》,凌复华译,上海译文出版社 2001 年版,第 137 页。

究逐渐增多,对产业协同概念的理解也出现了多个角度。本书认为,按照协同学的原理,农工商产业协同可以理解为农工商三次产业在各自发展的过程中,有某些个体因素的变化得到集体响应而放大形成产业之间的协作,并由其支配产业系统从无序到有序的演化过程。

3. 农工商三次产业协同发展的规律性

协同是系统共有的普遍规律,它的解释力超越学科领域。产业系统是一个复杂系统,从协同学视角去审视产业系统的演进可以帮助我们洞察其中的矛盾和进化。就农工商三次产业协同发展而言,其规律性体现在如下几个方面:第一,在资源稀缺的基本前提下,三次产业的发展必然表现出竞争与协同行为并存的状态。基于生产原料、生产手段以及需求差别等方面的不同产业特征,农工商产业在组织资源创造价值方面表现出各自独立的产业发展轨迹。但是土地、劳动和资本作为所有产业发展都需要的关键要素势必成为三大产业竞争的焦点;另一方面,由于产业的关联特征,又使得以破除发展瓶颈为目的的产业协同成为三大产业的内在需求。第二,那些能够得到三次产业集体响应的个体因素变化才能带动整体产业系统的进化。在协同学中,这类个体因素被称为序参量。在产业系统演进过程中,包括18至19世纪的第一次工业革命,20世纪的绿色革命,20世纪电子计算机及网络的发明和应用等在内的事件成为不同时期的序参量,引导着产业系统的演变。我们能很清楚地看到这些"序参量"形成之后,三次产业的发展是如何受其支配的。第三,意识形态上一厢情愿的管制可能导致产业系统出现混乱过程。二战之后的苏联和我国采用的优先发展重工业战略所带来的产业结构扭曲,以及由此产生的三次产业发展不均衡,人民生活基本需求不能得到满足的状况就是对这一规律的很好诠释。而之后产业结构调整的过程则进一步证明了产业协同有其内在规律,而这些规律必须得到遵循。

(二)基于系统论的农工商三次产业协同方式

产业系统由代表农工商三次产业的三个子系统构成,当各个子系统的独立运动占主导地位时,系统将呈现无规则的无序运动状态,当各个子系统相互协调的整体运动占主导地位时,系统呈现有规律的有序运动状态。要使系统保持有序状态并达到更高层次的有序状态,必须使各个子系统之间处于和谐状态并形成一种自调适的动态变化关系。黄昭昭(2011)从产业关联、产业间溢出效应、国家产业安全与经济稳定三个角度对三次产业协同进行了分析①,本书基本认同这些观点,但也有一些不同理解。

1. 基于产业关联的协同

产业关联是指各产业间广泛存在的密切、复杂的技术经济联系,其实质是产业间的供给与需求关系。在经济发展过程中,因为稀缺的特点,资源的使用是竞争性的,一项资源流入某一产业必定意味着其他产业无法再利用它,各个产业为了自己的发展将对资源进行争夺,所以各产业在发展过程中的竞争是常态化的;与此同时,由于产业关联的特性,一个产业的发展要以其他产业的产出作为投入,要根据其他产业的需求规划产出,所以产业间的协调又是产业发展的最终条件。农工商三次产业间的关联关系表现为第一产业为第二产业和第三产业提供食品,净化第二、三产业排放的污染物,为第二、三产业提供舒适的生产生活环境;第二产业为第一

①　黄昭昭:《三次产业协同带动研究——以西部地区为例》,西南财经大学 2011 年博士学位论文。

产业和第三产业提供生产、生活、服务用的机械设备,为第一、三产业提供交通通讯设备、工具等;第三产业为第一、二产业提供技术、资金、人才培养、产品流通等服务,还提供各种公共产品。基于投入产出的三次产业环向关联特征揭示了三次产业协同的必然性,在此大前提下,产业协同的内容随着产业结构的变化还有一个不断复杂化的过程。在农业社会时期,三次产业内部分工简单,产业关联围绕消费品展开;进入工业社会,二次产业内部分工深化,三次产业间围绕生产资料的关联逐渐增加;到后工业社会,三次产业内部分工深化,产业间围绕知识和信息形成广泛联系。与之相对应的产业协同内容首先是自然资源、物质要素的合理分配,继而增加了资本、劳动力的合理使用,现在又增加了技术扩散、信息共享、融合共生等内容。

2. 基于产业间溢出效应的协同

产业间溢出效应可以理解为一个产业在发展过程中,除了实现自己的发展目标以外,还对社会和其他产业产生影响,这种影响不是指基于投入产出的波及效果,而是指一种外部经济性。国内外很多学者证明了产业间溢出效应的存在并对其进行量化研究,取得了丰富的成果。产业间溢出效应主要表现为新思想、新理念的交互影响以及知识、技术的传播与扩散。不同产业间知识的交流与互动能促进新知识的产生,不同产业间信息的交流会促成新知识向应用性技术的转化,而技术进步往往首先发生在某一特定产业,很快这种技术变革就会得到各个产业的集体响应,技术的传播以及为促进技术应用的制度创新就会成为各产业发展的阶段性特征,从总体上表现为一种协同力量,推动整个产业系统升级。以18世纪至19世纪的第一次工业革命为例,蒸汽机的改良、冶金技术的革新等一系列重大的工业发明推动了工场手工业向机器大工业的过渡,人类进入"机器时代"。很快,发生在工业领域的变革得到了农业和商业的响应,机器代替手工劳动成为各行各业的生产方式,农业人口大量流入城市、工业,深刻地改变了农业生产结构和生产效率;商业领域出现了适应大批量生产和销售的百货商店等新型业态,不断扩展市场范围的要求推动了商业以及交通运输等服务业的大发展。其结果就是实现了三次产业基于生产技术创新的协同发展,首先在英国继而在更广范围内推动了产业结构的高级化。

3. 基于产业政策导向的协同

从前面两小节可以看出,产业系统的演进有其自身规律,三次产业间的协同现象既是客观规律发挥作用的结果,又反过来支撑甚至强化这一客观规律。但是,对三次产业协同的认识还需要考虑一个问题:在现实世界中,产业系统的发展除了遵循资源配置过程中的竞争与协同规律以外,还必然受到国家界限的影响。在国家制度之下,资源配置既是在一国范围内进行的,又是在各种约束条件下的国家之间进行的,所以产业协同的内容和效果将会复杂化。从实践看,各国的应对策略就是制定产业政策,主要是产业结构政策。产业结构政策的目标一般包括以下两类:一是首先完善本国产业体系,保持本国三次产业发展的协调性并逐步实现产业结构高级化,为此需要利用关税等手段对来自外国的竞争进行限制,保护国内的弱小产业。这一目标通常是出于国家产业安全的考虑,大国一般会制定这种政策,作为回报,其他国家对该国也会执行比较严格的贸易制度,国与国之间的交易成本高昂。在这类产业政策下,三次产业协同主要是在本国资源和技术基础上的协同。二是建立国际市场视野下的产业体系,不求产业系统的完整,但求能充分发挥本国比较优势或者力求打造具有明显竞争力的行业,为此需要利用各种手段引导资源向该类行业的流入。在此类产业政策下,三次产业的协同建立在世界范围内的资源与技术基础之上,在本国有可能表现为某类产业的突出发展和某类产业的弱化甚至萎缩。因为产业政策作为一种由国家强制供给的制度必须得到执行,所以它必然成为产业系统中的一类"序参量",支配产业的协同行为。

(三)农工商三次产业协同中的自组织与他组织

1. 系统内部矛盾下的协同趋向及自组织过程

自组织是系统论的基本原理,在协同学中,自组织过程本质上讲就是协同过程。系统的自组织原理指的是开放系统在系统内外两方面因素的复杂非线性相互作用下,内部要素的某些偏离系统稳定状态的涨落可能得以放大,从而在系统中产生更大范围的更强烈的长程相关,自发组织起来,使系统从无序到有序,从低级有序到高级有序①。农工商三次产业系统是典型的非平衡开放系统,和环境之间进行不间断的物质能量交换,同时产业系统内部诸要素之间也在不断地运动之中。恩格斯说"运动本身就是矛盾",产业系统内要素运动及其与外部环境的交换活动形成系统内部矛盾,而矛盾运动过程会产生协同趋向和自组织过程。

系统内要素的质变引发自组织。以发生在 17 世纪至 19 世纪的英国农业革命为例,"圈地运动"、"四轮作"、"良种培育"等生产方式和生产制度的深刻变革,大大提高了农业劳动生产率,一方面提供了大量的农产品能够支持人口的增长,另一方面出现大量

---

① 魏宏森、曾国屏:《系统论——系统科学哲学》,世纪图书出版公司 2009 年版,第 269 页。

剩余农业劳动力需要找到新的出路。农业的深刻变革使得土地、劳动等生产要素的重新配置不仅具有了可能性,而且需求迫切。生产要素流动的压力形成三次产业协同的趋向,紧随农业革命之后爆发的工业革命大量吸收了剩余劳动力,同时为农业提供了更多的先进生产工具,进一步提升农业对工业的支撑能力,这个过程正是三次产业的自组织过程。类似的由各次产业质的飞跃引发的三次产业协同发展贯穿了产业结构从低级向高级演化的全过程。

　　系统内要素数目的变化以及要素排列次序的变化引发自组织。随着分工的不断深化,三次产业子系统内部要素越来越丰富,特别是第二、三产业内部的行业不断增加,行业间的协同首先在各次产业内部发生,推动着各次产业的发展。而就三次产业系统整体演进过程来看,各次产业渐次在经济增长中起主导作用,在不同阶段,出现以不同产业为主导的产业协同。如首先是第一产业在国民经济中占有绝对优势,起着绝对的支配作用。近代以来的第一次产业革命后,大机器工业取代了简单协作的手工工具,一批先进国家如英、法、德、意等国较早地实现了工业化,于是以制造业、采矿业和建筑业等为主的第二产业成为国民经济中的支柱产业,成为决定国民经济增长的主导力量,也成为产业协同的核心。到现代,又形成了以科技、教育、商业、金融、服务等为主的第三产业,并获得国民经济中的支柱产业地位,对国民经济的增长起着决定作用。协同的内容也从围绕自然资源的自组织行为转到围绕知识、信息资源的自组织行为上来。

　　2.外来干预下的系统协同趋向及他组织过程

　　就产业系统的演进和优化而言,三次产业协同除了典型的自组织特征外,他组织也在不同程度地影响着各国产业系统的演化过程。系统的他组织也称为系统的他被组织,表示的是系统的运动和形成组织结构是在外来特定的干预下进行的,主要是受外界指令的结果,在极端的情况下,就完全是按照外界指令进行运动、进行组织的。①

对产业系统演进的外来干预主要是指产业政策。因为经济是一个国家的命脉,而产业系统是经济系统中的最关键要素,所以,从现代大工业发展的初期开始,现代意义上的产业政策就成为各个国家规划和调节国家经济发展的最主要手段。各国产业政策大致可以分为三种比较典型的类型②:一是以日本为代表的,以结构政策和组织政策为主要内容,具有明确的结构目标和企业竞争力目标的产业政策。此类产业政策使该国的产业结构具有了典型的他组织特征,其协同趋向是基于有限的原料、能源和资金向部分重点产业集中形成的。二是以原苏联等社会主义国家为代表的,以指令性计划为主要内容,以结构变化为主要目标的产业政策。这种政策的思路是运用国家力量,实行社会资源的重点配置,促进重工业化,避免西方社会早期发展中反复出现的由于盲目竞争所造成的资源浪费。在这种政策下强制形成的结构造成了社会资源存量的刚性,随着人均收入的提高,需求结构的急剧变化和供给结构刚性之间的矛盾日益突出。三是以美国、原联邦德国为代表的,以补救性政策为主要内容,以形成产业自我调节机制为主要目标的产业政策。这种政策更尊重产业系统的自组织功能,只有当协同运动下的有序化没有如期实现的时候,才动用产业政策进行

① 魏宏森、曾国屏:《系统论——系统科学哲学》,世纪图书出版公司2009年版,第277页。

② 杨公仆、夏大慰主编:《产业经济学教程》,上海财经大学出版社2002年版,第245—246页。

弥补。比如美国的反托拉斯政策、扶植小企业的政策,帮助职业培训、消除劳动力要素流动障碍的政策,帮助健全金融市场的政策等。比较三类政策,可以看到政策的目标和强度不同,对产业系统的影响程度也不同,严格的设计可能会导致系统自组织的削弱。

(四)政府及其政策的作用

在存在国家界限的前提下,主动弥合由于种种原因造成的国家之间、地区之间的发展差距是政府介入产业系统演进的主要原因。如果所有资源的流动都不受国家疆界的限制,那么整个产业系统完全可以通过自组织过程达到系统的有序化并不断优化,但是,当整个产业系统被分割成以国家为界的若干产业系统之后,后进国家对先进国家的赶超愿望就成为政府进行政策干预的不竭动力。"后发优势理论"支持后发国家对弱小幼稚产业的扶持政策。德国经济学家李斯特认为,工业化起步较晚的国家,有可能经过国家产业政策的保护和培育,发展起新的优势产业,然后以这种优势产业参与国际分工,从而打破旧有的国际分工格局,以先进的生产结构占据有利的国际分工地位。后起国家由于可以直接引进和吸收先进国家的技术,技术成本要比最初国家低得多,同时还具有较低的劳动力成本,只要在国家的保护和扶持下达到规模经济阶段,就可能发展起新的优势产业,与先进国家在其传统的技术和资本领域一争高下。"结构转换理论"也支持政府实施产业政策。一个国家的产业结构必须不断实行从低级向高级的不断适时转换,才能真正实现赶超和领先地位。产业结构未能实现及时转换,是历史上一些老牌的发达国家趋向衰落的基本原因之一。因为结构转换是一个重要的利益再分配过程,所以需要政府的产业政策干预。"技术开发理论"是产业政策的又一个重要依据,技术进步是促进经济发展的主要原因,但是技术本身常常具有公共物品的特征,而且技术的开发具有技术和市场双重风险,这会削弱企业技术研发投资的积极性,政府通过产业政策干预是保证技术不断进步的必要条件。

事实上,产业政策的实施究竟在多大程度上促成了产业系统的进化,这在学术界是有争议的,我们既看到了类似于日本在产业政策下的成功(但有学者证明日本的产业发展和产业政策之间并没有明显的相关关系),也看到了一些国家轻重工业比例严重失调带来的混乱,正如协同学中所说忽视一个系统的特性的管制措施可能会导致典型的混沌过程,所以政府的介入以及产业政策的实施要有边界,要尊重产业系统演进的客观规律,尽量发挥系统的自组织功能。制定一定的规则,以一定的参数进行调节,然后放手让子系统自己相互作用,产生序参量运动模式,从而推动整个系统演化,是系统非线性、自组织演化的最好管理方式①。

二、农产品供应链的产业横贯性

(一)农产品供应链的特殊性

1. 一般供应链分类②

目前,供应链及供应链管理的文献成果主要集中在制造业领域,根据不同的划分标准,可以将供应链分为以下几种类型。

① 陈森发编著:《复杂系统建模理论与方法》,东南大学出版社 2005 年版,第152—153 页。
② 马士华、林勇、陈志祥著:《供应链管理》,机械工业出版社 2000 年版,第43—45 页。

（1）稳定供应链和动态供应链。这是根据供应链存在的稳定性划分的。稳定供应链一般是基于相对稳定的、单一的市场需求而组成的供应链伙伴关系比较固定的供应链;动态供应链一般是基于相对频繁变化、复杂的需求而组成的供应链伙伴关系处于不断变动中的供应链。

（2）平衡供应链和倾斜供应链。这是根据供应链容量与用户需求的关系划分的。一个供应链具有一定的、相对稳定的设备容量和生产能力,但用户需求处于不断变化的过程中,当供应链的容量能满足用户需求时,供应链处于平衡状态,而当市场变化加剧,造成供应链成本增加、库存增加、浪费增加等现象时,企业不是在最优状态下运作,供应链则处于倾斜状态。平衡的供应链可以实现各主要职能之间的均衡。

（3）有效性供应链、反应性供应链和创新性供应链。这是根据供应链的功能模式划分的。有效性供应链主要体现供应链的物理功能,即以最低的成本将原材料转化成零部件、半成品、产品,以及在供应链中的运输等;反应性供应链主要体现供应链的市场中介的功能,即把产品分配到满足用户需求的市场,对未预知的需求作出快速反应等;创新性供应链主要体现供应链的客户需求功能,即根据最终消费者的喜好或时尚的引导,进而调整产品内容与形式来满足市场需求。

2. 基于源物质生物属性的供应链分类

从以上几个角度的分类来看,重点关注的是供应链管理过程中呈现的某类特征或者某个关键点,而依此进行研究的主要是制造业内的供应链。当供应链理论引入农产品流通领域,农产品供应链的概念就被普遍使用,但是如果纳入供应链分类,很显然,这里缺乏一个分类标准,也就缺乏在该标准下与之相并列的其他供应链种类。根据张晟义(2010)的研究①,可以以源物质是否具有生物属性为标准划分供应链。所谓供应链上的源物质就是供应链起点上的原材料,学者们使用很多词来表述这个源物质,比如货物、原材料、物料、产品、中间产品、农副产品等。源物质有无生物属性会对整个供应链及物流管理产生根本而重大的影响,所以以此为标准划分供应链是有必要的,张晟义以此标准将供应链分为涉农供应链和工业联接型供应链。涉农供应链主要涉及对动植物等具有生命体征的原材料的生产、加工制造及分销至最终消费者的过程;工业联接型供应链主要涉及对非生命体原材料的采掘、提取、初级加工、加工制造和分销过程。关于涉农供应链在实际研究中会出现很多不同概念,包括农业供应链、农产品供应链、食品供应链、生鲜供应链等,其中农产品供应链使用最普遍,张晟义认为农产品可以是原料,生物质,也可以是中间产品,还可以是最终产品,但是,一旦它被深加工而改变了内在物理或化学等性质,就应该叫做农源工业品,而非农产品了。本书认同张晟义以源物质生物属性作为划分供应链的标准,但是认为,单从源物质的生物属性来看,很显然涉农供应链上的源物质就是农产品,所以直接将供应链划分为农产品供应链和工业品供应链。

3. 农产品供应链的产业跨度

农产品供应链不同于工业品供应链的特殊性表现在三个方面,一是农产品供应链源物质具有生物属性,这对于农产品供应链上的物流管理具有特别重要的意义,比如生鲜易腐的属性对物流过程的温度、湿度、距离等方面的要求要比工业制成品高得多,为

---

① 张晟义:《涉农供应链管理理论构建——国家级农业产业化重点龙头企业的供应链实践》,西安财经大学 2010 年博士学位论文。

了保证物流质量,就需要有专门的设施设备和技术,那必然加大物流成本,所以成本与质量和效率之间就存在一个平衡问题,这种权衡会大大增加供应链协同的难度。二是农产品供应链有形式上的必然性和实质上的利益对立。因为农产品的食物属性和生物属性,各个环节的主体都会尽可能让农产品在自己手中停留最短时间,所以从生产到消费的农产品流通的链式形态最明显。同时,因为鲜销农产品的生鲜易腐特性会放大市场风险,如果在保管保鲜的设备、技术、资金投入方面都不具备实力的情况下,主体之间形式上的必然联系并不代表效率,而是代表了利益的争夺。三是农产品供应链的产业跨度,这对于农产品供应链上的组织整合具有重要意义。农产品供应链的产业跨度是指在终端型农产品供应链的构成中各节点企业产业属性的组合情况。

表3—1　农产品供应链与工业品供应链的产业跨度

		上　游	中　游	下　游
农产品供应链	深加工	农业 (农副产品生产)	工业 农产品加工制造业	流通业 (零售)
	生鲜	农业 (农副产品生产)	—	流通业 (流通加工、零售)
工业品供应链		工业 (采掘、初加工)	工业 (加工制造)	流通 (零售)

注:本表是在张晟义研究基础上的再解释。

从表3—1看,工业品供应链上的节点企业属于工业和商业,而农产品供应链则是横跨农工商三大产业,虽然只是加进了农业,但大大增加了供应链协同的难度,特别是在我国农业发展的特定背景之下,各节点在产业发展阶段、战略目标、信息化模式及水平、组织化程度、技术能力、物流系统等诸多层面所涉及的标准、规则、原则和态势上存在着广泛的不一致性,农产品供应链整合必然变得格外复杂。

(二)农产品供应链与农业

农业是农产品供应链的起点,也是农产品供应链在构成和管理方面更为复杂、更难协调、更有风险的原因所在。

1. 农产品种类繁多增加了供应链研究的复杂性

农产品是指通过农业活动获得的植物、动物、微生物及其产品。农产品种类繁多,按照统计口径,有农作物产品,主要包括粮食、棉花、油料、糖料、麻类、烟叶和蔬菜等类别;有茶叶、水果产品;有畜产品,包括肉类、牛奶、禽蛋、蜂蜜、羊毛、羊绒等类别;有水产品,包括海水产品和淡水产品等类别;有林产品,包括木材、橡胶、松脂、生漆、油桐籽、油茶籽等类别。除了都具有生物属性这一共性以外,以上各个类别的农产品在生长周期、水土需求、作业活动、使用价值、行销范围以及物流需求等方面都存在显著差异。目前多数学者在做农产品供应链相关问题的研究时,会首先在农产品分类的基础上选择某一品类进行研究,其中一个目的就是避免这些差异给研究带来的影响。这样的理论研究造成了一个结果,就是缺乏对农产品供应链一般性规律的发现和总结,始终未能使供应链管理理论在产业跨度上获得突破。很显然,农产品种类繁多大大增加了供应链研究的复杂性,那么做包容这些差异的一般规律性研究有没有可能呢?根据奥肯的研究,这样的规律性是一定存在的,本书的一个研究目的就是找到这些差异背后促成供应链协同的共性因素,揭示产业跨度视角下供应链管理的一般规律性。

2. 农产品生产的长周期增加了供应链运行的风险

不论是种植业还是养殖业,农产品的生产过程都需要一个特定的周期,这是不同于工业品制造过程的特殊性。农产品生长周期的存在使得农产品供给的不确定性大大增加。首先农产品产量存在不确定性,农产品从开始生长到收获的过程中,种子或种苗的质量,化肥、农药、饲料等的质量和使用方法,病、害的发生及其强度,自然灾害的发生及其强度,水、土、环境的变化等因素都会对产量产生影响,即使有严格的生产标准,仍然难以完全摆脱上述因素的影响,从而不能准确预判产量;第二是农产品质量存在不确定性,质量的不稳定也同样受到上述因素的影响,而且除此之外,还可能存在人为改变周期长度造成的质量破坏,比如养殖业中的催肥行为、种植业中的催熟行为,这会对最终农产品的营养和安全性产生严重影响。供给的不确定性给供应链上的主体合作带来了风险,在农产品大市场大流通的背景下,农产品产量的不确定性直接导致农产品价格的波动,而农产品质量的不确定性则会对整条供应链的信誉和可持续性产生影响。在供应链各参与主体利益相对独立的情况下,农产品生产组织希望在生产之前能够得到收益保障,特别是由产量变动带来的价格风险能够得到分担,但是与农业生产组织相衔接的加工企业和流通组织则倾向于在农产品收获后按照即时价格顺势而为,尽量不承担供需变动产生的风险。尽管风险共担是供应链管理应有之义,但是因为农产品生产的长周期性和农产品的生物活性,使得供应链风险评估与风险控制更加困难,这必然增加农产品供应链运行的不可控性,降低加工企业、流通组织主动与农业生产组织构建供应链的激励水平。反过来,如果这类风险得不到分担,那么农业生产组织加入供应链的积极性也会大打折扣,同时,农产品质量的不可控性也会大大增加。

3. 农业生产组织的特殊性增加了供应链的协调难度

农业生产组织是农产品供应链的第一个链环。自中国开始改革开放以来,农地使用制度的变化改变了原来以社、队为主要农业生产组织的状况,农业生产组织形式变得多样化。一是农户家庭,农户家庭成为农业生产的基本单位,目前,我国有2.1亿农户从事家庭农业生产经营活动,他们以家庭成员作为劳动力,自筹生产资金用于购买生产资料和生产技术更新改造,亲自参加所生产产品的交易活动;二是农民专业合作社,这是目前除单个经营的农户家庭以外发展最快的农业生产组织形式,2007年7月1日实施《中华人民共和国农民专业合作社法》之前,在单个家庭农户生产经营之外出现了多种农户合作的组织形式,比如合作社、协会等,合作社法实施之后,各种类型的农民合作组织形式经历了更名、规范的过程,截至2011年年底,全国经工商注册登记的农民专业合作社有52.17万家,实有入社农户4100万户,占全国农户总数的16.4%;三是家庭农场,这是指以家庭成员为主要劳动力,从事农业规模化、集约化、商品化生产经营,并以农业收入为家庭主要收入来源的新型农业生产组织,2013年"家庭农场"的概念首次在中央一号文件中出现,标志着这一形式的生产组织在中国快速发展的开始。

近年来,尽管农户组织化程度有所提高,但是以单个家庭为独立生产经营单位的情况仍是主流,过于分散的小规模农户生产组织在与工业和商业领域发展成熟的公司和企业衔接时,在市场地位、行为方式等方面的差距造成了协同上的困难。

(三)农产品供应链与工业

农产品供应链在工业领域的链环是农产品加工企业。农产品加工业以粮棉油、肉蛋奶、果蔬茶、水产品等优势、特色农产品的资源转化、加工增值、纵深开发为主,涵盖农副食品加工业、食品制造业、饮料制造业、烟草制品业、纺织业等12个子行业。伴随着工业化进程,我国农产品加工业呈现稳步增长的状态,截至2010年"十一五"末,农产品加工业产值与农业产值之比由"十五"末的1.1∶1提高到1.7∶1左右。根据农产品加工业十二五规划,到2015年我国主要农产品加工率要达到65%以上,其中粮食达到80%,水果超过20%,蔬菜达到10%,肉类达到20%,水产品超过40%;主要农产品精深加工比例达到45%以上,农产品加工业产值与农业产值之比达到2.2∶1(目前发达国家的水平是2.4∶1)。农产品的加工转化率是一国现代农业发展程度的标志,从国际经验来看,农业与农产品加工业的密切联动在一定程度上体现了农业与工业的协同发展状态。农产品供应链是农产品加工业与农业相衔接的一种表现形式。

1.农产品加工企业需要供应链管理来提高效率

相对于农业与商业领域的链环,加工企业对供应链管理的需求更加强烈。农产品加工分为初加工和深加工两类,初加工主要是指农产品产后净化、分类分级、烘干、预冷、储藏、保鲜、包装等过程,目前农产品的初加工一半以上由农户自行完成,有的品种高达80%,所以不论是从初加工的工艺流程上还是从其承担主体上来看,初加工属于流通范畴,不在工业领域。深加工是指对农业产品进行深度加工制作以体现其效益最大化的生产环节,从其产业属性来说是工业。农产品深加工企业与其他制造企业一样,其供应链管理可细分为职能领域和辅助领域。① 职能领域主要包括产品工程、产品技术保证、采购、生产控制、库存控制、仓储管理、分销管

---

① 刁柏青、李学军、王建编著:《物流与供应链系统规划与设计》,清华大学出版社2003年版,第12页。

理。辅助领域主要包括客户服务、制造、设计工程、会计核算、人力资源、市场营销。供应链管理的目标就是把供应链各个职能部门有机地结合在一起,从而最大限度地平衡总的物流成本和用户服务水平之间的关系。既然供应链管理的效率已经在其他制造业中得到了验证,那么有着相同的生产组织过程的农产品加工企业向供应链管理要效率的迫切性也就是理所当然的了。根据张晟义对541家农业产业化龙头企业的研究,大部分企业都进行了管理改进或信息技术应用,其中,单一地使用了财务软件或办公自动化系统(OA)的比例最高,达97.4%(527家)。此外,有52.9%的龙头企业(286家)积极使用CIMS、MRP、MRP11、MIS、CAD,库存管理系统或人事等管理系统等系统或技术,实现了某些职能或流程间一定程度的或者说局部的集成。①

2. 农产品加工企业推动终端型供应链发展的激励不足

从本质上讲,为降低物流费用、满足客户需求所实行的企业内部各部门的协同还不是供应链管理的全部内容,供应链是跨越企业界限,从建立合作制造或战略伙伴关系的新思维出发,从产品生命的源头开始,到产品消费市场的价值实现结束,从全局和整体的角度考虑产品的竞争力的一种管理方法体系。在供应链的构建和管理中,除了对物流活动的关注外,还包括战略性供应商和用户合作伙伴的关系管理;供应链产品需求预测与计划;供应链的设计;企业内部与企业之间物料供应和需求管理;基于供应链管理的产品设计与制造管理、生产集成化计划跟踪和控制;基于供应链的用户服务和物流管理;企业间资金流管理;基于互联网的供应链交互

---

① 张晟义:《涉农供应链管理理论构建——国家级农业产业化重点龙头企业的供应链实践》,西安财经大学2010年博士学位论文,第98页。

信息管理等内容。

在深加工农产品的供应链上,很显然,农产品加工企业在构建和管理供应链上具有重要地位。基于产品设计与制造管理、生产集成化计划的跟踪与控制必然是加工企业拉动的,由加工企业建立的系统具有关键性和不可替代性。但是从目前来看,一旦涉及企业间的管理问题,加工企业将首先面对农业领域的生产组织以及农产品生产过程的周期性和不确定性,一个周密设计的管理系统将在这两个特征面前徒劳无功。根据张晟义对541家全国农业产业化龙头企业的调查研究,发现物流作为一个基本的功能领域而被企业人士实践和认知,而供应链作为含有跨组织整合交流之意的较新思想,了解度锐减。龙头企业与上下游节点的关系属于普通的伙伴关系,龙头企业所感受的与经销商客户的关系密切程度,总体上显然要强于与农户的关系。其中,与经销商建立战略联盟的可能性,显然远远大于与农户建立战略联盟的可能性。以蒙牛的聪明牛供应链系统为例,它也只是将其一级经销商的业务与自己的业务整合在了一起。可以说,在工业和商业领域的整合因为具有业务连贯性,且可控性高,各种供应链管理技术的投入和使用能够有效衔接,所以相对容易实现,但是很显然由加工企业将供应链管理技术和方法覆盖作为原料生产源头的农业,激励不足。

(四)农产品供应链与商业

农产品从生产出来就进入流通过程,也就是广义的商业活动过程。一部分会进入工业领域在加工企业停留、转变,再以新形式回到流通领域;另一部分会直接经由批发市场和农贸市场进入最终消费。在连锁超市大规模经营加工和生鲜食品之前,农产品的流通更多地表现为供给推动、顺势而为的状态。连锁超市的快速发展改变了这一状况,农产品流通中的需求拉动、消费定制、物流流程重构的特征开始体现,而且供应链管理的方法也似乎更能有的放矢。

1. 零售终端创新丰富了农产品供应链的内容

20世纪90年代是中国零售业态快速丰富和发展的年代,超市、便利店、大卖场、仓储商店等与百姓生活联系紧密的业态形式得到迅速普及,消费者得到了全新购物体验,与此同时,通过购买行为将需求信息经零售商快速向上游反馈,消费对生产的引导作用愈发明显。在这个时期,加工农产品和生鲜农产品开始部分经由连锁超市销售。超市经营农产品特别是生鲜农产品行为彻底打破了粮油店和城镇农贸市场包揽农产品零售的局面,不仅赋予了农产品流通更为丰富的内容,同时对先进管理手段的吸收和运用能力大大增强。具体体现在以下几个方面:第一,条码技术赋予每件商品的身份识别能力,使进入超市的同类农产品能够做到基于质量、品牌等方面的差别定价,改变了在农贸市场中各类农产品接近完全竞争的状况,对生产者在增加农产品附加价值方面的努力形成正向反馈。第二,超市在销售支持和场所环境方面有相对较好的设施条件,比如配送中心、温控加工车间、冷库,卖场中的冷冻、冷藏保鲜设施等,在延长农产品货架寿命,保障农产品质量安全方面要比农贸市场条件优越且富有计划性,有利于开展与上下游组织之间的合作。第三,零售环节组织化程度大大加强。统一的组织化管理使销售及其相关环节包括采购、保管、财务、人员等各方面之间的协调和相互保障成为可能,在追求利润的过程中更能够兼顾长短期从而增加组织行为的稳定性。可预期的零售管理不管是对合作伙伴还是对消费者来说都是具有收益内涵的。以连锁超市为主的新型零售业态加盟农产品流通促进了农产品供应链理念的传播,推动了农产品供应链管理的实践。

2. 渠道权力的运用移动农产品供应链的重心

一条成功的农产品供应链应该是将所有涉及物流的功能和工作综合起来的链条,从最初的供应商采购获取,到最终的消费者接受,致力于所有物流作业的一体化管理,使渠道安排从一个松散的联结着独立主体的群体,变为一种致力于提高效率和增加竞争能力的合作力量。供应链运行的一个典型特征是整个链条产生增值,但单个节点的个体目标不一定能实现,这就要求供应链的核心企业与各个节点之间的合作关系必须是紧密的、顺畅的,并且能够保证整个链条的增值能在节点间进行合理分配。虽然农产品因其鲜活易腐性,要求整个流通过程比之工业品更加连贯,从理论上来讲更适合进行供应链管理,但是从目前实践看,有一个重要原因致使农产品供应链难以形成,即缺乏具备供应链核心企业特征的流通主体。在农产品流通渠道上,与小规模的农户相连接的主要是小规模的贩销商,小规模的批发商,直至农贸市场上小规模的零售商,这些主体完成了80%的农副产品的流通,但是过小的规模致使主体间的合作与分离都表现为明显的随机性,任何环节的主体都缺乏与链条上其他主体长期合作的激励,也没有协调管理整个链条的能力,也就是说农产品供应链的重心不确定,动荡和断裂就会在所难免。近年来,随着连锁超市的快速发展及其对生鲜农产品的经营,各方面都寄希望于新型零售商作为农产品供应链的核心企业,但是有两方面的问题令人担忧:一是零售商具有比较明显的渠道权力,农产品供应链重心下移,从理论上讲连锁超市有牵头组建供应链的实力,但实际上超市却经常滥用渠道权力引发零供矛盾,完全达不到供应链管理的效果;一是由于其他环节主体的组织化程度过低,零售终端的拉动作用有限。

3. 物流改进的可能性成为农产品供应链整合的基本动力

农产品物流环节浪费严重，效率不高，增值空间拓展不力，使物流改进成为各类主体谋求发展农产品供应链的一个主要动力。目前我国农业的市场化程度在不断提高，其中 80% 的农产品通过批发市场、农贸市场流通。薄弱的农产品物流措施造成流通中的极大浪费，水果蔬菜等农产品中间环节损失率高达 25%—30%，而国外农产品运输的损耗率只有 3%。这样的物流状态如果不能改变，必将带来两个方面的直接后果：第一，实际物流承载的部分农产品成为无效供给，不仅不能补偿物流成本，还产生了额外的逆向物流费用。从目前来看，是农民不得不以低价出卖农产品的形式承担了这块物流费用中的一大部分。第二，物流活动创造的增值无法适应需求的变化。随着城镇居民消费水平的提高、消费分层的细化，越来越多的食物消费表现出对品质、安全、方便、营养等食物附加价值的追求，特别是对食品安全的重视，对流通渠道、流通方式创新以及物流增值提出了新的要求。近年来，政府在增加流通基础设施投入、开通农产品绿色通道等方面做了很多努力，包括为了应对蔬菜价格的不断上涨，从 2010 年 12 月 1 日开始，所有收费公路对运输农副产品的车辆免收过路过桥费。这些措施在一定程度上降低了物流成本，但还不能从根本上提升物流水平。从行业发展的角度来看，现代物流的实现必须依靠现代物流企业，第三方物流以其专业性、综合性和功能统筹战略成为提升物流水平的绝对主体。而农产品物流因其主体、客体的特殊性，并且受到现有农产品流通渠道状态的限制，具有非常大的复杂性，从事农产品第三方物流的企业几乎不存在。也就是说，可以赖以提升物流效率、拓展增值空间的组织协调和专用资产投资主体需要有一个培育和发展过程。

三、基于系统协同的供应链整合瓶颈

在考虑农产品供应链的整合问题时,需要面对两个系统,一个是基于供应链特性的农产品供应链系统,一个是因为农产品供应链的产业跨度而不能忽略的三次产业系统。按照系统论和协同学的观点,农产品供应链作为一个系统通过自组织过程实现协同或者达到有序的过程必然受到三次产业协同状态的影响。根据制造业供应链的实践经验,只要是参与主体能够达成组建供应链的一致意愿,那么一条供应链的建设与整合就只是技术与管理的问题了。但是农产品供应链的整合就没有那么简单,其复杂性表现为在整合过程中,三次产业的协同状态会成为整合的重要影响因素,而且这些关键影响因素在特定的时间段内还只能被当做外生变量,并非农产品供应链参与者能独自改变的。这些因素就成为农产品供应链整合的瓶颈。

(一)农业生产率提升缓慢,农业现代化水平低下

根据中科院中国现代化研究中心发布的《中国现代化研究报告 2012:农业现代化研究》,目前,中国农业劳动生产率仅为发达国家的 2%,如果以美国为参照,这一数字仅为美国的 1%。中国农业经济水平比美国落后约 100 年,中国农业劳动生产率比中国工业劳动生产率低约 10 倍,中国农业现代化水平比国家现代化水平低约 10%。很显然,三次产业发展不均衡是农产品供应链整合必须面对的难题。

1.规模化生产难以实现,供应链初始链条的细小化难于改变

人多地少是中国农业生产的硬约束,1978 年实施的联产承包

责任制是确定中国农村人地关系的基本制度,自此农地细碎化的情况就成为农业生产的基本特征。在这一特征之下,小生产与大市场的矛盾日益突出,如何改变农产品初始生产与供给的规模化水平成为农产品流通领域的一大难题。为此,农村土地经营权流转得到鼓励,而城乡二元社会经济结构又赋予了农村土地社会保障功能,给农地流转的创新空间确定了边界。截止 2012 年底,全国通过各种方式流转土地 2.7 亿亩,占到农民承包地的 21.5%,这些流转出去的土地有 65% 以上流入农户,全国经营面积在 100 亩以上的专业大户、家庭农场超过 270 万户,但是与我国 1.98 亿农业生产经营户这一数字比较,规模化生产状态仍然无法令人满意。根据世界粮农组织的研究结论,各国农产品要在国际市场具有竞争力,种植经济作物的规模不能低于 170 亩,种植粮食作物不能低于 300 亩,这应是农业规模经营的最低标准。农民专业合作社通过集中成员产品共同出售,虽然在一定程度上改变了初始供给的市场力量,但是在社员仍然单户生产的情况下无法改变生产的规模化水平。动态地看,推动农业生产规模化的前景并不乐观,显著的劳动生产率差异是产业间劳动报酬的差异,虽然大部分的农村劳动力会受此引导转入第二、三产业,给劳动生产率提高带来可能性,但是由于户籍制度等限制因素,举家迁移的情况较少,一般都是青壮年劳动力的转移,这样一来,一方面留守人员会对土地流转形成阻碍,另一方面有能力、有技术、有意愿承接土地流转进行农业生产经营的劳动力会出现缺少的局面。这双重因素有可能造成以土地生产率的下降抵消劳动生产率的提升的局面。

2. 标准化生产进展缓慢,供应链上的产品质量难以控制

根据国际先进经验,农业标准化是促进科技成果转化为生产力的有效途径,是提升农产品质量安全水平、增强农产品市场竞争

能力的重要保证,是提高经济效益、增加农民收入和实现农业现代化的基本前提。农产品生产、加工及流通的标准化对供应链管理方法的实施至关重要。但是落后的农业生产水平使标准化的推广步履维艰。农业标准化的过程也是一个农业科技推广的过程,需要农民主体具有一定的学习能力和执行能力。根据我国目前的国情,农业劳动力文化素质低是推广标准化的一个重要障碍因素。特别是随着城市化进程加快,大部分有知识、有学习能力的劳动者转移到了第二、三产业中去,使农业生产者的文化素质有进一步下降的趋势。留在农村的老、幼、妇女既缺乏学习的动力,也缺乏学习的能力。另外一个制约标准化推进的重要因素就是农民对标准化生产的成本承受能力较低。在目前的小规模分散经营的条件下,标准化的规模效益无法实现,小农户的标准化生产成本要远远高于非标准化生产,在缺乏融资渠道也缺乏获益预期的情况下,小农户投资标准化的能力与激励均显不足。第三个因素是当前的农业标准化体系远未建立,产前、产中、产后的标准衔接问题未能得到有效解决,标准化生产的产品未必能够优质优价,使标准化的农产品市场效益不高。

由以上分析可见,在土地流转程度有限的情况下,规模化生产难以实现,农业劳动生产率提升缓慢,标准化生产难以推行,依靠农业生产增加收入的预期不足,这些因素的相互影响是消极的,逐渐陷入低水平均衡状态,这对实施农产品供应链管理来说是个瓶颈。

(二)缺乏契约意识,供应链主体之间的合作关系不稳定

一个合法的契约由一个允诺构成,但不单单只是一个允诺,它还要双方之间达成这样一个协议,即这个允诺在法律上是可强制

执行的。契约在本质上是互惠的,也就是说,它包括双方的允诺,每一方都以对方的允诺作为回报;并且它本质上是有条件的,换句话说,每一个允诺当且仅当另一方完全履行其允诺的内容时才成为一项必须采取行动的承诺①。而契约精神是指存在于商品经济社会,而由此派生的契约关系与内在的原则,是一种自由、平等、守信的精神。在商品社会,私人交易之间的契约精神对商品经济的发展有着至关重要的作用。中国农村改革以来,农业生产的商品化程度不断提升,农民或者说农户成为独立进行生产经营的主体,但是 30 多年过去,契约精神的缺乏始终是小农户无法持续提升其商业利益的重要原因,也成为中国农业生产未完全走出传统阶段的一个标志。

1. 农产品供应链主体对契约的需求程度不一致

契约一般可分为私人契约和社会契约,本书主要涉及私人契约,与合同一致。在自给自足的农业社会,私人契约是不存在的。私人契约是伴随着商品交换的发生而产生的,因其"一致同意"和"互惠"的本质成为推动交易关系发展的重要动力。

对私人契约的需求一般与以下几个因素有关,第一是观念与习惯,这与主体在生活中进行交换的历史有关。很显然,相对于加工组织、物流组织、批发组织与零售组织,农户的契约观念更显淡薄。新中国的建立基本割断了与"地主佃农"式农业生产的联系,农产品的生产与销售纳入计划体制之中,这个时期农产品交易的契约更具有社会契约的性质,农民个人基本没有参与。承包制改革以后,开始了以农户为单位的独立生产经营,虽然农民开始逐渐

---

① [英]迈克尔·莱斯诺夫等:《社会契约论》,刘训练、李丽红、张红梅译,江苏人民出版社 2006 年版,第 3—4 页。

认识私人契约,但对私人契约的本质及其应用仍然缺乏系统的认知,需求不明显。第二是交易规模。私人契约的约束力有助于减少交易的不确定性,但是契约的建立是有成本的,如果交易规模过小,减少不确定性带来的收益无法弥补契约成本,主体会选择放弃建立契约,特别是长期契约。在目前的农产品流通领域,最为突出的一个特点就是各环节主体规模细小,主体间交易量有限,所以随机交易行为远远多于契约行为。第三是交易频率。交易频率与交易规模一样可以对建立契约所发生的成本补偿程度产生影响,交易频率大则会有好的效果,反之则相反。

　　根据以上三点可以得出这样的结论:在当前的农产品生产流通各环节中,农户因为观念与习惯的原因契约意识比较淡薄,小规模的生产经营水平起不到任何促进作用,但是长期的专业化生产会提高交易频率,增加对契约的需求;虽然从事农产品运销、批发、零售的主体会因为其天然的商业性质更具有契约观念,但是过小的规模会大大减弱其契约需求;与这些小规模主体相比,具有一定规模的农民专业合作社、农产品加工企业、连锁零售组织显然有较强的契约意识和契约能力,从而会产生对契约的需求。对契约需求水平的不一致会增加农产品供应链整合的难度。

　　2. 农产品供应链主体遵守契约的激励与约束均显不足

　　如果抛开农产品供应链的概念,我们会看到在农产品生产与流通改革的30多年里,试图通过契约形式改变主体之间关系的努力从未停止过。比如"农业产业化"的实践,就是希望通过明确农业产前、产中、产后关系的紧密性来加强各环节主体的联系。"公司+农户"、"订单农业"都是农业产业化的典型手段。由加工企业或者零售组织与农民签订产前契约,谋求建立双方的稳定联系,保证双方均能获得高于市场的收益。可是实际情况并不乐观,农户、公司相互违约现象屡见不鲜,特别是"三鹿奶粉"事件更是将其中的矛盾表现到了极致。这些事实表明各环节主体遵守契约的激励与约束均不足。首先是激励不足。契约是互惠的,而且契约的达成里含有自由、平等、守信的精神,不论这其中的哪一条被践踏,都将导致契约的失效。农产品因其生物属性与长周期的特殊性使完备的农产品交易契约具有更高的风险,同时农户与其他主体在规模化与组织化方面的差别使其具有不同的市场地位,这两个因素往往不能在交易契约中得到应有的考虑和回避,相反市场权力的滥用、风险的恣意转嫁却成为隐含在契约中的彼此心照不宣的事实。这样的契约在建立之初就是不符合平等、守信精神的,所以也很难产生对双方履约的激励。其次是约束不足。正如契约概念所表达的,契约应该在法律上是可强制执行的,这是对履约进行约束的法理。如果双方达成合意,且在订约过程中不欺诈、不隐瞒、不恶意缔约,那么违约行为应该受到法律约束,但是我国的法律体系还不完备,执法力度还不够强,这就造成了违约行为往往得不到应有的惩罚。缺乏有效的约束体系,"守信"就往往被"投机"取代了。

(三)产业技术参差不齐且扩散不易

农产品供应链整合的目的在于实现供应链增值,根据制造业的实践经验,增值的取得主要依赖于两个条件,一是供应链的整体性和可控性,通过管理效率的提升取得增值,上面的两部分内容与此条件相关;一是相关产业技术的不断导入与创新,通过技术进步提高满足需求的能力而获得增值。我国 2001 年发布实施的《物流术语》国家标准对供应链管理的定义是:"利用计算机网络技术全面规划供应链中的商流、物流、信息流、资金流等,并进行计划、组织、协调与控制。"可见以计算机网络技术为主要内容的现代信息技术与商业技术是供应链实现增值的关键,但是就目前的实际情况而言,农产品供应链主体在这些技术方面的实力差距很大,且拉平困难。

应用于供应链的现代商业技术包括商品条形码技术、物流条形码技术(SCM)、电子订货系统(EOS)、POS 数据读取系统、EDI系统、预先发货清单技术(ASN)、电子资金转账系统(EFT)、供应商管理库存(VMI)和持续补货系统(CRP)等。这些技术的核心是信息技术,其在供应链管理环境下的支撑体系包括电子商务、电子数据交换、条码和扫描技术、数据仓库、因特网技术、Entranet/Intranet 技术、决策支持系统、卫星通信技术、可视技术、专家系统、并行系统、神经网络、信息高速公路,多媒体技术和跨组织信息系统等。

1.投资能力的差异制约了统一技术使用平台的搭建

从技术的角度看,农产品供应链管理的实现需要由各个主体共同搭建一个支撑信息技术使用的平台,这首先需要有完备的硬件设施。硬件设施分为两部分,一是公用信息基础设施,一般由国家投资建设;二是供应链主体自有的设施和设备。信息基础设施主要有电视、广播媒体、电话语音设施、宽带网络设施、移动通信信号发射基站设施、有线接口设施等。近年来随着国家在基础设施方面的大量投资,包括农村在内的信息基础设施建设得到了长足发展,基本能够满足城乡居民生产、生活的需求。但是基础设施的相对完备还只是供应链技术应用的外部条件,更重要的是供应链主体的私人投资。自有的设施设备主要包括计算机、支持信息技术使用的仓储设施、物流设施、销售设施等。农产品供应链主体分居三大产业,而产业发展水平的差异决定了处于供应链源头的农户包括农民合作社在投融资能力上的弱势,处于工业领域和商业领域的加工业者、批发零售业者也会因为在经营规模上的巨大差异表现出完全不同的投资意愿和投资能力。这一现状表明尽管供应链管理相关产业技术不断发展,但是能够应用到农产品流通领域还需时日,因为首先要面对因投资意愿不足而导致的硬件设施不足问题。

2. 人力资本的差异降低了知识转移及技术共享的可能性

另一个制约产业技术扩散的主要因素是由人力资本差异导致的知识转移与技术共享困难。从三次产业系统来看,农业比工业和商业拥有更少的人力资本积累,根据李仁君的研究①,按照教育存量法估算的 1986—2007 年人力资本存量和劳动投入质量情况是:在 1990 年中国三次产业从业人数都发生了一个较大的增幅,除了第一产业不明显外,第二产业和第三产业都是在 1998 年劳动投入质量发生了飞速的提升。1992—1997 年,中国第一产业就业人数出现负增长,而同时期劳动投入质量几乎没有什么增长。2002 年中国第一产业劳动投入质量有较明显的增长,但从 2004 年以后,中国第一产业的从业人数和从业人员受教育程度双双出现负增长,从而导致第一产业的人力资本存量急剧减少。中国第二产业的劳动投入质量在 2000 年前后实现了较高的增长,但是在 2003—2005 年期间,劳动投入质量出现了负增长,2005 年以后波动加大。中国第三产业的从业人员除了 2007 年之外都保持了正的增长,从 1998 年以后,中国第三产业的劳动投入质量快速提升,伴随着从业人数的增长,导致中国第三产业的人力资本存量平稳

---

① 李仁君:《中国三次产业的人力资本存量及其指数化测算》,《海南大学学报人文社科版》2010 年第 10 期。

86

增长。这个研究结论表明,依托三次产业系统的农产品供应链上各主体的人力资本差异较大,而且有继续拉大的趋势。而诸如跨组织信息系统、EDI 系统、供应商管理库存(VMI)和持续补货系统(CRP)的构建和使用都是知识密集型组织行为,要求从业人员的知识必须能够达到相应的水平。根据杨秀丹等人对河北省农民信息使用行为的调查发现,农民在网络资源、数据库利用、应用软件使用等方面仍然缺乏足够的知识,并具有相当的恐惧感①。即使是第二、三产业部门中的主体,在信息技术使用方面也发展缓慢,比如在推行物流条码过程中,物流企业埋怨生产企业不给商品的物流单元印制条码,影响他们建立自动扫描系统,而生产企业则埋怨物流企业不建立应用系统,从这些现象可以看到供应链主体间技术协作水平不高。

(四)政府管理政出多门

从管理的角度看,农产品供应链因为涉及农业,所以变得更为复杂。农业具有自身效益低、社会效益高的特点,同时具有较高的自然风险和市场风险。由于农产品在人们日常生活中的特殊重要性,没有哪一个产业能像农业那样对国民生活、经济发展和社会稳定产生如此深刻的影响,没有哪一个产业能像农业那样表现出如此巨大的外部性,也没有哪一个产业能像农业那样受自然条件如此严格的制约。② 因此,从国际经验看,各个国家都会对农业生产及其相关领域实施有效的行政管理。以美国、德国、日本、荷兰等

---

① 杨秀丹、郭洪生、赵延乐:《河北省农村信息基础设施与农民信息行为调查与分析》,《现代情报》2013 年第 5 期。
② 冯海发、丁力:《有关国家农业行政管理体制的设置及启示》,《管理世界》1998 年第 3 期。

发达的市场经济国家为例,他们都采取"大农业部"模式,既管理农产品的生产过程,也管理为农产品生产提供生产资料的"产前"环节和农产品加工、储存、运输、销售、质量及卫生检查监督、消费指导服务等"产后"环节,也就是说农业行政部门的管理范围是整个农产品供应链。尽管农产品供应链横跨三大产业,但作为一个系统,其中每一个链环的变动必然影响到其他链环,协同效应中的自组织过程既可能使各种变动在方向与程度上趋向合拍,也可能导致混沌,由此政府对农业产前产中产后的一体化管理成为各国农产品供应链管理实践的重要经验。在中国,与农产品供应链相关的政府管理服务分属不同部门,部门间分工不明确,职能重复交叉,不少机构是平行的,有关政策协调相当困难,这已经成为农产品供应链整合的一大瓶颈。

1. 管理部门过多,政策难协调一致

中国对农业生产实施管理的行政部门是农业部,对产前农业生产资料进行管理的还有供销合作总社,对产后农产品流通及市场建设进行管理的主要是商务部,涉及财政税收事项的有财政部、税务总局,涉及加工企业管理、信息化建设的有工信部,涉及物流领域的有交通运输部,涉及规划、调控等决策事项的有国家发改委等。这些部门是平级设置,互不具有权威性,各自为政,任务不明确,管理手段分散,任务和手段不一致。矛盾难以在部门之间协商解决,只能将大量的矛盾上交国务院,使国务院领导忙于协调,提高了决策成本,降低了决策效率,执行就更困难了。部门利益还渗透于政策和法律的制定之中,使政策法律出台扯皮多,时间长,出台后没有一个具体部门督促实施,达不到应有的效果。

2. 管理不成体系,致使管理对象的行为短期化

近年来,随着"三农"问题在国民经济发展中的瓶颈作用越来

越明显,各部门出台了方方面面的倾斜政策,有针对性地解决三农领域相关问题。但也正是这种针对性的政策出台方式,造成了不成体系的管理局面,致使管理对象忙于追逐政策红利而忽视了长期、可持续发展问题。虽然在发展战略上,国家对农业产前产中产后一体化发展做了很多引导工作,但是基于部门分工的条块管理却在事实上对农业产业链及农产品供应链一体化的内在需求形成了扰乱。中央一号文件是指导"三农"发展的纲领性文件,从2004年以来的10个一号文件看,国家发展建设现代化农产品流通体系的决心和力度还是很大的,其内容体现了从各个角度的持续推进。在其对农产品流通体系建设的论述中,先后提出"农改超"、"农产品运销绿色通道"(2004);"建设农产品冷链系统"、"对专业合作组织及其所办加工、流通实体适当减免有关税费"(2005);"推进农产品批发市场升级改造"、"绿色通道省际互通"(2006);"加快建设一批设施先进、功能完善、交易规范的鲜活农产品批发市场"、"积极发展多元化市场流通主体"、"加快建设万村千乡市场、双百市场、新农村现代流通网络、农村商务信息服务等工程"(2007);"开展鲜活农产品冷链物流试点"(2008);"停收个体工商户管理费和集贸市场管理费"、"支持农超对接"(2009);"统筹制定全国农产品批发市场布局规划"、"加强市场动态监测和信息服务"(2010);"鼓励建设非营利性农产品批发、零售市场"、"加快发展鲜活农产品连锁物流配送中心,支持建立一体化冷链物流体系"、"发展农产品电子商务"、"鼓励农产品直销"(2012);"提高农产品流通效率"、"发展农产品冷冻储藏、分级包装、电子结算"、"健全覆盖农产品收集、加工、运输、销售各环节的冷链物流体系"(2013)。一号文件颁发后,各部门会出台相关政策对文件精神加以落实。从实践来看,紧跟文件精神的相关项目审批、财政投入、税费减免、贷款优惠、土地优先使用等政策会由各部门密集出台，但是一般是政策的系统性，也缺乏对相关政策使用效果的跟踪评价，所以也往往缺乏连续性。比如说2004年的"农改超"就是不成功的案例，虽然当时宣传力度较大，也确实有些流通主体为了追逐政策优惠参与其中，但终因非系统化的行政管理模式没有能够持续发展起来。

3.政策叠加与政策缺位并存

目前，国务院各部委对农产品生产、流通的行政管理更注重补救性，而长期性、基础性的管理服务不够。具体来说，具有基础性的长期性的信息服务、科技服务、标准制定等方面还显不足，工作重点集中在出问题的地方；另外，虽然部委之间有通过联合发布的形式来保持政策的一致性，但是政出多门致使政策叠加的情况仍然具有一定的普遍性。从2010年以来各部委出台的文件可以看出这两种倾向。（见表3—2）

表3—2　各相关部委文件（部分）

农 业 部	
2010. 5. 31	农业部办公厅关于加强产销服务稳定农产品市场运行的紧急通知
2011. 9. 26	农业部办公厅关于进一步加强产销衔接　保障农产品市场稳定的通知
2014. 7. 2	农业部办公厅关于加强活羊跨省调运监管工作的通知
商 务 部	
2010. 9. 26	商务部办公厅 财政部办公厅关于肉类蔬菜流通追溯体系建设试点指导意见的通知
2010. 11. 01	商务部关于做好新时期蔬菜流通工作的指导意见
2011. 02. 01	商务部关于贯彻实施农产品流通标准的通知

续表

2011.02.23	商务部 农业部关于全面推进农超对接工作的指导意见
2011.08.18	关于贯彻落实全国肉类蔬菜流通追溯体系建设试点工作会议有关事项的通知
2011.10.20	商务部关于"十二五"期间加快肉类蔬菜流通追溯体系建设的指导意见
2012.12.17	商务部关于加快推进鲜活农产品流通创新的指导意见
2014.2.27	商务部等13个部门关于进一步加强农产品市场体系建设的指导意见
财　政　部	
2010.08.05	关于开展农产品现代流通试点的通知
2011.01.24	财政部办公厅、商务部办公厅关于2011年开展肉菜流通可追溯体系建设试点的通知
2014.8.27	关于引导和促进农民合作社规范发展的意见
2015.7.9	关于支持多种形式适度规模经营促进转变农业发展方式的意见
交通运输部	
2010.11.26	关于进一步完善鲜活农产品运输绿色通道政策的紧急通知
中华全国供销合作总社	
2009.04.13	商务部 中华全国供销合作总社 关于共同推进农村流通网络建设 进一步促进消费扩大内需的通知
2010.06.03	关于开展供销合作社物流发展基本情况和项目建设情况调查的通知
2012.04.17	关于开展农村流通领域科技特派员创业行动的意见
2016.03.18	中华全国供销合作总社关于加强农产品批发市场建设的意见

资料来源:农业部、商务部、财政部、交通运输部、中华全国供销合作总社官网。

第四章　农产品供应链的发展
现状与整合目标

　　结合已有研究及我国农产品流通的实际情况,本书在分析过程中将农产品供应链区分为"广义的农产品供应链"和"狭义的农产品供应链",其中"广义的农产品供应链"主要是指农产品从生产领域向消费领域转移过程中,由不同流通环节构成的首尾相接的长链,即流通链,其只具有供应链的外在表现,而缺乏供应链的核心内涵。"狭义的农产品供应链"则是完全符合供应链特征及内涵的真正意义上的供应链。与标准化程度较高的工业品相比,农产品的生产过程更易受到各种不可控因素的影响,其流通过程因固有的小生产与大市场对接的矛盾而更加复杂,再加上其产品本身的特殊属性,必然会使农产品供应链构建的难度增加。本书认为,对农产品供应链的研究,必须始于对"广义的农产品供应链"的探析,识别建立"狭义的农产品供应链"的关键因素,在此基础上进行供应链整合,最终实现供应链管理。

一、理论与实践的脱节

　　20世纪90年代初,在对危机中的美国杂货店的研究中首次提到农产品供应链。我国针对农产品供应链的研究始于1999年,之后国内学者从不同角度对农产品供应链进行了研究。目前,我国对这一问题的研究尽管与美国、荷兰、法国等发达国家存在一定差距,但是,经过十几年的积累、充实和完善,在农产品供应链的内涵、运作模式、组织结构、资产分布、信息管理以及整体优化等方面已形成了一系列研究成果,在一些相关问题上也已基本达成共识。在已有理论研究的基础上,为了解我国农产品供应链在实践中的运作状况,本课题组选择了河北省几个有代表性的农产品种植基地、养殖基地以及一些农产品加工企业进行了深入调研,结果发现,在我国农产品供应链理论研究不断深入的同时,其实践并未随之推进,即理论研究止于研究,并未真正指导实践,理论与实践出现脱节,主要表现在以下几个方面。

(一)对于供应链的认识局限于"广义的农产品供应链"

课题组在预调研阶段采取了问卷调查法,结果问卷的回收率较低,且回收回来的问卷多为无效问卷,调研效果较差。为探究其原因,课题组成员对这些被调查者进行了访谈,发现90%以上的被调查者对于农产品供应链缺乏认识,有的甚至没听说过供应链,而问卷中的一些题目恰是直接应用了供应链及一些相关术语,导致被调查者不知所云,随意勾画选项。进一步访谈获知,这些被调查者对农产品流通中由不同环节组建的流通链比较熟悉,即本书中界定的"广义的农产品供应链",能够理解流通链在农产品从生产领域向消费领域转移过程中发挥的重要作用,大致了解流通链的结构,也基本明确自身及交易伙伴在流通链中所处的位置,因此,课题组对调查问卷进行了调整、修改,直接用"流通链条"替代了"供应链",用被调查者能够理解的用语替代了一些专业术语,问卷重新整理后进入正式调研。调研范围为河北省青县、定州市、新乐市、藁城市、栾城县、晋州市、辛集市、正定市、赵县,此次调查问卷回收率、有效率均较高,调研较成功。由此可见,当前在我国农产品流通中,许多流通主体对供应链的认识仅仅局限于"广义的农产品供应链"。

(二)接受真正意义上的农产品供应链存在困难

鉴于多数流通主体对真正意义上的农产品供应链不了解,本课题组在问卷调查的基础上进一步进行了深入访谈,在访谈中首先向被调查者解释了真正意义上的农产品供应链是什么、具备什么特征以及加入供应链对参与者的好处,等等,在此基础上,了解被调查者参与供应链的意向。结果显示,在利益的驱动下,几乎所有被调查者都愿意成为农产品供应链的一员。接下来,向被调查者介绍建立真正的农产品供应链需要具备的条件以及作为参与者应付出的努力时,例如,和其他供应链成员共建信息系统,为建立固定的交易关系而在建设冷库、购置质量检测设备及分拣包装生产线等方面进行特定投资,为合作伙伴提供技术支持及资金援助,执行合作伙伴提供的技术标准,等等,被调查者中大多数不乐意接受,主要原因在于这些被调查者普遍受教育程度较低,缺乏长远目光,更注重短期利益,不习惯未看到收益的事先投入。

(三)真正意义上的农产品供应链几乎不存在

由于当前许多农产品流通主体对于供应链的认识局限于"广义的农产品供应链",接受真正意义上的农产品供应链存在困难,导致我国当前真正意义上的农产品供应链几乎不存在。本课题组在对流通主体参与农产品供应链的意愿进行调查之后,选择了蔬菜、水果、鸡蛋、猪肉等几种有代表性的农产品,从其供应源头开始对流通过程进行追踪,发现不同流通主体间关系松散、信息不畅,不具备构成供应链的基本条件。与此同时,尽管在许多相关研究中都对我国农产品供应链的现状、存在问题进行了分析,但通读这些文献后会发现,实际上这些文献中分析的仅是"广义的农产品供应链",而不是"狭义的农产品供应链",一方面,从农产品流通的整个过程看,虽然由于各个环节的买卖关系存在着一个个的链条,但是这些链条在组织化程度、资源配置以及信息化建设等方面不能严格满足农产品供应链的要求;另一方面,尽管有些文献中提到一些流通主体之间建立了固定的交易关系,能够共享资源和信息,具备了农产品供应链的特征,但是深入分析后会发现,这些文献仅是试图通过对农产品流通中的一些特定环节的分析对供应链进行描述,显然,对特定环节的分析不能代表整个链条。

二、"广义的农产品供应链"
发展现状及存在问题

通过以上对"广义的农产品供应链"的界定可知,目前在农产品流通中存在的不同结构、不同模式的链条都可笼统地称为供应链。对"广义的农产品供应链"的现状及存在问题进行分析,可从一定程度上反映出其与"狭义的农产品供应链"存在的差距,从而为建立"狭义的农产品供应链"提供现实依据和基础。

(一)"广义的农产品供应链"发展现状

1.农产品供应链跨越多个产业

无论是"广义的农产品供应链",还是"狭义的农产品供应链",其研究的基本对象都涉及农产品从生产领域向消费领域转移的过程,包括生产资料供应、农产品生产、加工、储存、运输、销售等内容,由此可见,农产品流通过程涉及农业生产、工业加工、商业销售等环节,即农产品供应链跨越了农业、工业、流通等多个产业。其中农产品生产是农产品供应的源头,工业加工是农产品提高附加值的必要环节,商业销售则是农产品实现其价值的最终途径。从国民经济总体来看,我国不同产业发展水平不同,处于不同产业领域的供应链主体在整个供应链中的地位和作用存在明显差异。

2. 农产品供应链合作主体复杂多样

农产品种类多,生物特征差异较大,往往通过不同渠道进入消费领域,对应的供应链形式多种多样。

从农产品生产供应环节来看,长期以来,农民不仅是各种农产品的生产者,而且是农产品流通的源头供应者,但由于固有的分散经营模式使其在流通中处于相对弱势的地位,为改变这种状态,近年来农民纷纷加入各种形式的专业合作社,从而使代表农民利益的专业合作社成为农产品源头供应者的又一种主要形式。

从农产品流通的中间环节来看,有些农产品从离开农业生产领域后就一直以原有状态通过流通中的各个环节,直到进入消费领域,例如,生鲜农产品。而另一些农产品离开农业生产领域后要进入加工领域,然后以加工品的形式经过剩余的流通环节进入消费领域,在这种情况下,农产品加工企业就成为必要的农产品供应链主体之一。无论是生鲜农产品,还是加工品既可以经过批发环节进入零售环节,也可以越过批发环节,直接进入零售环节。若存在批发环节,根据农产品产地、销地的特点,以及流通的需要,产地批发商、中转地批发商、销地批发商可能全部或者部分进入供应链。

从农产品流通的零售终端来看,城市中的农贸市场、早市中的小摊贩以及农村定期集市中的小摊贩是各类农产品进入消费领域主要零售主体,近年来,随着超级市场涉足生鲜农产品经营,超级市场也逐渐成为农产品重要的零售终端之一。另外,城市中不断兴起的农产品专营店成为农产品零售终端的新形式。

由以上分析可以看出,在农产品流通中存在多种流通主体形式,这些处于不同环节的不同流通主体可以存在多种组合形式,形成不同的供应链条,综观这些农产品供应链,其合作主体呈现出复杂多样的特征。

3. 农产品供应链节点企业(或成员)间的关系多样化

基于"广义的农产品供应链",可以将处于农产品流通链条中的各个流通主体视为农产品供应链的节点企业或成员。现阶段,农产品供应链节点企业(或成员)间的关系具有多样化的特征。

一是节点企业(或成员)之间关系松散,无固定的交易对象,往往出于各自利益的考虑而随机进行交易,达成一次合作。这种合作缺乏稳定性,一旦交易条件不能达成一致,或者出现更有利的交易伙伴时,合作关系即行终止。例如,散户农民在与一些贩销户或批发商进行交易时,交易双方往往选择的空间较大。

二是节点企业(或成员)之间形成半紧密型的合作关系。一种情况是,节点企业(或成员)之间在经过多次合作后,彼此信任、彼此依赖,从而形成一种默契,这种默契可能会在相当长的时间内存在,使节点企业(或成员)之间的关系相对稳定。但节点企业(或成员)之间的这种默契毕竟对交易双方不具备约束力,一旦交易双方发生冲突或者某一方感觉到交易不公时,这种默契就会被打破;另一种情况是,节点企业(或成员)分别为获得稳定的销售渠道和货源而签订交易合约,但这种合约是一种意向合同,仅仅表达了交易双方的合作意愿,不具备约束力,因此,在节点企业(或成员)签订意向合同后,二者的交易关系往往在一段时间内相对稳定,但是这种意向合同随时都有可能因一方的不合作而终止,例如，在"农超对接"这种供应链条中，许多专业合作社与大型超市的交易关系就是建立在这种意向合同之上的，这也是当前"农超对接"关系不稳定的原因。

三是节点企业（或成员）之间形成紧密型的合作关系，即某一节点企业（或成员）对另一节点企业（或成员）存在前向或后向控制，其基础通常是事先签订的具有约束力的正式合约。在这种情况下，由于任何一方违背合约都要承担相应的责任，因此，交易关系较稳定。例如，在"订单农业"模式下，一些规模较大的农产品加工企业与一些农业生产基地的合作社之间签订契约，从而确立二者的合作关系。

一条完整的农产品供应链由若干个节点企业（或成员）构成，在不同的节点，节点企业（或成员）之间的合作或者是松散型，或者是半紧密型，或者是紧密型。从整个链条来看，节点企业（或成员）间的关系呈现多样化。

（二）"广义的农产品供应链"存在的问题

1.农产品供应链组织化程度较低

组织化程度低是我国当前农产品供应链的显著特征，其具体表现可以从供应链节点和纵向链条两个角度分析。

从供应链节点的角度看，主要分析的是各供应链主体的组织化程度。由以上分析可知，虽然不同节点供应链主体不同，在同一节点由于流通渠道的差别供应链主体又具有多样化的特征，但总体可以归结为农产品最初供应者的组织化程度、中间环节的组织化程度、零售终端的组织化程度。农产品最初供应者主要是针对农户和专业合作社而言的，小规模生产、分散经营的农户组织化程度非常低，虽然加入专业合作社是提高农户组织化程度的有效途径,但是当前我国的农民专业合作社还处于初级阶段,一般规模较小、功能较弱,大多数属于松散型的联合,与发达国家的农民专业合作社相比,其组织化程度相对较低。农产品供应链中间环节主要涉及农产品加工企业、各类批发商。近年来,我国农产品加工比重不断上升,农产品加工业发展较快,但相当一部分农产品加工企业规模较小、实力弱、组织化程度较低,导致经营粗放、资源综合利用低、产品质量较差。就批发商而言,除了产地批发市场、中转地批发市场及销地批发市场内的一些规模较大、运作规范的大型批发商组织化程度较高外,大多数中小型批发商的组织化程度均较低,经营效率低下。以北京新发地批发市场为例,该市场内注册为公司的批发商和配送商不到总商户的 10%[①],其他批发市场的情况类似。由此可见,批发商的整体组织化程度仍旧处于较低的状态。在农产品供应链的零售终端,除了规模较大的超级市场和一些采取连锁经营模式的农产品专营店组织化程度相对较高外,农贸市场、早市及定期集市中的为数众多的小摊贩组织化程度非常低。由以上分析可以看出,不同的农产品供应链节点主体组织化程度存在差异,虽然在农产品供应链的一些环节存在组织化程度相对较高的节点企业,但大多数节点企业(或成员)组织化程度较低,因此,从总体来看,农产品供应链不同节点主体的组织化程度偏低。

从供应链的纵向链条角度看,主要分析不同环节供应链主体之间关系的紧密程度,即整条供应链的组织化程度。若供应链从起点到终点,所有进入供应链的主体间关系紧密,存在稳定的合作关系,则整条供应链的组织化程度较高;若构成供应链的各个主体

---

① 贾敬敦等:《中国农产品流通产业发展报告(2013)》,社会科学文献出版社 2013 年版,第 281 页。

间关系松散,或者在整条供应链上,有的节点供应链主体之间关系较紧密,而有的节点供应链主体之间关系较松散,则整条供应链的组织化程度较低。综观目前我国农产品供应链的整体状况,组织化程度高的供应链几乎不存在,大多数供应链节点企业(或成员)间的关系呈现多样化特征,尽管局部节点企业(或成员)之间组织化程度可能较高,但整条供应链的组织化程度较低。

由以上分析可知,供应链节点主体和纵向链条的组织化程度均较低,其中供应链节点主体组织化程度低的原因在于这些主体的自组织能力较差,而纵向链条的组织化程度较低的原因不仅表现为各供应链主体的自组织能力较差,而且表现为这些供应链主体组织其他成员的能力以及被其他成员组织的能力均较差。

2. 农产品供应链核心主体作用不明显

根据农产品供应链的内涵,在供应链的构建过程中,必然存在一个处于核心地位的企业,在组建供应链的过程中其承担发起作用,在供应链组建起来之后其承担领导和带动作用。由于我国对"广义的农产品供应链"的理解更多地强调流通链的形式,因此,有些文献在分析农产品供应链的模式时,将其分为两类:一类是核心主体缺失、链条分散的供应链模式;另一类是以某一主体为主导的供应链模式。对农产品供应链核心主体作用的分析主要是针对第二类模式而言的,这一模式是围绕核心企业建立起来,以核心企业与供应商、供应商的供应商乃至一切向前的关系,以及核心企业与分销商、分销商的分销商及一切向后的关系形成的网链结构,各个环节之间结成一致联盟。① 实践表明,当前我国农产品供应链

---

① 魏国辰、肖为群:《基于供应链管理的农产品流通模式研究》,中国物资出版社 2009 年版,第 88—89 页。

包括以加工企业为核心主体的供应链、以批发商为核心主体的供应链、以超市为核心主体的供应链及以合作社为核心主体的供应链等几种形式。但是,在这几种供应链形式中,核心主体统领、管理、协调整个供应链的作用并不明显,其核心地位并未发挥出来。

首先看以加工企业为核心主体的农产品供应链。从理论上讲,在这种供应链形式中,加工企业处于核心地位,根据市场需求,与上下游企业签订购销协议,一方面为保证农产品达到一定的质量、数量标准,不仅对农产品生产者进行技术指导,而且通过合同形式将种子、化肥、饲料等农资供应商纳入供应链;另一方面为保证加工后农产品的销售,与后向的批发商、零售商建立良好的合作关系。虽然目前在有关我国农产品供应链的研究中常提及以加工企业为核心的农产品供应链模式,但是我国多数农产品加工企业由于规模、实力、技术等方面的限制,仅是与农产品生产者签订合约,要求生产者按要求进行生产,并按照一定的标准收购农产品,然后将加工品按照合同销售给批发商,可见,在整个供应链中,农产品加工企业通常只是对与其直接对接的上下游企业发挥领导、带动作用,而很少涉及农产品生产者的生产资料供应商以及批发企业下游的供应链主体。

其次看以批发商为核心主体的农产品供应链。经过改革开放后多年的发展,批发商在我国农产品流通中发挥着举足轻重的作用,其中以批发商为核心主体的农产品供应链成为我国农产品供应链中最为常见的一种形式。这种模式的形成通常是由于在整个链条中,批发商在规模、实力、信息及特有的集散能力等方面占据一定优势,其他供应链主体对其存在一定程度的依赖。但是这一定程度上的依赖并不能保证整个供应链的稳定性,为借助批发商强大的集散功能,一方面,许多农产品生产者参与到供应链中与批发商进行交易,除少数具有一定规模的农产品生产大户及专业合作社与批发商建立稳定的合作关系外,多数农产品生产者与批发商的交易具有随机性;另一方面,批发商在与零售商的交易中,既有与之存在固定交易的零售企业,也有大量与之进行随机交易的商户,因此,目前我国在以批发商为核心主体的农产品供应链中,存在太多的随机性,批发企业作为核心主体的作用并未充分发挥出来,其核心主体的地位并不明确。

再次看以超市为核心主体的农产品供应链。近年来,随着流通业的迅速发展,尤其是一些大型连锁超市的出现,在农产品流通中,渠道权力逐渐向零售终端倾斜,以超市为核心主体的农产品供应链应运而生。在这种供应链模式中,处于核心地位的连锁超市以市场需求为中心,通过投资兴建农产品生产基地,或者与专业合作社、农产品加工企业、农产品批发市场等供应商签订合作契约,从而主导整个供应链。国外经验显示,在这种农产品供应链模式下,作为零售终端的连锁超市组织整个供应链的运转,与各种类型的供应商签订严格的交易合同,对农产品的生产技术、生产方式、使用的农资类型及数量、农产品加工方式及标准、农产品及加工品的营养成分、重金属及一些特定元素的含量等均有严格的要求,并且建立了完善的追溯机制,在连锁企业的协调下,整个供应链比较稳定,运行效率较高。目前在我国,这种农产品供应链模式与发达国家存在一定差距,其中一个主要原因就在于作为供应链核心主体的连锁超市未能有效组织整个供应链。除了在由连锁超市直接投资建立农产品生产基地的情况下,连锁超市的主导作用发挥较充分、供应链较稳定外,在连锁超市与专业合作社、农产品加工企业、农产品批发市场等供应商签订合作契约的情况下,一方面,常由于契约内容欠具体、对供应链主体约束力不强,超市未能充分发挥对前向供应商进行生产指导和监督的作用,且在交易时对农产品检测不全面等原因,导致食品质量问题时有发生。另一方面,一些大型超市在与前向供应商进行交易时存在"店大欺客"现象,常借助于各种理由压低农产品交易价格,从而更多地占有供应链有限的利润,最终导致合作关系的瓦解。这种现象在当前的"农超对接"模式中最为多见。

最后看以合作社为核心主体的农产品供应链。在农产品流通中,如果专业合作社的力量足够强大,并能对供应链其他主体产生影响时,以合作社为核心主体的农产品供应链得以形成。这种供应链形式在专业合作社发展较好的国家非常普遍。虽然与发达国家的农民合作组织相比,目前中国各地的农民专业合作社发展相对滞后,但是,在农产品流通领域,由专业合作社主导的供应链模式已经出现,但所占比例较低,其中一种主要的形式为,在一些合作社发展较早、发展速度较快的农产品产地,或者由某一个规模大、实力强的专业合作社牵头,或者由供销合作社牵头,组织周边地区的专业合作社组建合作社联合社。这种方式不仅扩大了专业合作社的规模,增强了其服务农民的能力,同时还促进了农产品流通,特别是一些合作社或合作社联合社通过建立自己的农产品品牌的形式、组建或参股销售公司的形式不断扩大其市场影响力,逐渐在农产品流通中占据了主导地位,成为供应链的核心主体。①目前,在这种农产品供应链模式中,作为核心主体的合作社联合社是在不同的合作社的基础上组建起来的,尽管这些不同的合作社组合在一起的目的是为了共同的利益,但是,一些合作社常出于各

---

① 郭娜:《生鲜蔬菜流通渠道效率研究》,人民出版社2012年版,第149—150页。

自利益的考虑而采取机会主义行为,一旦出现这种情况,整个联合社的稳定性及实力就会受到影响,从而削弱其对整个供应链的组织作用,动摇其在整个供应链中的地位。

3. 农产品供应链存在断链现象

从我国目前农产品流通的过程来看,尽管近年来出现了以"农超对接"、"农餐对接"及网上交易等为代表的绕过批发环节的新型交易模式,但是绝大多数农产品仍需要通过不同渠道汇集于批发市场,再借助于批发市场中批发商的力量进入后向不同的销售环节。可见,以批发商为核心的农产品供应链仍是当前我国农产品流通的最主要形式,但是,对这种农产品供应链形式进行分析就会发现其运作过程中存在一些问题,其中最为突出的便是以批发商为界的断链问题,这也正是许多学者对这一农产品供应链模式进行研究时普遍关注的问题。

根据供应链的内涵,在一个完整、高效的农产品供应链网络中,物流、资金流、信息流畅通运行,将供应链的各个节点有效联结起来。我国以批发商为核心的农产品供应链正是因为在物流、资金流、信息流方面存在阻断,才导致了供应链的断裂。目前在我国的农产品批发市场上,批发商无论与上游供应商,还是与下游零售商基本上都采取现货交易方式,即"即时货银两讫"的流通方式,这种古老的流通方式既阻断了资金流,也阻断了农产品供应链需求与供给的信息流,使供应链以批发商为界分为两个部分:一是"生产—流通"环节,即从农产品生产者到批发商;二是"流通—消费"环节,即从批发商到消费者。虽然在这两个独立的短链内部,"竞争—合作—协调"关系可能存在,但在两个短链的结合点即批发商处,这种当日现货交易机制决定了只能存在单纯的竞争关系,不可能存在合作与协调,只能追求眼前利益而无法考虑长期利益。

因此,在以批发商为核心的流通模式下,农产品供应链必然是一条断裂的链。①

　　另外,需要强调的一点是,我国农产品供应链存在的断链现象不仅仅存在于以批发商为核心的农产品供应链中,也不仅仅体现为以批发商为界的断链,这只是最典型的一个表现而已。当前存在的各种形式的农产品供应链,由于组织化程度低、核心主体作用不明显,导致在这些供应链的任何节点上,都有可能存在交易双方的冲突,从而导致断链。因此,当前我国农产品供应链断链现象较普遍。

　　4.农产品供应链运行成本高

　　本书对农产品供应链运行成本的分析主要是从供应链的起点到终点所发生的交易成本和物流成本,其中交易成本包括信息成本、谈判成本、签订和实施契约的成本以及违约成本等。当前,我国农产品供应链运行成本高是这些具体成本因素共同作用的结果。

　　首先,信息成本偏高。一方面,由于农产品供应链合作主体复杂多样,且发展不平衡,既有规模较大的企业,也有小作坊式的企业,还有分散的小农户,这就必然导致不同供应链节点获取信息、运用信息及处理信息的能力存在较大差距,从而出现交易中的信息不对称。另一方面,由于我国真正意义上的农产品供应链尚不存在,现有的"广义的农产品供应链"各个节点企业的难以做到将自身利益统一到整个供应链利益之下,一些节点企业观念守旧,将一些信息资源视为商业秘密、私有财产,不与交易伙伴共享信息。

────────────

① 李季芳:《美国水产品供应链管理的经验与启示》,《中国流通经济》2010年第11期。

由于以上两方面原因,农产品供应链各节点未建立起统一的信息平台,处于供应链核心地位的企业不能对整个供应链的信息进行协调、管理,交易信息、物流信息尚未共享。在这种情况下,供应链各个节点都需要各自获取所需信息,信息不完全、信息滞后、信息失真等现象经常发生,各节点的信息成本必然提高,从而整个供应链的信息成本被抬高。

其次,谈判成本、签订契约的成本、实施契约的成本及违约成本总体偏高。供应链节点企业(或成员)之间建立合作伙伴关系的前提是谈判、签约、实施契约等一系列活动,而合作关系的突然终结多因一方违约所致,因此,可将这几种关系密切的交易成本放在一起分析。从当前我国农产品供应链运作的实际情况来看,在有些供应链的一些节点由于交易双方不存在事先契约,交易是随机的,因此,在这些节点交易成本较低,例如,小农户与批发商之间的交易。在这里,主要是针对供应链中存在契约关系的节点进行交易成本分析,例如,"农超对接"关系下,农产品专业合作社与大型连锁超市;"订单模式"下,农产品专业合作社与加工企业,等等。由于建立合作关系的节点企业(或成员)往往在实力上存在差异,尤其是当实力较强的一方具有资源稀缺性特征时,实力相对较弱的一方希望通过与实力强大的一方建立合作关系,以为自己获得稳定的货源或销售渠道,在这种情况下,由于一方对另一方存在依赖,处于劣势的一方通常能够接受占据优势的一方提出的交易条件,交易契约较易达成,因此,谈判成本、签订契约的成本并不高,而造成与契约相关的交易成本总体偏高的主要是实施契约的成本及违约成本。

从实施契约的成本来看,一旦契约达成,为实施契约,交易双方必然都会涉及一系列的成本支出,以"农超对接"为例,签订契约后,连锁超市不仅需要制定各类农产品交易的标准,包括农产品的规格、品相、质量等,而且还要在一些检测含糖量、重金属含量及农药残留的相关检测设备等专用资产上进行投资,除此之外,为使农产品达到超市的要求,有的超市还派专门的技术人员对合作社进行技术培训或技术指导,等等。与此同时,专业合作社为执行契约,必须按照超市的要求进行生产,接受技术培训和指导,从而发生学习成本;为创造必需的生产条件也要进行专用资产投资,等等。还需要特别指出的一点是,在农产品供应链运行过程中签订契约的节点企业(或成员)也会发生冲突,或者是处于劣势的一方逐渐发展壮大,希望改变在契约关系中处于被动的状态,或者是处于优势的一方过分地实施了渠道权力,超出了对方的接受范围。一旦冲突发生,交易双方需要进行谈判、调解,若最终能够继续合作,显然增加了契约实施的成本,若最终不能达成一致,契约不能继续,则随之产生违约成本。从违约成本来看,若契约具有较强的约束力,一旦一方违约,违约方就需要承担违约责任,例如,支付违约金对另一方进行补偿。除此之外,由于双方合作关系的结束,农产品供应链出现断链,这就意味着双方都需要重新寻找合作伙伴,重新组建新的供应链,因此,对于双方而言,都需要重新支付搜寻、谈判、签约等一系列交易费用。若断裂的供应链是生鲜农产品供应链,处于流通状态的生鲜农产品会因供应链的断裂而延长留在流通领域的时间,从而腐烂、变质等问题会随之而来,损耗增大。虽然农产品供应链违约成本相当高,但违约现象还是时有发生。

最后,物流成本偏高。一方面,从供应链整体来看,由于当前农产品供应链组织化程度较低,供应链各个节点企业(或成员)分别采取自营物流的形式,这就需要各节点企业(或成员)在各自的物流建设方面进行投资,相对于整个供应链各环节共建一个物流系统而言,不仅会因重复建设而导致资源浪费,而且农产品从供应链的一个环节进入另一个环节,会因不同企业自营物流系统的频繁衔接而延长物流时间,从而增加物流成本。另一方面,从供应链各个节点企业来看,由于许多各个节点企业规模较小,其自营物流的专业化程度普遍较低,这也必然导致其物流运营的低效率,从而增加物流成本。第三方面,从农产品供应链物流包含的内容来看,包括运输、包装、装卸、搬运、储存、流通加工、配送等。在这个过程中,由于我国物流设施、物流技术、物流管理滞后,使得农产品损耗率相当高,物流成本居高不下。目前,我国农产品的流通量较大,其中每年约有 4 亿吨生鲜农产品进入流通领域,①资料表明,25%的根类和块类产品,50%的水果和蔬菜,10%的肉鱼奶等易腐农产品都需要冷藏。② 但是,我国农产品 80%以上储存和运输过程中以常温为主,其中肉类的冷藏运输率为 10%—20%,果蔬年冷藏量约占总产量的 10%,冷链流通率仅为 5%。水果、蔬菜等生鲜农产品采收后低温加工、包装技术缺乏,产后产值与采收时自然产值之比为 0.38∶1,而美国为 3.7∶1、加拿大为 3.2∶1。水果、蔬菜采收后储运过程中的损失率高达 20%—30%,如果按损失率 25%计算,则每年的损失量高达 1 亿吨,折合人民币约 750 亿元以上。③

① 贾敬敦等:《中国农产品流通产业发展报告(2013)》,社会科学文献出版社 2013 年版,第 37 页。

② 魏国辰、肖为群:《基于供应链管理的农产品流通模式研究》,中国物资出版社 2009 年版,第 162 页。

③ 贾敬敦等:《中国农产品流通产业发展报告(2013)》,社会科学文献出版社 2013 年版,第 46 页。

三、农产品供应链的整合目标

通过以上对"广义的农产品供应链"现状及存在问题的分析，可知尽管我国在建立农产品供应链方面进行了积极的探索，但是与真正意义上的农产品供应链，即"狭义的农产品供应链"，还存在一定差距。从发达国家的经验来看，农产品供应链的最终发展趋势必然是"狭义的农产品供应链"，这也是我国农产品供应链建设努力的方向。而要建立"狭义的农产品供应链"，必须首先识别"狭义的农产品供应链"的基本特征，为我国农产品供应链的发展明确方向。

（一）"狭义的农产品供应链"的特征

除了具备外在的网链结构特征之外，还需要具备一些可识别的内在特征，主要包括较高的组织化程度、完善的信息网络以及高效的资源配置三方面。

1. 较高的组织化程度

"狭义的农产品供应链"具有稳定性，这种稳定性主要来自于供应链各个成员的相互协调与合作，即较高的组织化程度。由于供应链的各个成员是一个个独立的利益主体，在追逐各自利益的过程中不免会与交易伙伴存在冲突，从而导致供应链成员的不确定性，影响农产品供应链的稳定性。解决这一问题的关键在于供应链的核心企业必须发挥应有的主导作用，通过协调各个成员之间的关系，使整个供应链上所有成员达成一致，形成稳固的利益联盟。这需要供应链的核心主体与参与主体的共同努力。

（1）供应链核心主体真正处于中心地位。供应链核心主体的中心地位主要体现在如下几个方面:第一,核心主体是供应链的"信息交换中心"。核心主体将来自下游的需求信息和来自上游的供应信息汇集到一起,并进行分类、整理,然后将加工后的信息及时传送到供应链的各个节点,实现信息共享。第二,核心主体是供应链上农产品物流集散的"调度中心"。在整个农产品供应链上,物流不再是各个节点企业的孤立行为,而是紧密衔接、环环相扣、整体运作的"物流链"。在这条"物流链"上,供应物流从源头供应方向核心主体集中,销售物流则由核心主体向消费领域分散,核心主体成为整个供应链物流的集散中心。同时,核心主体借助于供应链信息系统,全面掌握并有效利用物流信息,对各个节点的物流活动进行协调、控制,提高农产品物流的效率,降低物流过程中的损耗,成为整个供应链物流的调度中心。第三,核心主体是供应链上农产品质量的"保证中心"。鉴于广大消费者对农产品质量问题的关注,为了保持整个供应链的稳定性及竞争力,核心主体发挥着供应链上农产品质量的"保证中心"作用,对进入供应链的农产品有严格的要求,配有一系列检验、检测标准,实施全程质量控制与管理。[①]

(2)供应链参与主体积极配合。农产品供应链较高的组织化程度不仅需要核心主体的协调、管理,而且需要供应链参与主体的积极配合。一方面,各个供应链参与主体能充分认识到参与农产品供应链给自身带来的好处,并自愿参与。另一方面,各个供应链参与主体明确自身在整个供应链中所处的地位,愿意接受核心主体的领导。

---

① 魏国辰、肖为群:《基于供应链管理的农产品流通模式研究》,中国物资出版社 2009 年版,第 90 页。

2. 完善的信息网络

"狭义的农产品供应链"建立在发达的信息系统之上,具有完善的信息网络。在整个农产品供应链中信息传递畅通无阻,各个供应链成员借助于各种信息传递方式实现链内信息和链外信息的共享。

供应链以核心主体为主导建立信息服务平台,供应链内各参与主体通过网络接入该平台,借助于该平台向合作伙伴传递生产信息、经营信息、质量信息、需求信息及物流信息,实现供应链内各成员的信息互通。与此同时,该链内信息服务平台还通过与相关信息网络平台的对接,获取重要的链外信息,提供给供应链内各个成员。通常供应链借助于公共的农产品流通信息服务平台获取相关链外信息,这些公共的农产品流通信息平台包括全国性的和地方性的。例如,2011 年 4 月 23 日,海南农产品流通公共信息服务平台开通,该平台的主要功能包括三个方面:一是,信息采集与发布,主要选择了产地集配中心、运销企业、批发市场和销地批发零售企业 3000 余家企业作为样本,采集相关种植产量信息、流量流向信息和产地销地价格信息;二是,提供产销对接服务,为海南生产者及销地需求者提供相应的需求与供给信息;三是,开展市场监测,进行预测预警,即通过对生产与销售行情的监测分析,引导农民合理种植、辅助政府宏观调控和企业经营决策。[①]

3. 高效的资源配置

"狭义的农产品供应链"实现了资源配置的优化,既包括物流资源、人资资源、信息资源、实物资产、技术资源、品牌资源及信誉

---

① 贾敬敦等:《中国农产品流通产业发展报告(2013)》,社会科学文献出版社 2013 年版,第 173 页。

资源等供应链内部资源的优化配置,又包括供应商资源、客户资源、服务资源等供应链外部资源的优化配置,还包括内部资源与外部资源的高效衔接和有机融合。

从供应链内部资源配置来看,一方面,实现了在整个供应链上信息资源和物流资源的共享,从而了提高信息及物流的利用率,降低了信息成本及物流成本。另一方面,实现了供应链上一些成员特有资源对整个供应链的优化影响。例如,供应链核心企业的品牌资源和信誉资源的社会影响力可以提升整条供应链的增值能力,在给各个供应链成员带来好处的同时,各个供应链成员的生产经营活动必然以此品牌资源和信誉资源为导向展开,从而进一步提升此品牌资源和信誉资源的价值,形成良性循环。第三方面,实现了供应链上不同成员之间实物资产、技术资产的相互渗透。例如,为保证农产品的质量、减少其损耗,在一些农产品供应链上处于核心地位的企业向上游供应商提供农资及一些检验检疫设施,或通过投资帮助其建立冷库,等等;也有一些供应链上的核心企业为供应链上其他成员提供技术培训和指导。

从供应链外部资源配置来看,供应商资源、客户资源、服务资源有高低优劣之分,供应链外部资源的高效配置体现为这些外部资源分别具有较强的实力、较高的信誉及较先进的技术。

从供应链外部资源与内部资源的融合来看,一方面,外部资源的优化配置,为农产品供应链创造了良好的外部环境,从而促使供应链各成员加强合作,带动了内部资源的优化;另一方面,内部资源的优化配置,提高了农产品供应链的效率和竞争力,从而对优势的外部资源更具吸引力,促进了外部资源的优化配置。

（二）几种先进的农产品供应链形式

结合我国当前农产品供应链的发展现状及对可识别的农产品供应链的特征的分析，要构建"狭义的农产品供应链"，应首先从改造现有的"广义的农产品供应链"入手，通过组织整合、资源整合、信息整合，使以加工企业为核心主体的农产品供应链、以批发商为核心主体的农产品供应链、以超市为核心主体的农产品供应链、以合作社为核心主体的农产品供应链等几种主要供应链模式发展成为真正意义上高效运作的农产品供应链，以减少农产品的损耗，提升农产品的增值能力。除此之外，还要积极构建一些具有发展前景的新型模式。目前，可将以下几种供应链模式作为发展方向。

1. 基于第三方物流企业的农产品供应链

物流在农产品供应链中发挥着至关重要的作用，其畅通与否决定着供应链各节点是否能够有效衔接。在一些发达国家，基于第三方物流企业的农产品供应链形式已成为农产品供应链的主要形式之一。在我国，物流业发展相对滞后，目前，在"广义的农产品供应链"中，物流活动主要采取节点企业（或成员）自营形式，少数效率较高的供应链，物流活动由核心企业统一协调，或者采取外包形式。尽管在农产品供应链中，物流活动的外包意味着第三方物流企业已经介入到供应链体系中，但是其仅是作为参与主体而存在，需要服从核心主体的协调与管理。随着我国物流业不断发展，第三方物流在整个社会经济中发挥的作用越来越大，一些规模较大的第三方物流企业已基本具备了作为农产品供应链核心主体的条件。

建立基于第三方物流企业的农产品供应链，以往由各个供应链成员各自承担的物流活动全部以合同方式委托给第三方物流企业，这些供应链成员不需要再配备与物流相关的各种设施，可将全部的人力、物力、财力投入核心业务中，从而增强自身实力。同时，由第三方物流企业统一负责整个供应链的物流,可借助于其专业从事物流活动的技术、管理优势,对物流过程进行实时监督和控制,实现整个供应链物流成本的降低、物流时间的缩短、物流效率的提高。另外,能够成为供应链核心主体的第三方物流企业通常具备高标准的信息平台,借助于该信息平台,第三方物流企业可及时整合供应链各节点企业的信息资源,并使这些信息资源在整个供应链中实现共享,最终降低整个供应链的运作成本。

虽然建立基于第三方物流企业的农产品供应链存在诸多优势,但是由于第三方物流企业的核心业务主要围绕运输展开,几乎不涉及所运输农产品的质量,因此,在这种供应链模式下,核心企业难以发挥供应链上农产品质量的"保证中心"的作用。要解决这一问题,就需要扩大第三方物流企业的业务范围,增加农产品检测、检验等内容,但这又会降低第三方物流企业专业化程度。因此,建立基于第三方物流企业的农产品供应链需要有效解决这一两难问题。

2. 基于企业化运作的批发市场的农产品供应链

企业化运作的农产品批发市场不同于传统的农产品批发市场,传统的农产品批发市场只是一个交易场所,不进入农产品供应链,而企业化运作的农产品批发市场则成为一些农产品供应链的成员组织。

企业化运作的农产品批发市场是按照现代企业制度产权明晰、责权明确、政企分开、管理科学的原则,对批发市场进行股份制改造,使其成为自主经营、自负盈亏、自我约束、自我发展的产权组织。①

---

① 黎东升、刘大集、祁春节:《改革以来我国农产品批发市场发展的现状与对策研究》,《湖北农学院学报》2003 年第 12 期。

目前,我国一些大型的农产品批发市场都采取企业化运作的方式。企业化运作的农产品批发市场在信息网络建设、农产品储藏及保鲜设备配置、农产品质量检测等方面明显优于传统的农产品批发市场,这些优势不仅可以为农产品供应链顺畅运行提供保障,而且也使其具备了成为供应链核心主体的条件。具体而言,一方面,企业化运作的农产品批发市场一般都建立了高效的信息管理平台,并配备了专业人员进行信息搜集和整理,并在信息管理平台上及时发布农产品供应信息、需求信息及价格信息,为农产品供应链上各个成员提供了交易的参考和依据。另一方面,企业化运作的农产品批发市场通过建立冷库、购置冷藏车及其他物流设施,可减少供应链上生鲜农产品在物流过程中的损耗。第三方面,企业化运作的农产品批发市场都设有农产品检验、检测中心,配备了专业检测人员和各种检测设备,通过对农药化肥残留、重金属残留进行严格检测,对供应链上农产品的质量进行把关。

我国目前一些农产品供应链已经开始朝这种模式发展,例如,广东省的里水果批发市场有限公司(简称"里水果批"),在信息管理和物流管理方面,都具备了供应链核心企业所应有的功能,并且发挥了核心企业应具有的作用。首先,在信息管理方面,里水果批建立了一个高效立体的信息网络平台,拥有了十分完善的网络信息系统,市场内数百家商铺都安装了宽带网,网络信息辐射范围直通国内外水果批发市场及相关组织、机构,通过这些网络,批发商每天都能在第一时间内掌握国内外市场行情。其次,在物流设施方面,里水果批拥有现代化的装备,例如长臂吊车、叉车和大量的货柜和各种级别的冷库,先进的物流设施保障了交易安全和快捷进行。最后,批发市场还与不同的生产基地建立了比较稳定的战略联盟关系,通过对生产基地的投资或技术合作使之成为具有国际竞争力的水果生产基地,如与广东省湛江的荔枝种植大户和红橙种植大户签署了合作协议,这种战略联盟关系使生产者按产业化、市场化、公司化一体的运作模式进行规模化生产,并按照国际市场的标准完成进一步加工程序来实现水果的增值,增强我国水果在国际市场上的竞争力。①

3. 垂直一体化方式的农产品供应链

"狭义的农产品供应链"具有纵向一体化的特征,具体表现为组织内部交易和企业内部交易两种形式。其中组织内部交易是指在整个供应链条中,从供应源头到销售终端,供应链成员之间通过协议或合同的形式建立合作关系;企业内部交易则是指将整个农产品供应链的运作纳入到一个企业内,使之成为企业内部的经营管理活动。目前,大多数农产品供应链属于组织内部交易形式,垂直一体化方式的农产品供应链则属于企业内部交易形式。

垂直一体化方式的农产品供应链可以通过两种途径实现,一种途径是,将农业生产同农用生产资料的生产和供应,以及农产品加工、销售过程的若干环节纳入到一个统一的经营体内,融为一个企业,在该企业内实行统一会计核算、统一经营②,即由供应链条上各个环节的成员共同组建一个企业。另一种途径是,供应链上某一节点企业通过前向及后向的业务延伸,将供应链上其他节点的业务内容纳入到自己的企业领域,统一经营,比如,一些农产品加工企业自己建立农场或直属生产基地,同时在销售市场建立自己的专营店,实行垂直一体化经营;经营生鲜农产品的大型连锁超

---

① 邓俊淼、戴蓬军:《供应链管理下鲜活农产品流通模式的探讨》,《农业经济》2006年第8期。

② 江波、吴秀敏:《农产品供应链垂直协作方式的选择——基于资产专用性维度的分析》,《农村经济》2008年第3期。

市通过建立直属生产基地实行垂直一体化经营,等等。由于第一种途径中,供应链中不同环节的成员之间关系较难协调,共同组建一个企业难度较大,因此,垂直一体化方式的农产品供应链通过第二种方式构建更易实现。

建立垂直一体化方式的农产品供应链最明显的优势在于,将整个农产品供应链的运作纳入到一个企业内部,信息利用率较高,信息传递不及时、信息不对称等问题都可以得到解决,物流效率也较高。同时,在这种农产品供应链模式中,农产品从生产源头,到加工过程,再到销售终端,完全掌控在一个企业内部,从而可以按照统一的标准在各个环节实施严格的质量控制,有效地保证了农产品质量安全。

虽然这种供应链模式将多数供应链模式下的组织内部交易转变为企业内部交易,可实现交易成本的降低,但是,由于企业规模庞大,涉及多个领域,必然带来管理上的复杂性,管理成本较高。因此,发展这种农产品供应链模式的关键在于如何有效地降低管理成本。

目前,这种农产品供应链模式在我国已经出现,例如,由泰安鲁丰食品有限公司、山东鲁龙集团公司与台商合资兴建的泰安弘海食品有限公司是集种植、加工、销售于一体的速冻果蔬加工企业。公司拥有先进的漂烫、速冻流水线 2 条,3000 吨大型冷库一座,蔬菜基地 5000 亩,年生产速冻产品 3500 吨,其中有机产品 1500 多吨,公司产品出口对象以日本为主。①

---

① 刘英华、吕志轩:《农产品供应链的纵向一体化:理论基础与实证分析》,《华东经济管理》2011 年第 4 期。

第五章　农产品供应链组织整合

　　我国农产品流通领域的组织创新从未间断,20 世纪 90 年代提出了"农业产业化经营"的发展策略,并且采取了一系列措施:促进批发市场企业化、培育龙头企业、优化农产品区域布局等,21世纪开始出现"农超对接"等新型流通方式。其目标均指向密切组织之间的关系,完善利益分配机制,提高流通效率。然而这些新的发展方式尚未完全取得预期的效果,不能从根本上解决目前流通领域中存在的问题,主要是因为中国农产品流通中的组织主体规模小而分散,合作关系不稳定,交易双方市场地位悬殊,现代技术手段运用能力低。因此对农产品流通主体进行剖析、整合,是运用农产品供应链管理思想的第一步。

一、农产品供应链主体集

　　基于"广义的农产品供应链"概念的研究更接近于传统的农产品流通研究,是用新概念研究老问题,是中国农产品生产、经营特色与先进管理理念结合的研究,在农产品供应链整体发育不成熟的背景下,广义研究有助于突出矛盾、揭示问题。而真正能解决农产品流通相关问题的研究应该是基于狭义概念的研究,即更注重供应链管理方法向农产品流通领域的实际引入,致力于探索微观的供应链增值的形成。在"狭义的农产品供应链"概念下,供应链主体是对农产品流通主体加以选择的结果。在这种情况下,农产品供应链主体集的确定将因研究视角的不同有所差异。

(一)广义概念下农产品供应链主体集

经过30多年的改革,我国的农产品流通市场化格局已经形成,尽管主体的小规模、分散化,渠道动荡,环节复杂以及信息技术落后等因素严重制约了市场效率的发挥,但是各类主体对市场的认识以及利益诉求确实成为体制改革和管理创新的原动力,供应链管理正是在这样的背景下被引入农产品流通领域的。表5—1对当前从事农产品流通的各类主体进行了总结,正是由这些主体以各种形式或模式联合起来从事的农产品流通等待着通过供应链管理方法改造和提升。因此我们称其为广义概念下的农产品供应链主体集。

表5—1　广义概念下的农产品供应链主体集

主 体	特 征
农 户	规模小、分散;自主生产、经营;资金匮乏且基本没有融资能力;契约意识不强;信息不灵
专业大户	从事某一种农产品生产、具有一定生产规模和专业种养水平;有相对稳定的客户;融资能力有限;口头契约;信息面有限
专业合作社	组织化程度较高;分工明确;有较为规范的管理制度;有融资能力;有契约能力;有一定的信息处理能力
家庭农场	以家庭成员为主要劳动力,从事农业规模化、集约化、商品化生产经营;独立法人;处于初步发展状态
企业化的生产基地	工商资本发展农业的形式;企业化经营;一般有固定渠道;资本实力雄厚;有契约能力;有信息处理能力

续表

主 体	特 征
经纪人	在产地或产地批发市场从事买卖中介服务;多数单打独斗;掌握相对固定的供应户和采购商资源;信息灵通但处理能力有限,缺乏事前指导能力
产(销)地批发商	依托产(销)地批发市场集散农产品;一般规模不大,组织化程度不高;口头契约;收集和传递即时产销信息
企业化批发市场	一般规模较大,管理规范;经营种类多而且单次交易量大;信息处理能力强;交易方式先进;参与主体的组织化程度高
供货商(经销商)	专门经销一种或几种农产品的公司;中小规模为主;有稳定的渠道;有契约能力,有一定的信息处理能力
运输商户	专门从事农产品运输的商户;规模小;配载信息一般来源于经纪人和批发市场;一般没有固定客户,少数为单一客户服务
仓(冷)库商户	小规模个体经营或合伙经营居多,设备偏简,技术水平一般;服务于小规模生产者或批发商
第三方物流	组织化程度高,专业能力强;有一定规模,管理制度完备;有契约能力;有信息加工、处理能力
加工企业	一般规模较大,管理规范;有核心生产技术;产品实行品牌化经营;契约能力强;具有收集加工、处理内外部信息的能力
零售摊贩	多在城镇农贸市场经营;规模小而分散;品牌及契约意识不强;信息处理能力弱
专卖店	一般采用连锁经营,单店规模较小;对接相对固定的渠道;有品牌意识;有契约能力;有一定的信息处理能力
超 市	一般采用连锁经营,单店规模较大;组织化程度高;契约能力强;融资能力强;流通技术较先进;信息处理能力强

从现有实践看,以上各类主体以各种方式相互连接成农产品从地头到餐桌的通道,完成农产品流通过程,也就是广义的供应链运作过程。在这样的供应链上,交易伙伴的选择主要服从成本约束和交易习惯,如果用市场驾驭能力、渠道控制能力或渠道支持能力、战略谋划能力、应急处理能力、反馈优化能力等供应链管理的因素来评判,以上主体差异巨大,不加选择是无法实现供应链管理效果的。

(二)狭义概念下的农产品供应链主体集

按照供应链管理一般原理和实践要求对广义概念下的农产品供应链主体进行筛选,对微观农产品供应链管理实践来说十分必要。基于供应链和合作关系的特点以及成功运用供应链管理思想的案例总结,合格的供应链主体应该具有以下特点:

(1)完整的市场能力。首先应该是独立法人,具备市场谈判以及签约和履约能力;其次,对自身的发展应该具有长期战略谋划能力。

(2)信息收集、加工、运用、挖掘、反馈能力。信息技术的运用是实施供应链管理的关键,内部信息集成能力及其与外部信息衔接能力是供应链主体不可或缺的基本能力。

(3)快速响应能力。以规范的内部管理为依托,以更好更快更新的顾客需求响应为核心理念,能根据市场变化进行及时的行为调整,能根据供应链问题诊断结果及时进行流程优化。

(4)竞争与合作能力。供应链的组建是一个选择的过程,主体必须具备与其他市场主体进行横向竞争和纵向合作能力。

用以上四条来衡量,在初始流通环节,小农户不是独立法人,大多凭借经验和常识进行生产,无法快速准确地根据市场情况来调节自己的生产种类和规模,信息匮乏而且滞后,基本没有与其他市场主体的竞争与合作能力,所以不是合格的供应链主体。专业大户在供应规模上具有优势,在商业化运作方面积累起一定经验,更容易成为供应链合作伙伴。专业合作社、家庭农场和企业化生产基地一般具有了上述四种能力,是合格的供应链主体。

在中间环节,从事农产品鲜销的经纪人、依附于批发市场的小规模批发商,组织化程度较低,掌握的资源和信息有限,流通媒介能力较强,增值能力较差,一般很少利用现代信息技术来调配商品、管控销售渠道,很难成为有效的供应链主体。企业化的批发市场组织化程度高,其经营与管理方式统一、集中、规范,作为一个整体组织,具有上述四方面的能力,是合格的供应链主体。供应商、从事农产品加工的加工企业从其性质和经营管理方式来看,符合作为供应链主体的要求。在物流领域,小规模的运输商户、仓储(冷库)商户在当前农产品流通过程中发挥着重要作用,但是由于规模限制,他们的经营是被动的,不稳定的,也没有能力改变现有的地位,他们将成为农产品供应链整合的资源,但不是合格的主体。只有第三方物流企业能够满足作为农产品供应链主体的要求。在零售环节,从专卖店和超市的经营管理特点看,可以成为合格的农产品供应链主体,零售摊贩则不能。

表5—2　狭义概念下的农产品供应链主体集

初始环节	中间环节			零售环节
	鲜　销	加　工	物　流	
专业大户 家庭农场 专业合作社 企业化生产基地	供应商 企业化批发市场	加工企业	第三方物流企业	专卖店 超市

　　狭义概念下的农产品供应链主体将是主体发展的趋势,也是严格的农产品供应链管理所要求的主体,所以本书认为能够参与农产品供应链组织整合的主体主要包括:专业大户、家庭农场、专业合作社、企业化生产基地、大型供应商、企业化批发市场、加工企业、第三方物流企业、专卖店、超市。

(三)农产品供应链的核心主体

1.供应链核心主体的识别

　　识别供应链的核心主体是建立供应链的第一步,可以从核心企业自身条件和供应链管理对其要求两个方面识别供应链的核心主体。

　　(1)作为核心企业应具备的条件

　　一是核心企业必须具有行业影响力。每个主体都有趋利性,它们加入供应链主要看是否有利可图,只有行业影响力比较大的企业才能让追随者看到希望,才会加入供应链。二是核心企业必须具有融合力。融合力主要体现在经营思想、合作精神和企业文化上。核心企业应该着眼于长远利益,发展长期稳定的合作关系,并且它的思想、文化易于被其他主体接受,这样才能有助于发挥供应链的效果。三是核心企业必须具有吸引力。核心企业的吸引力主要表现在两个方面:市场占有率和商业信誉。市场占有率高,商业信誉好,让其他主体有加入供应链的信心,从而有利于建立并持续发展供应链的合作伙伴关系。

　　(2)供应链管理思想对核心企业的要求

　　在供应链中,存在着居于主导地位的企业,它在供应链的运作和管理中起着统领、协调和控制等重要作用。然而,这种核心地位的企业不具有控制其他成员企业的特权,它的存在只是为了更好地协调供应链的运作,以最大程度地发挥供应链这种新型管理模式的效用。

核心企业作为整条链条的推动者和管理者,它的功能的发挥程度决定了供应链运作的好坏以及整个供应链竞争力的大小。因此,作为纽带和管理者的核心企业应该具备几个基本的功能:第一,信息交换中心:通过核心企业把市场的需求信息准确及时地传达到供应链中的相关节点,统筹指导其他主体的生产,提高产品生产的计划性。第二,调度中心:核心企业对物流、配送进行统一调度,以保证供应链链条上各个节点都能在正确的时间得到正确的品种和正确的数量的产品,既不造成缺货,又不造成库存积压,把供应链的总成本降至最低限度。第三,保证中心:核心企业通过科技服务,推广先进生产技术和管理技术,实施全过程质量管理和控制,形成产品品牌经营。第四,协调中心:核心企业作为供应链的发起者,除了要选择合适的合作伙伴,同时也要能够组织协调各个参与主体的活动,发挥战略整合的能力,对整个链条的运行节拍与效率的有效掌控。第五,创新中心:人们的需求快速变化,为了保证整个链条的竞争力,核心企业有能力并且有义务不断地创新发展,并且将新的技术和方法运用到链条的各个环节。核心企业只有发挥了这些功能才能推动供应链的形成并且维系好主体之间的关系,使供应链管理顺利实施。

2. 农产品供应链核心主体的识别依据

上述两个识别标准为识别农产品供应链的核心主体奠定了基础,由于农产品供应链既有一般供应链的共性,又具有自身特性,所以识别农产品供应链核心主体的要求更加严格。农产品供应链的核心主体除了满足以上两个标准,还应该符合以下条件:

（1）有谋求长期利益的诉求

随着农产品流通领域竞争激烈程度的加剧,以及消费者对农产品需求的多样性,需要有能力的企业带动整个农产品行业的发展,农产品供应链管理为农业的发展提供了新的思路。然而有能力的企业是否愿意运用农产品供应链管理思想并建设农产品供应链是个未知数,利润是这些有能力的企业选择是否建立农产品供应链的最根本的诉求。与其他产品相比较,农产品的单位价值不高、价值增值的空间不大,在获得有限利润的同时,还要承担一定的风险,那么这些主体的风险偏好将是影响他们成为核心主体的关键因素。如果这些主体满足于当前的经营收益,认为只要能维持当前的经营就可以,不愿意为了获得更多的收益而承担额外的风险,就不会选择成为农产品供应链的核心主体;如果愿意为了获得更高的利润而开拓创新,承担未知的风险,那么就会选择新的经营方式——农产品供应链管理,成为农产品供应链的核心主体。

（2）有一定的基础设施投入或投入能力

由于农产品容易损耗变质,成熟的农产品需要及时销售,这就造成短期内会有大量的农产品进入流通领域。然而农产品属于人们的日常消费品,消费者对农产品的需求具有持续性,短期大量的供给与长期小量的需求存在矛盾。这就需要核心主体不仅能够保证流通渠道的畅通,还要能够以最低的成本将农产品"储存"起来。在农产品供应链中,核心主体起着"阀门"的作用,调节农产品进入消费领域的时间和数量。

3.农产品供应链核心主体的选择

农产品供应链的核心主体来自于狭义概念下的农产品供应链主体集。在这个主体集中:初始环节的主体尽管掌握着生产,并且有一定的市场地位,但是仍不足以成为核心主体。首先,生产者处

于流通的初始环节,对整个流通渠道的干预能力弱;其次,生产主
体缺少消费者的需求信息,其信息主要集中在生产部分,信息不够
全面;再次,生产主体长期处于弱势地位,行业影响力较小,不足以
协调其他主体;最后,生产主体的资金储备以及资产流动性差,不
足以与其他主体相抗衡。供应商是生产与分销、零售或者加工之
间的桥梁,最大的功能是协调它们之间的供求,农产品的附加值不
会得到提升,而且他们缺乏对消费者的关注,缺少消费者的需求信
息。专卖店的销售范围较小,市场占有率还比较小,协调能力较
差。物流企业在农产品流通中扮演着服务型主体,不参与农产品
的交易,没有所有权。根据上述识别依据可以判断出,这些主体
不能担任农产品供应链的核心主体。至于加工企业、超市和企
业化批发市场,也不是所有都能够成为核心主体,只有龙头加工
企业、企业化批发市场、连锁超市才能成为农产品供应链的核心
主体。

(1)龙头加工企业

一般来讲,龙头加工企业的规模较大,实力雄厚,有较强的市
场力量。在整个农产品供应链中,龙头加工企业连接着零售和农
产品生产者,它一方面了解消费者的需求,有很强的市场意识;另
一方面有能力管理生产(产品标准要求)并且从事品种质量开发
等技术研究与推广。它可以向农产品供应链的上游延伸,重新整
合农产品供求双方的各种资源,包括资金、设备、原料、货源、人员、
专业化管理、信息等,使投入更为合理和有效,有效调控整个农产
品供应链的物流、信息流。加工企业的规模越大,管理水平越高,
对整个供应链产生的动力就越大,生产成本就越低,对市场的拉动
力就越大,就越能保证供应链的平稳运行。而且,龙头加工企业能
够产生更大的增值,带动整个链条的发展。

（2）大型连锁超市

首先，能够对消费者需求变化产生快速反应，大型连锁超市将原来独立企业从事的专业化生产的增值环节"内部化"，超市通过大型加工及配送中心，对农产品进行清洗、分类、加工、包装和配送等增值业务，来保证农产品的品质安全。其次，完善的信息管理系统有助于对销售终端市场信息的采集、分析、加工，得出市场需求的真实结论，并传递给生产基地和农村专业合作组织，缩短了信息流通渠道，减少信息的扭曲程度，保证信息的及时有效传播，并且有效解决了生产者远离市场，不能有效掌握市场动态的问题。再次，配送中心信息平台的建立，增加了超市与生产基地、供应商之间交易的透明度，信息的相互交流形成了双方信任的基础，在相互信任基础上，配送中心专业的购销人员与专业生产基地、合作组织、中间供应商之间建立稳定的合作关系。保障了鲜活农产品供应的稳定性和持续性，同时也保障了鲜活农产品生产农户取得相对稳定的收入，减少了农户生产的市场风险。目前，农产品的销售额在超市全部销售额中占据的比例较小，主要是希望通过销售农产品吸引更多的顾客，所以超市有动力建立农产品供应链。

（3）企业化的批发市场

首先，企业化的批发市场通过建立供应链信息管理平台，并与供应链上其他节点企业相连接，便于内部信息的加工、处理和交换，有利于批发市场与供应链上其他利益主体有效地进行交流，使供需、质量、价格等信息在链条上顺畅流通。采用先进的电子信息技术辅助农产品交易，并且配备完善的物流体系，使得批发市场成为连接生产、加工、零售的物流中心，通过物流中心来整合链条上的资源，使得供应链整体绩效得到提高。其次，企业化批发市场通过与生产基地和专业大户建立稳定的战略联盟关系，保障批发市场交易的稳定性和持续性,此外,批发市场与生产基地或合作组织之间合作关系的建立,在一定程度上克服了渠道利益分配不均的问题,从而保障了农户应得的利益。因此,企业化的批发市场实现自负盈亏,提高了自身的效率,同时可以聚集更多的农产品,使得每个品种每个级别的农产品得到合理的分配,保证农产品在此环节产生更多的增值。

二、农产品供应链组织整合的影响因素

在明确了参与农产品供应链组织整合的主体集后,通过调查问卷和访谈的形式对这些流通主体参与组织整合的现状进行分析,以期为农产品供应链组织整合找到合适的思路。

(一)影响因素的理论分析

农产品供应链组织整合包括两个阶段:一是农产品供应链的建立阶段,二是农产品供应链的稳定运行阶段。因此把影响农产品供应链组织整合的因素分为两部分:影响主体参与农产品供应链意愿的因素和影响农产品供应链稳定运行的因素。

影响主体参与农产品供应链意愿的因素主要包括:一是主体的参与能力,有些主体目前的能力还不足以参与农产品供应链;二是主体的地位,核心主体由于有更多的资源,为了获得更大的收益更愿意促成农产品供应链组织整合;三是对目前收益的满意程度,农产品流通主体越是不满意现在的收益情况,越愿意接受新的管理方式来提高收益;四是资源投入预期,部分主体的硬件设施比较落后,不足以实现双方期望达成的目标,可能会针对自身情况或者为合作伙伴投入额外的资本,引进新的技术或是分享信息,这都

会影响主体促成农产品供应链整合的意愿；五是政策影响，农产品供应链管理是一种新型的合作方式，政府在其中起着重要的作用，所以政策对主体的行为选择有着重要的影响。

影响农产品供应链稳定运行的因素包括：一是双方不希望有资本、信息方面的交集，这会阻碍农产品供应链组织整合的实施；二是对彼此不信任，产生违约情况；三是双方对约定事项的弹性看法不一致，双方难以根据具体情况作出调整；四是一旦发现合作对象的品质没有达到预期的要求，会终止双方的合作。

（二）影响因素的调查分析

1. 调查过程

前文明确了农产品供应链的主体集并将其分为两大类，其中可以作为核心主体的有龙头加工企业、超市和企业化批发市场，合作主体包括合作社、专业大户、家庭农场、供货商和第三方物流企业，这些主体都会影响农产品供应链的组织整合。为了保证本文结论的可靠性，需要对每种主体都将进行调查。在本书写作之前，笔者打算运用问卷加访谈的形式进行调查，并采用计量模型对农产品供应链组织整合的影响因素进行实证分析，遂对每种主体选取了一到两个样本进行调查。调查的过程中发现部分主体虽然运用了类似农产品供应链的合作方式，但是对农产品供应链的实质并不了解；负责人也不愿意告知某些具体数据，使得影响因素不能进行量化处理，预调查的结果不能满足计量模型的要求，未能成功建立计量模型，最后决定对每种主体的情况进行统计分析。

河北省作为一个农业大省，是区域性的农产品集散中心，并且农产品流通模式丰富，流通主体复杂，可以作为农产品供应链组织整合研究的代表性区域。在预调查之后，笔者剔除了不合适的问题,改正了引起歧义的词语,以便问卷更便于各类主体填写。2014年5月开始,课题组在河北省新乐市、青县、定州等地方进行随机抽样,通过问卷及访谈等形式进行调查。

本次调查的对象涵盖了农产品龙头加工企业、连锁超市、专业合作社、专业大户、家庭农场、供应商,被调查者都是各个组织的负责人,对农产品流通问题十分熟悉,因此保证了信息的有效性。本次调查的内容主要包括两大方面:主体的基本情况和有关农产品供应链管理的情况。共发放问卷280份,其中核心主体110份,合作主体170份。核心主体部分收回问卷105份;合作主体部分收回问卷150份。

2.影响主体参与农产品供应链意愿的因素

(1)主体参与农产品供应链的意愿

核心主体与合作主体在农产品供应链中的地位不一样,这会影响主体参与农产品供应链的积极性。在调查中,询问了核心主体建设农产品供应链的意愿,以及合作主体参与农产品供应链的意愿。在所调查的105个核心主体中,71%的核心主体愿意作为发起者建设农产品供应链;150个合作主体中,70%的合作主体愿意参与农产品供应链,这说明大部分流通主体愿意尝试农产品供应链管理,参与农产品供应链管理的积极性都很高。

表5—3　主体参与意愿的统计

主　体	个　数	百分比	愿　　意		不愿意	
			个　数	百分比	个　数	百分比
核心主体	105	41%	75	71%	30	29%
合作主体	150	59%	105	70%	45	30%

资料来源:调查数据的统计与整理。

（2）流通主体的参与能力

前文明确界定了能够参与农产品供应链管理的主体集,但通过调查发现,目前这些主体都共同面临着一些问题:流通设施简单、经营信息少、融资困难、交易客户不稳定等。这些问题制约着农产品供应链的组织整合。

通过对比发现,核心主体比合作主体的流通设施更为先进、齐全,经营奶类、肉类的主体的流通设施比其他主体的设施更为先进。由于核心主体的经营范围广泛,为了降低损耗,保证质量,会有冷库、冷藏车、加工车间、配送中心等设施,而大多数合作主体只有一般仓库、一般运输车等;由于奶类和肉类的保质期很短,经营这些农产品的主体会运用冷链运输技术以保证质量,还有一些附加值比较高的农产品会用冷链运输设施。总体而言,相对于国外,我国的冷链物流还很落后,不符合农产品供应链管理的要求。

随着现代技术的普及,农产品流通主体可以通过多种方式,例如:电话、电视、广播、网络等了解经营信息。虽然方式众多,但是利用率不高。一是部分主体处理信息的手段还比较落后,无法实现自身或者与其他主体的信息交流;二是我国缺少专门发布农产品信息的平台,导致人们不知道去哪里浏览信息或者信息已经过时、不可靠,需要花精力、时间去搜寻、辨别信息。这阻碍了农产品供应链信息系统的建立。

相对于合作主体,核心主体更有能力筹集到银行贷款。大多数合作主体的资金是自有资金,或者有部分民间借贷,少部分合作主体能得到银行贷款,筹措资金的困难限制了合作主体规模、硬件等方面的发展,削弱了合作主体参与农产品供应链的意愿。

（3）流通主体对目前收益的满意状况

让150个合作主体对目前收益的满意状况进行评价,10个合作主体很不满意,110个合作主体不太满意,30个合作主体满意。总体来说,120个合作主体对目前的收益不满意,即80%的合作主体对目前的收益并不满意。在这120个对收益不满意的合作主体中,并不是所有合作主体都愿意参与农产品供应链,其中有90个合作主体即75%的合作主体愿意参与农产品供应链,远高于对目前收益满意的合作主体的参与比率。

表5—4 合作主体对目前收益的满意程度与参与意愿的统计

满意程度	个数	百分比	愿意		不愿意	
			个数	百分比	个数	百分比
很不满意	10	6.7%	5	50%	5	50%
不太满意	110	73.3%	85	77.3%	25	22.7%
满 意	30	20%	15	50%	15	50%

资料来源:调查数据的统计与整理。

同样,让105个核心主体对目前收益的满意状况进行评价,5个核心主体很不满意,45个核心主体不太满意,55个核心主体满意。从表5—5中看出,所有对收益满意的核心主体愿意建设农产品供应链,90%以上的对收益满意的核心主体愿意建设农产品供应链,然而对收益不太满意的核心主体的建设意愿却相对低很多,只有44%。这主要是因为这部分主体认为在不改变其他条件的情况下能够通过自身就能改变目前的收益状况,不需要采用新的合作模式。

一半以上的核心主体对目前的收益满意,远高于合作主体,造成这种现象的原因一是目前合作主体的市场地位不高,对交易没有话语权,这就使得核心主体挤压合作主体的利益;二是合作主体的规模相对较小,生产、经营成本的上升带来的压力更大,而核心主体的实力雄厚,容易利用自身优势实现规模经济,成本压力相对小。

表5—5　核心主体对目前收益的满意程度与参与意愿的统计

满意程度	个数	百分比	愿意		不愿意	
			个数	百分比	个数	百分比
很不满意	5	4.8%	5	100%	0	0
不太满意	45	42.8%	20	44.4%	25	55.6%
满意	55	52.4%	50	90.9%	5	9.1%

资料来源:调查数据的统计与整理。

（4）流通主体额外资源投入的意愿

流通主体愿意促成农产品供应链组织整合并不意味着这些主体就会为促成农产品供应链组织整合而投入额外的资源。意愿到行为的转化存在着障碍,这些障碍也是影响农产品供应链组织整合的因素。调查中设定的投入额外资源包括:执行一定的标准、运用新的技术、特定的投资、分享信息。从表5—6中可以看出,核心主体比合作主体的资源投入意愿强,可能的原因是:第一,核心主体比合作主体期望提高收益的意愿更加强烈,投入新资源是提高收益(市场份额更大、声誉提高、营业收入增加等)有效途径之一;第二,核心主体的资金实力更强,有能力进行自身革新;第三,核心主体的市场地位相对较高,对于投资收益有最强的控制能力。

表5—6 愿意参与农产品供应链的合作主体
与核心主体的额外投资意愿统计

主体	个数	执行一定标准		运用新的技术		特定投资		分享信息	
		个数	百分比	个数	百分比	个数	百分比	个数	百分比
合作主体	105	90	85.7%	85	81.0%	70	66.7%	65	61.3%
核心主体	75	70	93.3%	70	93.3%	75	100%	60	80%

资料来源:调查数据的统计与整理。

核心主体与合作主体相同的地方是,信息分享是最不愿意投入的资源。农产品市场竞争日趋激烈,谁的信息充分谁就占据市场主动地位,一旦分享可能造成信息泄露,影响了自身的竞争力甚至造成巨大的损失。本书把所需要分享的信息分成五类:财务信息、质量安全信息、供求信息、物流信息、客户信息。其中合作主体最不愿意分享的信息是客户信息,占据不愿分享信息个数的75%。由此可见,对于合作主体而言流通渠道是其最重要的财富。而对于核心主体而言最不愿意分享的信息是财务信息,这是由于核心主体的财务信息能够充分反映主体的运营情况,会对合作主体的行为有所影响。但是,所有流通主体都愿意分享质量安全信息,这为保证农产品质量提供了根本保障。

(5)地方政策对流通主体参与意愿的影响

由于主体的规模、功能和各地区的发展状况不尽相同,各地政府对发展农产品供应链有着不同程度、不同方向的激励措施。大部分主体获得了税收减免或政府补贴的政策支持,例如:省级示范社可获得省农民专业合作社扶持资金10万元;被评为省农业局重点项目的合作社可获得1万元;石家庄十佳合作社可获得8万元奖励;被评为农业开发项目可获得国家财政84万元。很少有技术引进或改造、人员培训、特定设施投资等方面的政策支持。尽管税收减免会激励主体参与农产品供应链，但没有其他政策的支持，限制了主体参与农产品供应链的能力。

3. 影响农产品供应链稳定运行的因素

（1）主体间互相投资的意愿

农产品供应链由多个主体组成，根据"木桶原理"可知，农产品供应链上最薄弱的环节对供应链效能的发挥起着重要作用，作为核心主体，有责任帮助实力较弱的合作主体共同完成技术和方法的革新，只有每个参与主体统一步调，才能提升整体的竞争力。我们把核心主体给予合作主体的支援的类型分为两类，一是技术支援，二是资金支援。在愿意建设农产品供应链的 75 个核心主体中，70 个核心主体愿意提供技术支援，只有 40 个核心主体愿意提供资金支援。核心主体往往只倾向于提供技术支援，不愿意提供资金支持。根据前面的总结可以看出，合作主体本身就难以筹集到资金，核心主体也不愿意支持，这使得合作主体难以进一步完善自己的设备设施。同样，愿意参与农产品供应链的合作主体中，93.3%的合作主体乐意接受技术支持，有 46.7%的合作主体不愿意接受资金支持。这说明不论是合作主体还是核心主体更倾向于拥有对资产的完全掌控力，不希望在资金上互相有所投资。

表5—7　核心主体对合作主体的支持意愿统计

资源类别	愿　意		不愿意	
	个　数	百分比	个　数	百分比
技术支援	70	93.3%	5	6.7%
资金支援	40	53.3%	35	46.7%

资料来源：调查数据的统计与整理。

（2）信任情况

根据合作的紧密程度我们将合作方式分为四类：以信任为基础的口头约定、合同、互相投资、为维持关系进行特定投资。从表5—8中可以看出，大多数主体选择通过签订合同来维持客户关系，很少有主体选择后两种合作方式，这与前面调查到的主体对资产有很强的掌控意愿是一致的。同样，很少的主体选择了口头约定，这一方面反映了现在的合作主体之间信任的缺乏，另一方面也说明部分主体不愿意被农产品供应链所羁绊，存在着道德风险。相对于其他三种合作方式而言，合同是双方经过协商达成统一所签订的，具有法律效用，能够约束交易双方的行为，并且合同的期限弹性相对较大。

表5—8 主体对合作方式的选择统计

主体	口头约定		合 同		互相投资		特定投资	
	个数	百分比	个数	百分比	个数	百分比	个数	百分比
合作主体	10	9.5%	80	76.2%	10	9.5%	5	4.8%
核心主体	5	6.7%	50	66.7%	20	26.6%	0	0

资料来源：调查数据的统计与整理。

尽管合同是大多数主体愿意选择的合作方式，但也存在着违约情况，这会对农产品供应链的稳定性造成极大的影响。造成违约的原因可能是：不执行约定的价格，不能真实分享信息，不能执行既定标准，选择其他更好的市场机会，不能获得更好的收益，合作获利分配不均等。其中合作主体最担心的因素依次为不执行约定的价格、合作获利分配不均、不能获得更好的收益。合作主体认为他们处于弱势的一方，容易被核心主体挤压利益。核心主体最担心的因素依次为不执行约定的价格、合作获利分配不均、不能执行既定的标准。核心主体担心自己的投入没有获得相应的回报，合作主体不按照既定标准提供货物会影响经营。

（3）约定事项的弹性

根据调查结果统计,38.1%的合作主体拒绝在合作过程中修改约定事项,一半以上的合作主体希望约定事项能依据情况来相应调整,比如产品价格和品质标准。因为农产品的生产与工业品相比有更多的未知因素,受自然环境影响较大,产品的价格也应按照当时的情况合理变动。在核心主体中,只有20%的核心主体选择了拒绝修改约定事项,其他主体希望价格和结款期限的弹性应该大一些,这一是由于核心主体的议价能力较强,二是可以提高资金的流动性。

（4）对合作伙伴的要求

供应链主体的品质是影响主体之间合作紧密程度的重要因素,一旦合作伙伴没有达到预期的品质要求,可能会影响农产品供应链的稳定运行。本书将交易对象的品质分为以下几类:产品质量、供应能力、信息化水平、信誉、增值能力、管理兼容性、合作精神以及影响力,让被访对象在其中最多选择两项。在所调查的愿意建设农产品供应链的75个核心主体中,选择"产品质量"的核心主体有70个,选"信誉"的核心主体有65个;在所调查的105个愿意参与农产品供应链的合作主体中,90.5%的合作主体把"信誉"看做选择合作伙伴的最主要标准,85.7%的合作主体选择了"产品质量"。这说明产品质量和信誉是双方顺利交易的基础。

（三）组织整合的障碍

农产品供应链组织整合是一项艰难的系统工程。任何导致供应链中各成员只关注自身利益最优化或行为目标分歧及不确定性

增加的诸种因素,都能够成为影响供应链整合的障碍。通过上述的调查发现这些因素中主要包括:

1. 仓储能力低

通过对参与主体基本情况的调查发现,大部分参与主体的流通设施还很落后,没有能力对产品的数量和质量有计划地进行调配,尤其对农产品仓储的关心程度很低,这对农产品的供求有很大的影响。尽管农产品经营管理逐步向需求管理转变,但是由于农产品的供应能力基本确定,而且大众的需求不是完全不可控的,所以仓储就是解决供需问题的关键之一。除了核心主体会建立一定的仓库之外,合作主体只关心一时的买卖忽视掉了仓储,导致有时候只能低价出售商品。

2. 各种不确定性

农产品供应链中存在诸多的不确定性因素,从来源上可分为来自供应链外部的原因和来自供应链内部的原因。外部原因一般主要由不可抗力如自然灾害、国内外经济环境与政策等供应链成员不可控制的因素而导致的不确定性。内部原因则主要表现为内部的衔接不确定性和运作不确定性。衔接不确定性是指供应链主体间因"牛鞭效应"等因素的影响而带来合作上的不确定;而运作不确定性是指供应链组织间在经营能力(如生产供给能力、技术更新能力)、管理制度(如库存与采购制度、财务制度)及运输等方面缺乏有效控制机制,由个别供应链节点成员的违约或自身协调能力与整体供应链不匹配进而导致供应链系统运行的不稳定性。当供应链运行不稳定时,若链内各成员相互推卸责任,把自身行为失误所带来的问题归咎于其他成员,或相互信任程度下降时,会导致供应链内的各成员以整链利益为代价的投机行为和重复性工作,进而加剧供应链运行的不确定性。这使得一部分参与主体不相信农产品供应链管理能够顺利地实施,以至于不愿意参与进农产品供应链。

3.风险共担难度大,相互依赖性低

供应链整合强调链网上企业间的合作与整体业务的协调,但是相互作用的企业间在组织、文化和目标等方面的动机差异或其他因素综合作用而产生的冲突,都可能成为整合的障碍。首先,参与主体间不一致的所有权使各企业更容易从自身利益目标最优化出发,做出具有排他性的不利于整体供应链的决策或行为,所以彼此之间不愿意有固定资产或是资金的介入,防止对方的干预。其次,由于供应链中的各成员企业分别来自不同的组织,考虑问题的侧重点不同,面对问题有不同的解决方案,所以不愿意实施单一的管理制度,这会使得一部分参与主体在合作过程中会自觉或不自觉地产生惯性防卫心理与行为,导致一定程度的心理和行为等冲突。冲突程度越高,供应链各成员越容易采取那些增加供应链合作变动性或致使总利润下滑的行为,进而影响供应链整合效果。

4.信息不对称或传递障碍

信息不对称或传递障碍主要指市场需求与管理等信息在供应链单个主体内部、供应链主体之间传递过程中发生的失真或扭曲,进而导致供应链生产供给或订货量等环节不确定性增加。供应链中的企业多数依据毗邻企业的需求进行独立决策,很少与其他成员协商,这使得终端需求的微小化传递,在源头企业会出现不同程度的放大。该效应的需求信息失真增加了供应链库存并占用企业更多资金,进而降低企业反应市场的能力。另一方面,当供应链各成员因单方面采取促销行动而扩大特定订单规模时,如果这些信息不能被整个供应链成员共享,会导致链内订单规模的大幅波动,并加剧供应链的进一步失调。

5.利益协调困难

核心企业在市场中占据主导地位,为了增强自身的竞争力获得更多的利益,就需要降低交易成本,这就有可能侵犯合作主体的利益。由于企业追求的目标是自身利润最大化,这可能和供应链共同体追求的系统最优目标相违背。因此,有必要建立一种利益协调机制,对为了实现系统目标而使个体目标受损的企业给予一定的补偿,这种补偿来自从供应链系统优化中获益较大的那些链节企业。比如供应链的主导企业为了快速响应与满足市场需求,会要求供应商或上游生产者提前或准时供货,由此势必增加供货成本,这就要求主导企业从快速响应与满足市场需求而获取的超额利润中适当让利,给予其供应商或上游生产者一定的补偿。大部分的合作主体担心自己的权利是否会被核心主体挤压,而核心主体面对合作主体的要求大多数采取拒绝的态度,致使了核心主体的功能不能发挥出来。

三、农产品供应链组织整合的框架和思路

由以上分析可见,从主体角度来看影响农产品供应链组织整合的因素有很多,最主要的是合作主体和核心主体之间的矛盾。由于每个主体的功能、规模、渠道权利等不同,所以要针对不同的合作形式、不同的主体分别找到影响他们参与整合的原因。

(一)农产品供应链组织整合的基本框架

农产品供应链组织整合的实质是通过供应链管理思想使链上的流通主体达到一种有序的状态并协调运作,其目的是提高流通效率和主体收益。

1. 农产品供应链组织整合的原则

(1)简洁性原则。为了能使供应链具有灵活快速响应市场的能力,供应链的每个节点都应是精洁的、具有活力的、能实现业务流程的快速组合,减少不必要的环节,降低风险。在每个链条上多一个交易环节或者在同一环节中多一个参与主体就会多一份不确定性,影响整条链条的竞争力。

(2)互补性原则。供应链上的各个节点都应该只集中精力致力于各自核心的业务,充分发挥自己的功能。主体之间功能互补,减少重叠部分,使它们组成的链条能够顺利完成农产品流通的过程。

(3)动态性原则。每个核心主体在不同的阶段经营不同的农产品时选择不同的交易方式和合适的合作伙伴来完成流通的过程,保证强强联合,达到实现利益最大化的目的。

2. 农产品供应链组织整合的理论模型

近些年来随着消费者需求的不断变化以及信息化的高速发展,大众化的农产品已经不能完全满足消费者的需求,农产品流通的主导力量正在由"供给推动"向"需求拉动"转变,但由于农产品供求的特殊性,仍以"供给推动"为主,两种不同的主导力量促使农产品供应链组织整合的方式分为两类。在产品从生产者到消费者所贯穿的整条农产品供应链上,主体间合作时依靠开放的市场机制进行交易的契约关系比较普遍。随着合作密切程度的不断加深,节点间形成的伙伴关系也会向以"利益共享与风险共担"为特征的方向演化。由农产品供应链主体间合作密切程度的差异所形成的整合运作模式可以有以下类型:

(1)以契约为纽带的半紧密型整合模式

在此种模式中,合作主体与核心主体主要通过契约来维持彼此之间的合作关系,这种方式更适合"推动式"的发展。以契约作为纽带可以在相对长的时期内维持主体之间的合作,但又不会妨碍主体寻找更合适的合作伙伴,适合附加值较低的农产品,这样降低了主体的市场风险。通过调查显示这也是参与主体最愿意选择的合作方式。契约具有一定的远期合约的性质,这种方式消除了生产的盲目性,使需求信息准确性提高、信息扭曲程度减少,因而生产计划可以得到落实。同时又能满足市场需求,使整个系统步入一个协调同步运作的良性循环。实践中,订单农业和订单式团体配送就体现了此种模式。在此种模式中,超市、加工企业以及企业化的批发市场是农产品供应链中的核心企业,当一条农产品供应链中同时存在这三者中的两个或三个的时候,越接近客户同时渠道权力越大的主体会成为重中之重。因为这些主体能够掌握更多的信息也更有能力调动其他主体的积极性,产生更多的增值。

(2)以特定投资为纽带的紧密型整合模式

以特定投资为纽带的紧密型整合模式适合长期合作,做到"利益共享、风险共担",能够对消费终端需求及时做出响应的一种供应链整合运作模式。这种模式与前述的"拉动式"模式有许多相像之处,如以需求为导向,对农产品供应链参与主体的相应整合能力有较高要求,节点间主体通过密切协同合作实现主要业务流程的高度综合化,使农产品供应链拥有相应的整合管理平台(如及时的信息沟通平台、高效的物流配送平台乃至顺畅的资金流动平台等)。该模式是供应链整合运作模式发展的高级阶段,是最具供应链整合本质并代表农产品供应链发展方向的一种模式。当然,这种模式的形成要受到相应产品需求层次的差异化程度以及农产品经营中涉及的制度结构的复杂性等多种因素的制约。

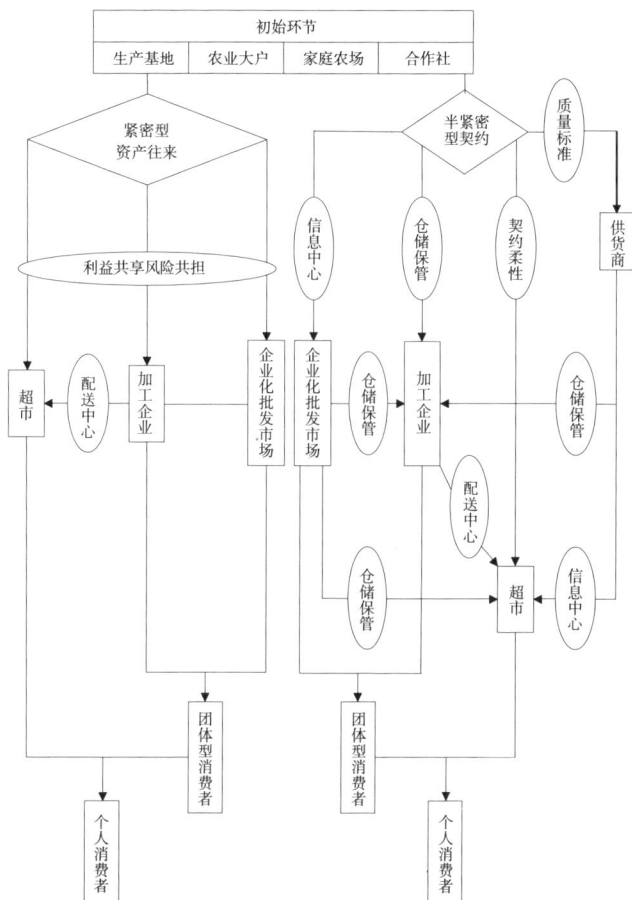

图5—1 农产品供应链组织整合实现路径

3.农产品供应链组织整合的实现路径分析

在不同的整合模式中,实现农产品供应链组织整合的途径并不完全相同,如图5—1所示,需要依据整合对象选择不同的实现路径。

（1）半紧密整合模式的实现路径

以超市为核心的农产品供应链中,农产品生产源头的四种主体、供货商、加工企业和企业化的批发市场都有可能成为它的供货主体。在中国,经由超市销售的农产品的比例很低,很多超市希望通过相对便宜的农产品来吸引消费者以便销售其他的产品。一般由生产源头直接与超市对接的农产品大多数是生鲜类,生产者会急于销售出去,超市运用它的渠道权力就会在一定程度上损害生产者的利益,因此两者最主要的矛盾在于契约的柔性。比如在价格、结算方式或者结算期限等方面让利给生产者,降低违约率,同时超市也应该言而有信,不能随意违约。如果是保质期相对较长的农产品,超市的首选供货对象是加工企业,两者之间合作类似于制造业供应链,配送中心对于两者之间长期合作有重要的影响。当超市与生产者直接合作的成本较大时,有必要引入中介组织,比如供货商或者企业化的批发市场。供货商的市场地位较高,交易能力比较强,他们掌握了更多的供给信息,这需要超市为之提供相应的需求信息才能保证流通的通畅,所以信息平台的建立尤为重要。企业化批发市场与超市在市场地位、能力或者信息化程度方面都势均力敌,两者都想降低自己的经营成本,仓储保管方面是经营成本的重要组成部分,两者应该在仓储保管方面作出明确的责任界定。

在以加工企业为核心的农产品供应链中,它的供货主体是生产源头的主体、供货商或者批发市场。可以将加工企业分成两类:初加工为主的加工企业和深加工为主的加工企业。初加工只是改变了农产品的物理属性,并不能延长农产品的保质期。深加工能够在原有基础上延长一定时间的保质期限,但作为食品仍有期限限制。然而加工企业不会依照农产品的生产周期来进行运营,所以仓储保管对加工企业来说至关重要。加工企业作为农产品的需求方和集散地,仓储保管是它与供给方连接的桥梁,而且能够在一定程度上平衡农产品的供需,降低了生产不确定性带来的风险。对于实力较弱的供给方来说,能够保证他们的销售渠道稳定性以及减小销售价格的波动。在以企业化的批发市场为核心的农产品供应链中,它处于整个链条的中间环节,既是需求方也是供货方。企业化的批发市场对生产信息的了解比其他主体更加全面,也对市场需求的走势非常了解,能够引导农产品的流通。与企业化的批发市场最为密切的就是农产品的生产者,处于生产最源头的主体最需要的就是更快更新的信息,批发市场应该为之提供足够的信息来引导农产品的生产,信息中心的建立是两者顺利合作的关键。

（2）紧密型整合模式的实现路径

在紧密型整合模式中,核心主体只会直接与农产品生产源头合作,"利益共享、风险共担"机制的确立是实现这种模式的前提。实施农产品供应链管理时,核心主体要改变传统的买卖观念和思维方式,要与合作主体共担责任、风险和成本,同时共享成果与收益。只有在主体间建立了这种合作与信赖关系,供应链的运作效率才能得到保证和提高,主体才能赢得长久的竞争优势。我国大部分农产品流通主体之间尚未建立战略合作伙伴关系,甚至双方处于利益对立状况,双方在价格上进行博弈,把渠道伙伴作为产生利润的来源,导致双方无法建立互相信赖的协作关系。当日现货交易机制又决定了只能存在单纯的竞争关系,不可能存在合作与协作,只能追求眼前利益,而不能考虑长期利益。

（二）促进农产品供应链组织整合的建议

1.培育合格的农产品供应链主体

（1）提升核心主体的增值能力。目前,我国农产品的产值主要在原产地周边实现,绝大多数以采购后的原始产品形式出售,各种加工产品比重较小。资料显示,中国农产品加工前后增值比为1∶1.8,而美国为1∶3.8。中国农业与食品工业产值为1∶0.31,美国为1∶2.7,日本为1∶1.22。要想提高农产品的附加值,使整个农产品供应链获得更大的利益,一是实现部分农产品初加工。核心主体可以将部分果品经过清洗、打蜡、分级、包装后投入市场,提升果品的附加值;可以将蔬菜分级、整理、清洗、沥干、切分或不切分、小包装、精包装后上市。二是发展农产品的深加工技术。核心主体需要实现"创新中心"的功能,利用技术大幅度提升农产品的附加值,延长农产品的保质期限,平衡鲜销产品和加工品的供给数量。核心主体是农产品供应链中最有能力提高农产品附加值的主体,对整个链条实现利益最大化起着决定作用。

(2)提高主体的组织化、现代化程度。市场竞争必然走向集中,优胜劣汰的规律首先表现在经营者规模经济效益上的较量,竞争必将导致许多小规模经营者无法支持而退出市场,所以中国的农产品流通主体必须要尽快提升组织化、规模化、现代化水平。一是,政府通过立法和政策,在市场准入、信用担保、金融服务、人才培训、技术改造等方面给予扶持,引导和激励流通主体组织化、现代化发展。二是,行业协会应该加大技术传播力度,培养人才协助流通主体更好地发展,帮助流通主体做到农产品质量等级化、包装标准化和经营规范化,鼓励农产品电子商务的发展。

在提高主体组织化、现代化程度的过程中,仓储建设是必不可少的环节。由于农产品的保质期相对较短,而人们对农产品的需求是持续不断的,这就需要保证适当的库存尽量延长农产品的保质期。现代化的仓储设施是实现这个目标的有效途径,这不仅能够降低生产的风险,防止被动出售农产品,还能降低损耗。就流通主体自身而言,一是每个主体应该充分利用已有资源或进行升级改造来提高使用效率;二是核心主体应该协助紧密程度高的合作主体完成仓储设施的升级改造。在此同时,政府对建设先进仓储设施的主体给予政策上的支持,降低他们贷款建设的难度。

(3)大力发展第三方物流。在调查中也发现,很多主体都有自己的物流设施,但是都很简单落后,而且流通主体的设施在某种程度上有重复,很少使用第三方物流。在上述两种模式中,都应该引入第三方物流企业。第三方物流企业通过专门的物流通道运送农产品,物流过程不再被分隔成若干段;使加工企业等摆脱高物流成本,集中精力专注于自己的核心业务;可以更好地满足顾客的专门化、个性化需求,更符合顾客价值导向的供应链管理;在专业化物流体系下,为形成规模经济,物流主体有动力致力于物流专用设备的投资、物流技术的研究开发、物流专业人员的培养,不断提高自身的物流水平和物流效率。目前来看,可以将部分批发市场改造,依托原有的集散功能,吸引运输公司,充分运用计算机技术,建成第三方物流公司;鼓励小规模的物流公司整合、升级,运用规范、先进的流通设施提供服务。

2.加强核心主体与合作主体的合作

(1)统一质量标准。质量标准是契约中非常重要的内容,不同的主体对不同规格的农产品的价值有不同的看法,这常常是核心主体与合作主体之间争议最大的地方。除此之外,农产品的流通范围非常广泛,统一的质量标准是实现农产品无障碍流通的一大途径。首先,在借鉴已有的一些国际标准的同时结合中国的情况,完善中国的农产品质量标准体系,以使流通有据可依;其次,推进农业的标准化生产;再次,建立农产品物流体系,确保农产品的质量标准。

（2）促进信息共享平台的建立。农产品供应链管理的一大特点就是实现信息的共享、信息流的通畅。实现此目的不仅需要主体间的共同努力也需要政府给予一定的支持。作为农产品供应链的参与主体，要充分利用计算机网络技术，改变传统的信息加工和传递的方式，并且要保证每个主体不会泄露所在供应链其他主体的核心信息，维护其他主体的利益。核心主体作为农产品供应链的"信息中心"，要加大对信息处理技术的投资，实现供应链内部信息的整合。在此同时，国家除了鼓励供应链主体建立内部信息共享平台，并给予一定的政策支持外，还要整合各方资源建立公共的信息共享平台，促进农产品流通的发展。

（3）完善利益共享风险共担机制。这种机制可通过以下几种途径实现，一是核心主体与合作主体之间有股份上的交流，进行一定的专用资产的投资，引入期权合约的思想，或是设立某种农业产业化基金等措施。这种机制能够有效约束主体的行为，降低违约率，实现农产品无障碍流通，增强了主体间的紧密程度。

（4）政府加大支持和监管力度。农产品供应链的建设离不开政府的支持和监管，无论是美、日，还是法、德等欧洲发达国家，政府都非常重视农产品流通，并作为农产品流通的服务者和监管者，在农产品流通中发挥重要作用。借鉴国外的经验，首先，政府通过立法，规范和保障农产品流通。其次，政府通过完善农产品流通基础设施，包括铁路、高速公路、港口、物流中心等，为农产品流通创造良好的硬件基础。再次，建立完善的农产品流通监管体系，对农产品流通进行全过程的监管。最后，除了对农产品流通主体进行财政补贴外，应注重生产技术的传播和人员培训，促进农产品供应链组织整合。

第六章　农产品供应链信息整合

供应链中存在着商流、物流、资金流和信息流,其中信息流是供应链管理的关键要素,信息是供应链参与主体相互沟通的纽带和桥梁,各参与主体的行为都是由信息引导的。及时而准确的信息是指导供应链参与主体做出正确决策的依据,可以提高整个农产品供应链的运行效率和响应速度,所以供应链管理中信息管理至关重要。而在当今农产品流通领域,农产品的相关信息始终处于分散、凌乱、滞后甚至是虚假的状态,真正的农产品供应链信息管理任重道远。因此,本章将从供应链整合理论与信息传播理论相结合的视角来研究我国农产品供应链的信息整合。

一、农产品供应链信息管理现状分析

近年来,农产品流通领域一直是问题频发的重灾区。运用供应链管理思想来解决这些问题,已经成为了许多学者所达成的共识,其中高效的信息管理又是供应链管理思想在农产品领域成功应用的关键。但是由于我国的特殊国情使得农产品供应链管理思想没有真正发挥作用,农产品供应链信息管理现状堪忧。

(一)农产品供应链信息管理现状

1. 农产品供应链信息管理总体情况概述

第一,农产品供应链参与主体信息化水平有所提高。近年来随着国家对农业信息化的重视,农产品供应链信息化水平有所提高。目前,一些大型的农产品加工企业、农产品零售企业、农产品物流配送中心以及一些专业化批发市场等信息化水平都比较高,以上农产品供应链的参与者都具有一定的组织化和规模化程度,也都十分重视信息管理在日常管理中的重要性,信息化水平较高。

第二,农产品相关信息的采集和信息加工率逐步上升。信息采集是供应链信息管理的基础,信息加工是信息管理的重要环节。全国100%的省级农业部门设立了开展信息化工作的职能机构,97%的地市级农业部门、80%以上的县级农业部门设有信息化管理和服务机构,70%以上的乡镇成立了信息服务站,乡村信息服务站点逾100万个,农村信息员超过70万人[①]。这些机构和人员都定期进行涉及农产品生产和流通信息的采集工作,并按照一定的方式进行加工处理。

第三,农产品信息传播制度初步形成。农产品供应链上的信息采集、加工的最终目的是为了信息能以合理的手段传播出去。目前,信息的传播渠道除了传统媒介之外,还有以互联网为代表的新兴传播渠道。传统的信息传播渠道主要包括:报纸期刊、电视、广播、手机通讯、电子显示屏等;新兴传播渠道主要是与互联网相关的网站、信息服务中心等。目前在农产品供应链上已形成了传统媒介与新兴传播渠道相结合的传播机制,农产品供应链上的信

---

① 李道亮:《中国农村信息化发展报告(2010)》,北京理工大学出版社 2011年版。

息发布的时间、内容基本得到确定,并可以及时进行传播。

2. 农产品供应链信息管理存在的问题

虽然我国农产品信息化管理有了较快的发展,但是从整体和长远角度来看,现阶段我国农产品供应链信息管理还是存在着一些问题。

第一,农产品供应链参与主体间信息不对称。信息不对称是指在市场交易活动的过程中,交易双方所掌握的影响交易活动的信息存在着差异,交易的一方所掌握的信息明显多于另一方,从而导致了信息优势方受益,信息劣势方受损的局面。农产品供应链就是由诸多的交易环节构成的,在每个交易环节都存在着信息不对称的现象。信息不对称产生的原因主要有两方面,一方面,社会化分工越来越专业,使得参与交易的各主体只对自己擅长的领域拥有相应信息的占有权,比如,在农产品供应链各参与主体中,处于供应链上游的各主体,由于离农产品生产端较接近,促使其对农产品的供给信息比较了解,而处于供应链下游的参与主体可能了解更多的是农产品的需求信息和市场信息。另一方面,各交易主体之间的关系是竞争远大于合作,追求自身利益最大化的心理促使双方都希望较多地了解交易信息,希望通过完备的信息来减少自己决策的失误,同时又都希望对方较少地了解信息,这种心态造成了交易双方采取多种手段来对敏感信息进行保密,使本该公开的信息变成保密信息。

这两方面的原因交织在一起共同导致了农产品供应链上的信息处于一种极端不对称的局面,进而导致了农产品供应链上的信息流通不畅、信息时滞严重,出现了逆向选择和道德风险问题,增加了整条供应链的不确定性。

第二,农产品供应链中存在信息缺失与信息失真现象。在农产品供应链上一方面存在着大量的失真信息,另一方面一些关键的信息存在着缺失的现象。信息失真不仅包括传统的"牛鞭效应",还包括参与主体为了保障自身利益最大化而故意编造的虚假信息。由于信息不能及时共享,供应链上的参与者在得到下游反馈的需求信息之后,都会结合自身的经营情况对需求信息进行加工,再把加工之后的信息传递给其上游的主体,需求信息在经过这样一个自下而上的传递过程之后变得严重扭曲,这种现象被称之为"牛鞭效应"。而虚假信息就是故意捏造一些有利于自身利益最大化的信息,比如,农产品销售者为了尽快将产品销售出去,可能会对农产品的质量和品质方面做出虚假的承诺信息来误导消费者,达到自己的目的。而关键信息的缺失,本质上来说亦是因为交易主体的"经济人"心理作祟,每个交易主体都希望自身利益最大化,都有隐瞒对自己不利的信息的倾向,再加之农产品供应链系统本身缺乏有效的监督和控制机制,使得农产品供应链信息缺失现象严重。

近年来,一些农产品的价格起伏较大的现象就是农产品供应链信息失真及信息缺失的一个具体表现,例如,前几年的绿豆、大蒜、大白菜和近几年的生姜、猪肉等农产品,其价格都是忽高忽低,起伏不定。影响农产品价格变动的因素有很多,但是农产品供应链的信息失真和信息缺失无疑加重了价格波动的程度。由于准确的需求信息没有及时传递到农产品生产端,所以农户的生产计划都是比较盲目的,一般会根据上期的价格水平和有限的信息反馈来安排生产。当一种农产品价格上涨之后,由于其他影响价格的关键信息的缺失,再加之媒体的炒作,使得农产品的生产者不清楚具体是什么原因导致了农产品的价格上涨,而盲目地扩大种植面积,最终出现了供大于求的状况,农产品价格下跌,农民损失惨重。

之所以出现这种情况,归根结底还是因为农产品生产者不能获取供应链上的全部信息,比如,农产品的当期产量信息、农产品收购价格信息、农产品库存量信息、居民收入增长信息等影响价格变动的信息,只是获得了有限的价格反馈信息,而由于这些信息的滞后性、失真性,使其不能发挥真正作用来指导农民生产。而农产品供应链上的每个交易环节都存在的信息失真与信息缺失降低了供应链整体的运行水平和竞争力,急需借助先进的理论和技术对信息进行整合,以达到提高供应链整体运行效率的目的。

(二)农产品供应链信息整合的目标

只有对农产品供应链信息进行整合来重塑农产品供应链信息管理系统,才能解决现阶段农产品供应链信息管理存在的问题。农产品供应链的核心参与主体和政府部门应该通过信息处理技术和信息管理平台对农产品供应链上的信息进行整合,通过对信息进行整合来形成统一的信息管理系统,使供应链上的信息处于一种完整、顺畅、双向流动并动态平衡的状态。并且通过统一的信息管理系统来指导农产品供应链上的商流和物流活动,使农产品实现从生产者到消费者整个流通过程的增值,使供应链上的各参与主体实现各自的利益诉求,笔者认为这是农产品供应链信息整合的根本目标。整合之后的农产品供应链信息通过指导供应链上的商流和物流活动来实现农产品供应链增值,并实现供应链参与主体的利益诉求,具体的实现方式如下:

首先,供应链信息整合之后,形成了系统的收集、处理与传播机制,对农产品生产者来说,有利于增加其收入,减少其市场风险。由于农产品的消费者非常分散,消费者的需求更是千差万别,这些都导致了来自终端的需求信息无法顺利传递到农产品的生产端,使需求信息不能指导农民的生产活动。目前农产品生产者的生产计划都是凭上期的收入情况和有限的、零散的信息反馈来决定的，这样难免会存在盲目性，使农产品出现滞销的现象，农民会承受较大的市场风险。而供应链信息整合之后，农民在安排下期的生产活动时能够从供应链信息管理系统获得该种农产品本期的产量、成交价格、目前在库产量、往年的消费数量、生产技术及疾病防治等信息。这些全面的、准确的市场信息都能使农民生产出符合市场需求的农产品增加其收入，同时还能减少农产品生产者的市场风险。

其次，供应链信息整合之后，农产品消费者可以从统一的信息管理系统来获取农产品的质量信息，使消费者能获得质量安全的农产品，提高其满意程度。消费者的购买行为对农产品供应链的所有参与主体都至关重要，供应链上各主体最终的收益取决于消费者的购买意愿。目前农产品供应链上信息流通不畅，农产品消费者只能通过自身经验来判断产品的质量，消费者能直接了解到的关于农产品的信息只有价格信息，其他关于农产品的质量信息一概不知，再加之劣质、有毒农产品经媒体曝光之后，使其对消费的农产品质量失去信心，影响了购买行为。而农产品供应链上的信息经过整合之后，农产品的消费者能够获得关于所消费农产品的生产时间、产地、价格、生产方式、运输方式、存储方式、安全检测等信息。消费者通过对这些信息的获取、判断来决定以什么价格来购买多少数量的该种农产品，真正做到了农产品的优质优价，同时也增加了消费者对农产品质量的信任，满足了消费者追求质量安全的农产品的诉求。

最后，供应链信息整合之后，对于其他农产品供应链参与者即从事农产品流通领域的各级流通商来说，其经营活动得到了指导，提高了其经营效率,提高了其经营利润。目前来看,农产品供应链的各参与主体只是和与自己有业务往来的主体进行信息交流,而对于整个供应链上的信息知之甚少。农产品供应链的信息不能指导商流和物流活动,使农产品的流动带有一定的盲目性。供应链的信息经过整合之后,农产品供应链的所有参与主体都会根据获得的需求和供给信息来合理安排自己的经营活动,通过各环节的信息及时交流来减少农产品流通的时间,提高其市场适应能力,增加其利润。

总之,农产品供应链信息整合的目标就是希望通过整合供应链信息,形成统一的供应链信息管理系统,使供应链上的信息达到一种完整、通畅的状态,使供应链上的信息发挥其指导供应链参与主体的商流和物流活动的作用,使农产品在供应链运行过程中实现增值,使供应链上的各参与主体实现各自的利益诉求。

二、农产品供应链待整合信息及其分类

供应链上的各主体间的互动和交流都是通过信息传播来实现的,没有信息的共享和传播,供应链上的各主体与要素之间就会形成彼此孤立的片段,所以供应链管理顺利实施的关键在于供应链中的信息管理。由于农产品区别于工业品的特性,使农产品供应链上的信息有别于一般工业品供应链信息。农产品供应链上的信息构成要远复杂于一般供应链信息,主要是因为我国农产品供应链环节众多,每个环节的参与主体不仅数量大,而且规模还比较小。农产品供应链信息整合的前提是需要明确在农产品供应链上都存在哪些有别于一般供应链的信息,同时还需要将这些信息进行分类,通过信息分类可以使农产品供应链上复杂的信息简单化、

明朗化,可以使供应链参与主体充分认识到供应链信息的价值从而实现供应链信息的高效管理。因此,本节将重点介绍农产品供应链上的信息,并进一步将这些信息分为链内信息和链外信息两大类。

(一)农产品供应链信息集

企业自身单打独斗去参与市场竞争的时代已经过去,在现代经济社会,更多地强调的是供应链的竞争。可以把供应链看做是一个范围更广的虚拟组织,就农产品供应链而言,则可以把农产品的生产者、加工商、运销商、零售商和最终消费者纳入到一个紧密的体系当中,通过整体的协同运行来获得单个企业无法获得的竞争优势。农产品供应链本质上是由多个交易环节构成的,每个交易环节都会产生大量的物流信息和商流信息。除此之外,各供应链参与主体都需要其他一些与其自身生产经营活动相关的宏观类信息。所有的这些信息共同构成了农产品供应链的信息集,笔者将这些信息分为链内信息和链外信息两大类。一般来讲,对于任何一条农产品供应链来说,供应链的上下游之间进行交易活动都是由一定的信息沟通来完成的,通过不同信息间的沟通使得供应链上的各个交易环节能顺利进行。这类能促进交易进行,并保障供应链协调运行的信息可以称之为链内信息。而链外信息则是指宏观的,对所有农产品供应链参与主体生产经营活动都产生影响的信息。

由于农产品本身不同于工业品的自然属性,导致了农产品供应链的特殊性。进而导致了供应链上的信息不是呈现简单的链式结构,而是表现为错综复杂的网状结构。整体来看,农产品供应链的信息集呈现出了分散性、复杂性和更新快的特点。一方面,信息贯穿于农产品流通的全过程,加之我国从事农产品流通领域的参与主体规模都比较小,势必会造成信源分散且数量庞大的现状,进而导致了农产品供应链上的信息十分分散和复杂;另一方面,由于农产品的自然属性使得大多数农产品的保质期很短,这就对农产品的存储和运输提出较高要求,既要求运输时间快又要求运输和存储过程中损耗低,因此就需要精准的、高效的信息来进行指导,所以农产品供应链信息更新速度较快。正是因为在农产品供应链上各类信息的错综复杂性和对信息需求的精准性之间存在矛盾,所以,需要对农产品供应链上复杂的信息进行梳理和提炼,提炼完成后在对其进行整合以满足信息需求者的精准性需求。

笔者把整个农产品供应链分为3个环节,包括:生产环节、流通环节和消费环节。再从参与这3个环节的各类主体的需求角度出发,梳理出了农产品供应链上所包含的信息。农产品生产阶段的参与主体是农产品生产者,其需求度最大的是农产品的生产技术信息、农产品需求信息和与农产品生产相关的宏观类信息,宏观类信息主要包括国家有关农业领域的法规政策、气象信息和市场信息等,这些信息影响着农产品生产者的生产活动,进而直接决定着市场上农产品的供应量。农产品消费环节的参与主体是消费者,对其最重要的信息则是农产品质量信息和价格信息,这些信息影响着消费者的消费行为。农产品的流通环节是农产品实现增值的重要环节,在这一环节的参与主体主要是各级农产品流通商,其组织化程度要明显高于农产品的生产者和消费者,其主要任务是把农产品从主产地运销到主销地并销售给消费者,实现农产品的增值,所以农产品的生产信息、物流信息和供应链上各级流通商的经营信息是他们最为关注的信息种类。

总之,通过梳理整个农产品的流通过程,农产品供应链的信息可以分为8大类,分别为:生产信息、物流信息、质量信息、经营信息、需求信息、价格信息、技术信息和宏观信息。这8大类信息共同构成了农产品供应链上的信息集,是供应链信息整合的基础信息体系。

(二)农产品供应链链内信息构成

1.农产品供应链的链内信息内容

在农产品的流通过程中存在着大量的、分散的信息,本书的链内信息是指具体到单条农产品供应链中,连接供应链各个节点主体间交易行为的信息,链内信息在农产品供应链运行过程中起到了协调和控制作用,整合得当则将成为帮助供应链获取增值的关键因素。目前我国农产品供应链的链内信息始终处于一种分散、孤立、虚假甚至缺失的一种情况,这也就导致了我国农产品流通领域整体处于一种混沌、不透明的状态,所以十分有必要对链内信息进行整合。通过对链内信息的整合,可以实现链内信息在供应链各节点主体间的高质量共享与传递,使农产品供应链管理思想顺利实施。在农产品供应链信息中属于链内信息的主要有5类:生产信息、物流信息、经营信息、质量信息和需求信息。

生产信息:主要包括农产品基本信息和农产品管理信息两大类。农产品基本信息是指,农产品的品种、名称、产地、产量、生产周期等;农产品管理信息是指,农产品病虫害的发生和防治情况、农产品生长过程中采用的种植方法信息及采用的种植技术信息、农产品生长过程中的化肥和农药使用信息,如化肥及农药名称、来源、用法、用量和使用、停用时间等。

物流信息:主要包括农产品物流配送信息和库存信息。农产品物流配送信息是指,农产品的配送设备信息、农产品配送量信息、农产品流通加工信息及农产品配送线路与到货时间信息等；库存信息是指，农产品库存量信息、仓储设备信息、农产品库存期限信息及农产品库存损耗信息等。

经营信息：主要是指农产品供应链参与者在经营活动中的涉及的信息，以及农产品供应链参与者的基本信息和财务信息。参与者的基本信息是指，农产品供应链参与者的基本情况，如加工企业(物流企业、零售企业等)的名称、规模、营业执照、生产许可证等反映企业基本情况的信息。参与者的财务信息是指，农产品供应链参与者的经营成本信息、收入信息等，如农产品配送企业的配送成本信息、配送价格信息等。

质量信息：主要包括农产品的检验检测信息和农产品的品质信息。农产品检验检测信息是指，农产品质量检疫机构对农产品的农药残留、土壤环境、食品添加剂、防腐剂、食品外包装等进行检测的信息；农产品的品质信息是指，产品的等级、营养价值、绿色食品认证、有机食品认证等信息。

需求信息：主要包括最终消费者需求信息和需求预测信息。最终消费者的需求信息一般是通过农产品零售商的销售信息来体现的，如农产品销售的地点、数量和价格信息等；需求预测信息是指，通过对销售信息进行分析来预测消费者的销售趋势和消费者的偏好等信息。

生产信息、物流信息、经营信息、质量信息和需求信息共同构成了农产品供应链的链内信息集，如图6—1所示。

2.农产品供应链的链内信息特征

如前所述，农产品供应链的链内信息包括生产信息、物流信息、经营信息、质量信息和需求信息。每类信息都有其特点，从总体来看，农产品供应链的链内信息有如下特征：

链内信息集
- 生产信息
  - 农产品基本信息
  - 农产品管理信息
- 物流信息
  - 物流配送信息
  - 库存信息
- 经营信息
  - 经营者基本信息
  - 经营者财务信息
- 质量信息
  - 农产品检验检测信息
  - 农产品品质信息
- 需求信息
  - 最终消费者需求信息
  - 需求预测信息

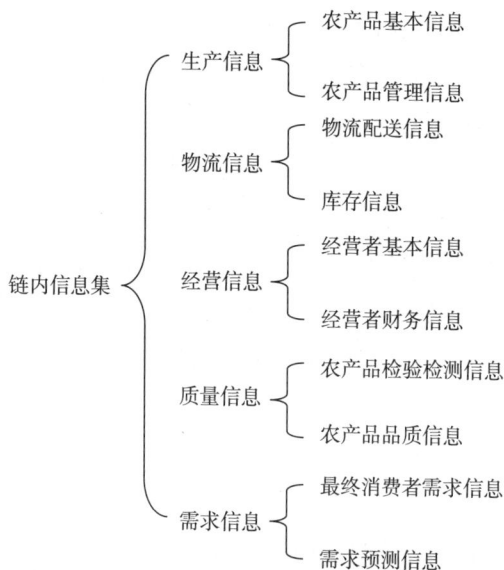

图6—1　链内信息构成

第一,链内信息的繁杂性与即时性并存。信息本身就是一种稍纵即逝的资源,更新速度非常快,加之农产品本身的易腐性都要求信息能够快速传递,使其发挥即时作用。一般而言,信息越是简单明了,越是条理清晰,其传递速度必然也会越快,其即时作用也越是能得到体现。而信息过分繁杂势必会影响其传递速度和传播效果,使其即时性大打折扣,所以信息的繁杂性和即时性之间是一种对立的关系。而目前我国农产品供应链的链内信息就呈现出了这样一种矛盾的特性,即信息本身的繁杂性和农产品流通各环节对信息要求的即时性并存的一种状态。一方面,由于我国农产品基本上都是跨区域流动,参与主体较多,各主体间的交易行为以及每类主体的经营决策都需要大量的信息支撑来完成,信息分布于农产品供应链的各个环节,所以总体上来看链内信息十分繁杂;另一方面,农产品供应链参与主体间的交易行为都是以信息作为沟通的载体,即时的、准确的信息是交易行为顺利进行的基础和保障,所以农产品流通各环节要求链内信息发挥即时性效用又是必然的。

第二,链内信息的排他性与共享性并存。链内信息的排他性是指农产品供应链的参与主体对其所掌握的链内信息实行保密措施,一方面,农产品供应链的参与主体不会主动与不存在利益关系的相关主体进行信息的沟通和交流;另一方面,农产品供应链参与主体即便是因为偶然的交易行为需要同非链条内的主体进行信息交流时,也仅限于业务层面的交流,不会存在深层次的信息共享,这也是目前我国农产品流通中信息缺失和失真的主要原因。所以,对于每条农产品供应链外部的农产品流通参与者来说,链内信息具有明显的排他性。与此同时,在农产品供应链中,各参与主体间存在较频繁的交易行为并形成了相对良好的合作关系,为了维护这种合作关系,农产品供应链的各参与主体必然会将各自掌握的链内信息进行部分共享和交流。所以,对每条农产品供应链内部的参与主体来说,链内信息的共享性表现得十分明显。总之,链内信息在较长时期内会呈现出对外排他与对内共享性并存的状态。

(三)农产品供应链链外信息构成

1. 农产品供应链的链外信息内容

农产品供应链上除了链内信息之外,另外一类不容忽视的信息则是链外信息。各供应链参与主体都需要其他一些与自身生产经营活动有关的宏观类信息。由于现实的特殊情况,任何从事农产品流通的主体可能会处于不同的农产品供应链中,并且在每条农产品供应链中扮演者不同的角色。但是对于任何一个从事农产品流通的参与主体来说，一些基础信息的作用不会因为其所处的供应链不同而有所不同，这些基础的信息就可以划分为链外信息。具体来说链外信息包括 3 大类：价格信息、技术信息和宏观信息。

价格信息：主要是指某一地区内的农产品的市场价格，包括批发价格和零售价格。需要指出的是这里所说的价格信息并不包含具体的某一农产品供应链中参与主体之间的交易价格。此处指的批发价格是在某一区域内具有规模优势或者具有价格集成功能的大型农产品批发市场或者加工企业所收集公布的关于农产品的交易价格信息，同样零售价格则是指在某一区域内占市场份额较大的农产品零售企业或者农产品零售市场所收集公布的农产品零售阶段的交易价格信息，一些出口农产品的价格信息也可以归到农产品的零售价格信息当中。

技术信息：主要是指在农产品的生产、加工、物流以及销售过程中用到的各类技术信息。技术信息及时应用到农产品供应链的运营中会大大提高生产效率，从长期考虑也会降低生产成本。但是目前该类技术信息主要掌握在学校、科研单位以及一些设备的生产厂商手里，真正应用到农产品流通中的技术还比较少，为了加快新技术的普及，对技术信息进行整合显得尤为重要。

宏观信息：主要是指一些通用性极强的信息，主要包括国家关于农业方面的各类政策法规信息、气象灾害信息、涉农的金融服务信息以及一些国内农产品市场信息。国家对农业的政策法规信息、涉农金融服务信息和天气灾害信息对农产品供应链的具体操作具有指导和辅助作用，是需要整合的一类信息。国内农产品市场信息主要包括某种农产品的全国种植面积、主要产地、年产量信息、主产地的库存量信息以及主销地的销量信息。

价格信息、技术信息以及宏观信息共同构成了农产品供应链的链外信息集,如图6—2所示。

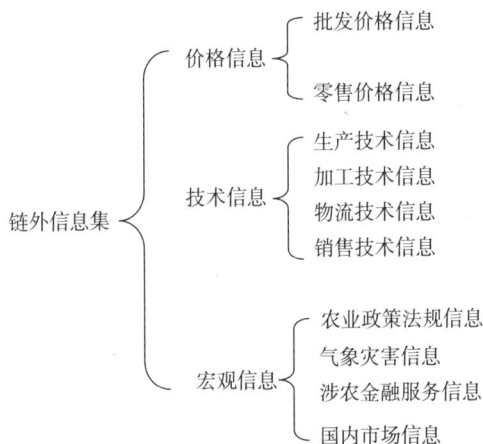

```
                      ┌ 批发价格信息
              价格信息 ┤
                      └ 零售价格信息

                      ┌ 生产技术信息
                      │ 加工技术信息
链外信息集     技术信息 ┤
                      │ 物流技术信息
                      └ 销售技术信息

                      ┌ 农业政策法规信息
                      │ 气象灾害信息
              宏观信息 ┤
                      │ 涉农金融服务信息
                      └ 国内市场信息
```

图6—2　链外信息构成

2. 农产品供应链的链外信息特征

如前所述,农产品供应链的链外信息包括价格信息、技术信息以及宏观信息。每类信息都有其特点,从总体来看,农产品供应链的链外信息有如下特征:

第一,链外信息具有较强的普适性。从链外信息的内容可以获知,链外信息包含的范围较广,几乎涵盖了农产品供应链所有参与主体做决策时需要参考的外部信息。这些信息对所有围绕农产品流通展开的商业活动都具有支撑作用,所有从事农产品流通领域的主体都需要从链外信息中获取与自身生产经营活动相关联的内容,并且链外信息的提供者大部分都是政府职能部门或者规模较大的企业,由于信息提供者的公益性导致了链外信息的共享基础较好。正是由于以上原因,才使链外信息具有了较强的普遍适用性。

第二,链外信息具有较强的正外部性。正外部性是指由于某经济主体的经济活动而使得其他经济主体或社会受益,并且受益者不需要支付费用的现象。具体到农产品供应链的链外信息来说,由于链外信息的普适性,当链外信息形成完整和系统的采集、加工和发布机制后,所有的农产品供应链参与者都能从中受益。比如,农产品的生产者,一方面可以从链外信息集中获取农产品生产的技术信息,通过技术的应用带动农产品产量的提升;另一方面,农产品生产者还可以通过国内的农产品市场信息来获取某种产品近年来的种植面积、产量、价格等信息,通过这些信息来合理安排自己的生产活动,从而减少种植过程中的盲目性,减少其市场风险。同样对于其他的农产品供应链参与主体,完备的链外信息对其生产经营活动至关重要。政府职能部门和大型农产品流通商通过提供链外信息这一经济活动,使得其他规模较小的农产品供应链参与主体受益,并且不需要其支付额外费用的现象就是链外信息具有较强正外部性的体现。

三、农产品供应链链内链外信息整合

在对农产品供应链上信息的梳理完成之后,就需要通过不同方式对不同类别的信息进行整合。从信息整合的角度来看,并不是所有的农产品供应链参与主体都具备了成熟的信息整合能力,能够参与到信息整合中的主体应该具备以下能力:一方面,参与供应链信息整合的主体应该拥有一定的与信息处理相关的硬件设施,比如计算机、电话、打印机等设备,这是信息整合最基本的前提条件;另一方面,参与供应链信息整合的主体还应当拥有一定的信息处理技能和经验,包括信息收集与处理的相关技能和经验,这是信息整合的重要保障和支撑。为了对链内外信息整合进行清晰的研究,本节中所指的参与链内外信息整合的主体都是合格的主体,都具备了上述的信息整合能力。

(一)农产品供应链链内信息整合

以链内信息整合为切入点,建立真正高效的农产品供应链,可以降低农产品的流通成本,提高各交易主体的收益。对于广大的农产品消费者,链内信息得到整合之后可以提高农产品的信息透明度,农产品的质量和品质得到了保障,满足了消费者的需求。笔者把农产品供应链的运行过程简化为一种符合实际又不失一般的形式,如图6—3所示。

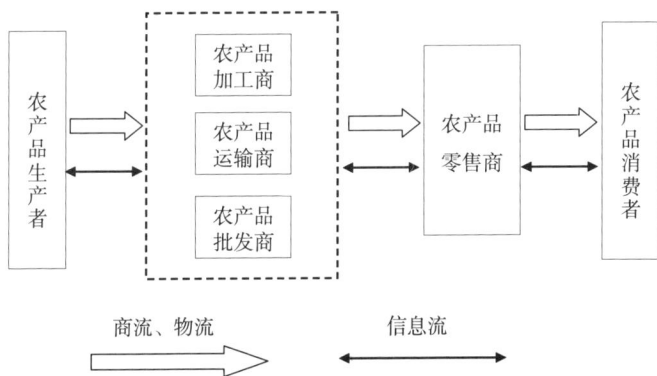

图6—3　农产品供应链结构示意图

1.链内信息整合的主体

链内信息是围绕农产品流通的全过程而聚集起来的,不仅包含了农产品供应链中的交易数据信息,还包括了供应链参与主体自身的经营战略信息。这些信息的繁琐性是显而易见的,同时这些信息是具有排他性的,链内信息只可能在供应链内部进行共享,因而,可以明确的是对链内信息进行整合的主体必然是农产品供应链的参与主体。然而,信息整合主体要想整合链内信息是需要克服一些难点和障碍的。障碍之一,目前供应链上不同主体间缺乏信任机制。农产品供应链上的各方参与主体间的联系大部分是通过交易行为建立起来的,彼此之间信任度不高,而不同的供应链成员之间为了追求自身利益最大化势必会造成彼此之间的冲突,这些不可预料的冲突加重了供应链成员间的不信任程度。障碍之二,供应链上不同主体间信息管理模式存在差异。农产品供应链的参与主体的规模化和组织化是存在差异的,规模化和组织化越高的参与主体其信息收集和信息处理能力就越强,其管理的规范化和标准化也越高。正是因为供应链主体的组织化和规模化的差异,才导致了其信息处理能力的差异和信息管理模式的差异。

正是因为农产品供应链不同参与主体之间缺乏信任基础,不同主体间的信息管理模式和管理系统存在差异,才导致了农产品供应链信息共享难、信息整合难的局面。链内信息整合的主体必须克服这两大障碍,链内信息的整合才有可能实现。要想克服这些障碍,链内信息整合需要有核心主体,且需要其具备强大的协调能力和影响力。信息整合的基础便是协调好各主体间的关系,缓解其冲突和矛盾,这种协调是需要投入成本的,并且这种投入在短期内是无法实现收益的,这些都需要信息整合主体有强大的协调能力和经济资本。而要想统一不同供应链主体间的信息管理模式,还需要信息整合主体拥有一定的影响力,通过自身影响力来统一供应链参与主体间的信息管理模式,为链内信息整合做前期准备。

在农产品供应链中具备强大协调能力和影响力的主体必然是

农产品供应链的核心主体,每条农产品供应链都是围绕一个核心主体来构建起来的,核心主体在农产品供应链中充当着协调者的角色,负责协调供应链各主体间的矛盾。同时,核心主体的规模化和组织化程度一般都较高,在农产品供应链中具有较强的影响力。正是因为农产品供应链上核心主体具备了整合链内信息的各项能力,所以,链内信息的整合必然是由农产品供应链的核心主体来牵头完成的。本书中涉及的农产品链内信息整合的主体主要是规模较大的流通商,例如大型农产品加工商、大型农产品零售商、大型农产品物流商以及企业化的批发市场等主体。

2. 链内信息整合的阶段

信息的整合过程是一个复杂的过程,是需要有步骤、有计划进行推进的过程。为了顺利实现信息整合,笔者认为需要经历以下几个阶段:沟通确认阶段、基础设施完善阶段、信息全面整合阶段,具体如表6—1所示。

表6—1　链内信息整合的阶段

整合阶段	阶段特征	具体内容
第一阶段	沟通确认阶段	沟通信息整合的意愿及整合的细节
第二阶段	基础设施完善	农产品供应链信息化基础设施完善
第三阶段	信息全面整合	对农产品供应链信息进行全面整合

(1)沟通确认阶段

农产品供应链的各参与主体经过日常交易行为,会逐渐意识到精准及时的信息在交易过程中的重要性,对精准而完备的信息需求逐渐增强。为了实现这种对信息的需求,供应链各参与主体进行信息整合的意愿和动机会越来越强烈。为了满足农产品供应链各参与主体对信息获取的需求,供应链上的核心主体即链内信息整合的主体会组织和协调供应链上的各个主体对信息整合的内容及整合的细节进行确认。

在这一阶段,供应链上各参与主体主要从自身实际情况出发,在经过反复沟通之后,最终确定自身所能提供的信息,既包括提供信息的内容又包括提供信息的形式,这些信息资源便是信息整合的基础,同时各类主体也希望能从整合后的信息中得到自身所需要的信息,可以称之为"信息换信息"的过程,即通过提供自身能提供的信息换取自身急需的其他类信息。除了确认信息整合的内容之外,该阶段的另一个工作内容便是沟通信息整合的细节问题。主要包括:采取何种信息整合模式、信息整合的步骤、整合过程中农产品供应链参与主体需要投资和完善哪些信息处理设备、每类主体对整合后的信息集的访问权限、每类主体在信息整合过程中需要付出的成本、信息整合机制形成之后的具体业务操作问题及具体人员的培训等问题。这些问题都需要农产品供应链上各类主体共同协商来解决,在探讨和协商的过程中会使农产品供应链各参与主体之间更加熟悉,使信息整合的思路更加清晰,各供应链参与主体的权利和义务更加明确,使供应链信息整合的阻力进一步减少。只有做好顶层设计,从全局的角度出发,并把这些问题的处理原则以书面契约的形式确定下来,才能为农产品供应链信息整合打下坚实的基础,保障农产品供应链链内信息整合的顺利实施。

(2)基础设施完善阶段

在经过农产品供应链上各参与主体的沟通和确认之后,链内信息整合的理论基础更加坚实,链内信息整合正式进入了实践环节,首要的便是各供应链参与主体的信息化基础设施的完善。如前文所述,本书所指的农产品供应链的参与主体都是合格的主体,都具备了基本的信息处理能力,同时也都具有一定的信息化基础设施。本阶段的主要任务是供应链的各参与主体根据信息整合的要求,对自身信息化基础设施的完善和改进。

　　信息化的基础设施主要包含硬件设备和软件设备两类,硬件设备主要包括:电脑、电话、打印机等日常办公设备,软件设备则包括操作系统、数据库软件等。农产品供应链的各参与主体都已具备了一定的硬件信息处理设备,该阶段主要是对现有的硬件设备进行淘汰和更新,以适应信息整合的要求。该阶段最主要的工作是研发链内信息整合的软件设备,应用软件设备将链内信息进行整合。一般而言,农产品供应链上各参与主体都会视自身情况采用不同的信息管理模式,进行信息整合需要统一其信息管理系统,最直接的做法便是使供应链上所有主体采用统一的信息处理软件,通过统一的信息处理流程,程序化的处理步骤,使信息的标准化大大提升。所以说信息整合软件的研发对链内信息整合至关重要,农产品供应链上的核心参与主体将牵头对链内信息整合软件进行研发。研发信息整合软件一般有两种做法,一种是核心主体将自身所应用的信息处理软件在全链条上进行推广,另一种是核心主体通过第三方研发机构来研发新的应用软件系统。前者的做法成本较低,不需要额外投入过多资金,只需核心主体通过自身影响力来促使其他参与主体采用新的信息处理软件设备即可,但是需要核心主体在整个供应链中具有较强的影响力和话语权。后者的做法需要研发新的软件系统,投入的资金和精力较多,不过新的软件系统研发之前,需要所有的供应链参与主体进行协商和交流,研发成功之后,新系统应用的阻力较小,更容易被所有参与主体接受。软件系统研发具体采取哪种做法,需要供应链核心主体结合自身所在供应链的实际情况进行决定。一般来讲,信息处理软件系统应集成了信息收集、信息处理、信息存储和信息发布的所有功能。新的信息处理软件系统研发成功之后，应尽快在全链条内进行应用，通过实际的应用及时找出不足，进一步对新的软件系统进行完善。

（3）信息全面整合阶段

经历了前两个阶段之后，链内信息整合的理论基础和物质基础得到了巩固，之后链内信息整合便进入了实质的信息整合阶段。

链内信息整合阶段可以遵循先易后难的原则分两步进行整合，可以先从共享基础较好、整合阻力较小的信息入手，在形成了一定的经验之后，再扩展到整合阻力较大的信息。整合阻力较小的信息一般是指农产品交易过程中的基本业务信息，包括农产品的生产信息、物流信息和需求信息等。这类信息是农产品经营主体的非核心信息，是所有农产品供应链参与主体共享基础较好的一类信息。以这类信息为突破口，打通整个农产品供应链信息整合的脉络，并根据实际的整合效果来及时调整信息整合的思路，以此来完善供应链信息整合的流程。在信息整合流程日臻完善的基础之上需要扩大信息整合的范围，将供应链主体上的一些核心信息纳入到信息整合系统中来，在此阶段要通过一定的信息处理技术对各主体的核心信息进行必要的保护，设置信息访问的权限，以此来减少信息整合的阻力。通过以上两个步骤实现了对链内信息的深入整合，使供应链上下游主体间连接成动态、系统的链条或网络，可以实现农产品的增值并有效地向市场提供商品，满足最终消费者的需求。

3. 链内信息整合的步骤

目前大部分链内信息处于一种彼此分离的状态，各类信息都分散在供应链的各个环节当中，加之供应链上参与主体之间信息交流也仅限于彼此之间的业务往来，缺少更深层次的信息交流，这些都导致供应链的链内信息极其分散,形成了一个个"信息孤岛"。就目前情况来看,农产品供应链上的信息控制模式类似于分散控制,缺乏整体控制使信息流动混乱无序,造成农产品供应链难以协调运行。为了解决当前的问题,需要把信息的分散控制模式转变为集中控制模式,进而实现对链内信息的集中控制。农产品供应链链内信息整合的总体思路和流程,如图6—4所示。

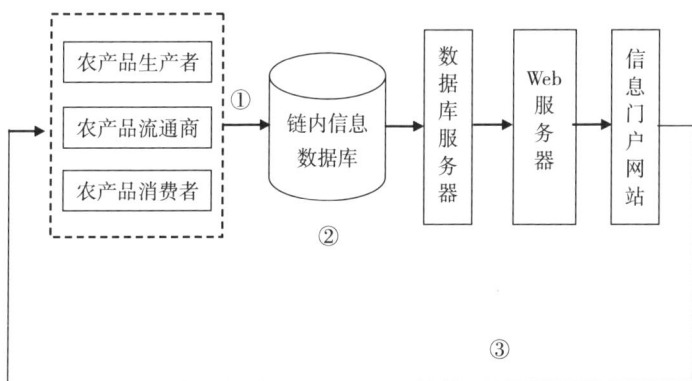

图6—4　农产品供应链链内信息整合总体流程

如前文所述,在经历了沟通确认、基础信息处理设备完善阶段之后,农产品供应链信息整合即进入了实质操作阶段,具体过程如上图6—4所示。链内信息的具体整合步骤为3个,信息收集、信息加工和信息传递。

步骤①:信息收集

信息收集环节是指农产品供应链的所有参与主体包括农产品的生产者、农产品流通商和农产品消费者将自身所能提供的有关农产品的信息通过特定信息技术和信息处理软件上传到链内信息数据库。农产品供应链的各参与主体应该客观地进行信息采集和记录,以保证信息的真实性和准确性。具体到每类链内信息的收集方式,如表 6—2 所示。

表 6—2　链内信息收集方式汇总

链内信息类别	链内信息提供者	链内信息收集方式
生产信息	农产品生产者	记录卡记录和上传信息系统相结合
物流信息	农产品运输商	上传信息系统方式
经营信息	农产品流通商	上传信息系统方式
质量信息	农产品流通商	上传信息系统方式
需求信息	农产品零售商	上传信息系统方式

信息收集的方式有两种,一种是记录卡记录的方式,主要应用于生产信息的收集,一种是通过特定信息处理技术直接上传到链内信息中心。由于农产品一般都具有较长的生产周期,所以在一个相对较长的周期当中要想把农产品的生产信息全面准确地记录下来就需要采取记录卡记录和上传信息系统相结合的方式。农产品生产信息包括农产品基本信息和农产品管理信息,农产品的基本信息可以通过上传信息系统的方式进行收集,而为了保持农产品的管理信息的完整性和一致性,需要通过记录卡的形式完成记录,等到农产品从生产领域进入流通领域之后,再将农产品管理信息上传到链内信息数据库进行收集。对于物流信息、经营信息、质量信息和需求信息来说,这些信息的及时性较强,需要及时进行整合,这些信息的提供者需要将信息及时上传到链内信息数据库。在信息收集的过程中,条形码技术起着至关重要的作用。农产品的生产者会给每个地块进行编码,该地块所生产的农产品便有了统一的条形码编号,该条形码编号会作为农产品信息的载体,承载着农产品从生产到流通最终到达消费者的全过程信息。

步骤 ②:信息加工

信息的加工环节包括信息处理和信息存储两方面内容,信息处理是指链内信息数据库对收集来的无序的、凌乱的、孤立的信息进行处理,使链内信息更加规范化。信息存储是指建立链内信息的存储和淘汰机制,保持链内信息数据库的动态均衡。

由于采用了统一的信息处理软件技术,使得不同供应链主体所提供的链内信息在形式上得到了统一,此环节主要是对链内信息的内容进行加工处理。内容上的处理主要是对信息进行归类整理、分析概括,使信息更加系统化和条理化。信息存储是指将一些查询需求大的信息进行聚类处理,以提高信息获取速度,将其他一些流动性不高的信息进行妥善存储。同时还应设计信息的存储期限、信息淘汰及更新的规则,使信息数据库保持动态平衡。

步骤 ③:信息传递

信息传递是信息整合的关键环节,链内信息经过核心参与主体的收集和处理之后,应尽快传递到所有供应链参与主体,否则信息依然不能发挥其作用,信息整合便失去了意义。信息传递是指供应链参与主体主动访问门户网站,在信息门户网站通过输入代表农产品的条形码编号来获取条形码上所记载的农产品所有的链内信息。

如图6—4所示,链内信息数据库及数据库服务器、Web 服务器和门户网站共同构成了门户网站/Web 服务器/数据库 3 层 B/S信息系统工作模式。链内信息传递的过程为:信息需求者通过农产品的条形码在信息门户网站进行信息的查询,门户网站下的Web 服务器接收信息需求者的请求,并根据查询条件到数据库服务器获取相关信息,并将结果反馈到信息门户网站,供信息需求者使用。链内信息经过整合之后,形成了封闭的循环回路,即农产品供应链的所有参与者将自身可以提供的链内信息上传到链内信息中心,链内信息中心对信息进行加工处理,加工处理之后的信息再通过数据库服务器和 Web 服务器传递到供应链上的信息需求者,链内信息的需求者再根据获取的链内信息来指导自身生产经营活动,新的生产经营活动会产生新的链内信息,供应链参与者再将这些信息上传到链内信息中心,从而完成了链内信息的循环传递。

(二)农产品供应链链外信息整合

链外信息对农产品供应链的高效运行也有重要作用,链外信息得到集成之后同样会改善农产品供应链的运行状况。链外信息具有很强的正外部性,得到集成之后,农产品供应链的参与主体都会从中受益。比如,链外信息中的国内市场信息,主要包括特定农产品的产量、种植面积、库存量、交易价格等,有了这些准确而完备的信息作为指导,农产品生产者的生产活动就会更加合理,也减少了其市场风险。同理可以得知,农产品供应链上的参与主体在做任何决策之前,掌握的信息量越是完备其决策的盲目性越小,市场风险也越低。所以,农产品供应链的链外信息整合需求急需得到满足。

1. 链外信息整合的主体

链内信息是农产品供应链内围绕农产品流通过程而聚集起来的信息,是与供应链内的各参与主体的交易行为紧密联系的一类信息,其整合的主体必然是供应链条内具有领导作用的核心主体。而链外信息则是涉及所有农产品供应链参与主体的一类基础信息,与链内信息之间存在着不同,其整合主体必然也就不同。

从链外信息的特征来看,链外信息具有普适性和正外部性,链外信息的普适性决定着链外信息整合涉及的范围广,整合过程中需要协调不同类型主体间的关系,需要链外信息整合的主体具有较强的协调和控制能力;而链外信息的正外部性则决定着链外信息整合的主体应具备公益性的特点,由于整合主体具有公益性,则整合之后的链外信息才能被所有供应链参与主体无偿使用,发挥链外信息的正外部性。同时,要想整合全国范围内所有关于农产品方面的链外信息需要强大的财力支持。综合以上所有链外信息整合主体的特点,只有政府部门才能够担当起链外信息整合主体的角色,所以农产品供应链链外信息整合的主体必然是与农业相关的政府部门,如国家农业部、省农业厅等。

2. 链外信息整合的阶段

为了顺利实现链外信息的整合,笔者认为需要经过以下几个阶段:层级平台重构、统一信息整合标准、开发信息管理系统和持续发布指导性信息 4 个阶段,具体如表6—3所示。

表6—3　链外信息整合的阶段

整合阶段	阶段特征	具体内容
第一阶段	层级平台重构阶段	重新构建链外信息整合的层级平台,形成合理的信息整合层级
第二阶段	统一信息整合标准	统一链外信息整合的标准,包括信息收集标准、信息处理标准、信息发布标准
第三阶段	开发信息管理系统	根据链外信息整合的标准开发统一的信息管理系统,实现标准化整合
第四阶段	持续发布指导性信息	根据信息整合的实际情况,形成持续发布指导性信息的机制

(1)层级平台重构阶段

从链外信息的整合现状来看,我国农产品供应链链外信息的整合缺少一个统一的层级平台,链外信息没有形成自下而上的收集机制和自上而下的发布机制。以链外信息中的价格信息为例,其并没有在全国范围内形成整合机制,只是在一些大型的农产品批发市场会存在简单的价格信息的统计,并在批发市场内借助电子显示屏或者批发市场自建的网站将价格信息发送出去,并没有对价格信息进行汇总和加工,价格信息没有在全国范围内共享,而一些规模较小的批发市场尚不具备价格信息汇总的职能,造成农产品价格信息在全国范围内的缺失。而链外信息中的其他类信息同样存在类似的问题,所以要想对链外信息进行整合,首先需要对信息整合的层级平台进行重构,形成统一的信息整合层级平台,链外信息整合才能事半功倍。

在此阶段,作为链外信息整合主体的政府职能部门应该设置合理的信息整合层级平台。借鉴国外农业信息统计的先进经验并结合我国的国情,笔者认为我国农产品供应链链外信息整合的层级平台应分为 3 个层级,具体可以分为:国家层级、区域层级和地方层级。地方层级的信息整合平台是指在省一级建立的平台;区域层级的信息整合平台是指由相邻省份组成的经济区域建立的平台,包括东北、华北、华东、华中、华南、西北和西南 7 个区域层级平台;国家层级的信息整合平台是指在国家层面由农业部或者由农业部牵头成立的平台。每个层级的信息平台都应建立一个或多个信息中心,地方层级的信息中心的主要职责是收集本省范围内的链外信息,包括本省范围内的农产品的生产库存信息(每类农产品的种植面积、产量、库存量)、农产品的价格信息以及其他链外信息;区域级信息中心的主要职责是对本区域内所有地方层级信息中心上报的链外信息进行汇总和简单的加工;国家级的信息中心的主要职责是对所有区域信息中心上报的链外信息进行分类汇总和分析,并定期将这些数据发布出去,并为所有参与农产品流通的主体提供农产品的生产、加工、市场供求与价格、农业技术、防灾减灾等全方位的信息服务。

通过建立层级分明的 3 级平台,在一定程度上改变了现有的链外信息层级不明、信息混杂的局面,为链外信息的整合提供了平台支撑,并使链外信息形成了自下而上的信息收集制度,具体的信息整合平台构建如图 6—5 所示。

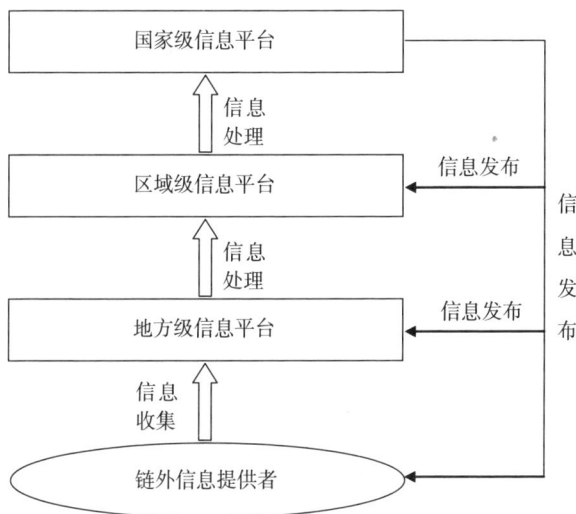

图 6—5　信息层级平台建设思路

(2)制定信息整合标准

由于农产品特别是鲜活农产品的特殊性,农产品很难建立一个被所有人都认可的标准化体系。而在实际的农产品流通过程中,所有的农产品供应链参与者都迫切需要规范化和标准化的操作流程来指导其经营活动。建立农产品流通各环节的标准化操作流程需要标准化的信息作为支撑,因此在对链外信息进行整合之前需要制定信息整合的标准,包括信息收集的标准、信息处理的标准、信息发布的标准等。

目前,农产品的链外信息存在着不同的收集、处理和发布的标准,标准的差异不仅导致了链外信息的凌乱,还使得信息使用者需要通过多个渠道去获取全面的链外信息,增加了其获取信息的成本。从链外信息的构成来看,部分链外信息提供者有专门的网站负责发布信息,并在全国范围内形成了信息整合机制,如宏观信息中的涉农政策法规信息、气象信息等;部分链外信息并没有在全国范围内形成信息的整合机制,但是在局部形成了信息收集和发布机制,如价格信息,一些大型的农产品批发市场会派专人定期在市场内收集各类农产品的价格信息,并在市场内通过电子屏幕或者专门的网站发布,但是这种信息整合机制中缺少信息的处理过程,而且没有形成持续的信息指导,信息的保存和信息的分析工作远远不够;还有部分链外信息处于缺失的状态,比如宏观信息中的国内市场信息,信息使用者不能在一个统一的查询网站找到全国范围内的该类信息。解决此类问题的关键在于明确信息整合的标准,通过标准化的信息整合,在全国范围内形成精准的链外信息。

信息整合的标准可分为信息收集标准、信息处理标准和信息发布标准。如前文所述信息的收集是由地方级信息整合平台来完成的。对于目前缺失的链外信息或者没有形成成熟的信息收集机制的链外信息,如农产品国内总体生产信息、价格信息等,需要由国家农业部制定统一的调查收集方法,包括信息调查的方式、调查时间、调查口径等都需要进行明确规定,只有这样才能保证信息收集的唯一性和权威性;而对于已经在全国范围内形成了成熟的信息收集机制的链外信息,如涉农政策法规信息、气象信息等,地方信息整合平台在对其进行收集时,可以通过信息技术将该类信息提供者的信息系统进行整合,从而完成对该类信息的收集工作。信息处理主要是由国家级信息整合平台与区域级信息整合平台共同完成的,为了保障信息的统一性,信息处理原则仍然需要国家农业部统一制定,区域信息整合平台主要完成对基础信息的定性处理,即对本区域的链外信息按照内容的相似性进行汇总,并做简单的定性分析,国家级信息整合平台需要对所有区域级信息平台上传的数据运用分析模型和信息处理软件做进一步的定量分析。信息的发布是链外信息应用的关键,同样需要制定其标准。为了保证信息的及时发布,地方级、区域级和国家级信息整合平台都有发布链外信息的权利,国家级信息整合平台负责发布全国总体情况,区域级和地方级信息整合平台则负责本省以及本区域范围内的链外信息的发布。各级信息整合平台所发布的信息均为处理之后的有条理的链外信息,各级信息整合平台会将这些链外信息按照不同的维度通过特定途径定期进行发布。

（3）开发信息管理系统

在经历了信息整合平台的重构以及信息整合标准的制定之后,链外信息整合的思路和流程更加明确化,同时也更具有可操作性,但是要想对链外信息进行整合仍然需要一个高效的信息管理平台来作为载体。由于链外信息整合的范围要远广于链内信息整合的范围,所以开发信息管理系统也需要更多的人力和财力,这也进一步印证了链外信息整合的主体应该为政府部门。农业部应该结合链外信息整合的层级平台来委托第三方或者自行研发信息整合的管理系统,统一高效的信息管理系统是链外信息整合的关键。链外信息管理系统至少应该包括以下功能:链外信息的发布及查询功能、安全管理功能和信息反馈功能。以上 3 种功能是信息管理系统需具备的基本功能,系统开发者应根据系统实际运行情况和用户的反馈来对系统的功能进行完善和升级。

信息的发布和查询功能是链外信息管理系统的基本功能,国家级的信息中心将经过汇总并处理过的链外信息定期发布到信息管理系统中。链外信息的使用者只需要通过互联网访问综合信息门户网站便可以查询到所需的信息,在不同的维度下可以分别查询到全国的、特定区域和特定省份的链外信息,通过了解这些链外信息来及时安排下一期的生产经营活动。安全管理功能是信息管理系统安全性的保障,信息管理系统应该通过设置防火墙,定期排查系统安全隐患来防止系统感染病毒,保障信息系统安全高效运作。信息反馈功能是指链外信息的需求者将在使用信息门户网站查询链外信息时遇到的问题,无论是查询技术上的问题还是对信息管理系统运行方面的问题,都可以在专门的模块之下进行反馈,信息系统的管理者定期处理这些问题,并形成解决方案,使信息管理系统更完善、运行更高效。

(4)持续发布指导性信息

链外信息整合的最终目的是通过信息管理系统将全国的链外信息进行整合,并最终形成指导性信息,通过完备的指导性信息来引导农产品供应链参与主体的经济行为,实现农产品供应链的增值并满足所有主体的利益诉求。

通过层级平台的重构、信息整合标准的制定和信息管理系统的开发,链外信息得到了集成,但是指导性信息仍然没有得到持续发布。因此在该阶段,国家级的信息整合平台应从不同维度出发对收集到的链外信息进行处理,形成不同的指导性信息。例如,通过对农产品产量和库存量以及价格信息的分析,形成农产品生产计划的指导性信息,同理可以形成农产品的技术指导信息、农产品的防灾减害指导信息等。信息系统的管理者应按指导信息种类的不同,将不同类的信息发布到信息门户网站供信息使用者查询,用于指导农产品供应链参与者的生产经营活动。链外信息整合的主体应该持续发布指导信息,通过信息的持续发布使指导信息的发布形成常态化,使链外信息发挥其最大的作用。

3. 链外信息整合的步骤

链外信息的整合是一项复杂而系统的工作,需要分步骤、有计划地去完成。链外信息的整合需要以链外信息管理系统为载体,以信息整合的层级平台为基础,通过一定的信息整合标准对其进行整合,并形成指导信息的持续发布机制,具体的链外信息整合的流程和思路如图6—6所示。

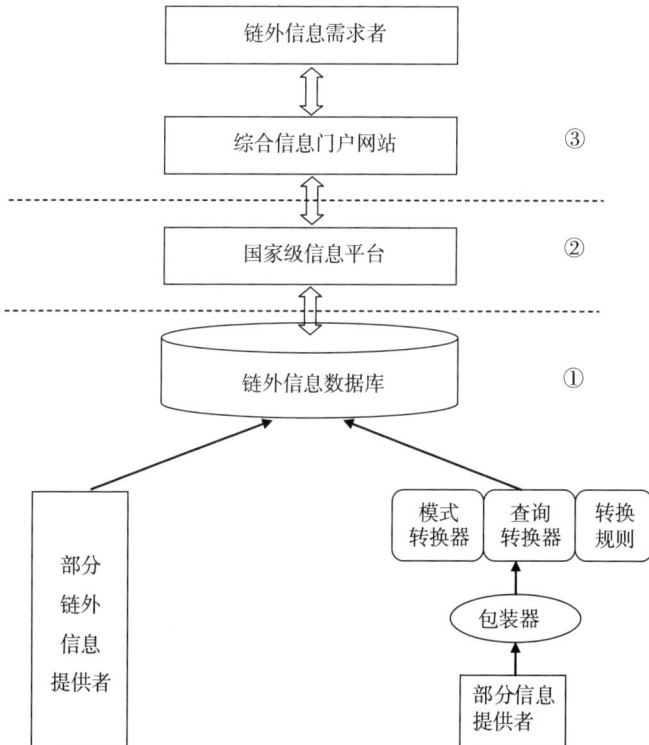

图6—6 农产品供应链链外信息整合总体流程

181

如图所示,链外信息整合也可以分为 3 个步骤,即信息收集、信息处理和信息发布。

步骤 ①:信息收集

如前文所述,链外信息的收集是由地方级的信息整合平台来完成的。如图所示,链外信息可以分为两部分,一部分是指已经在全国范围内形成了成熟的信息收集机制的链外信息,另一部分是指目前缺失的或者没有形成成熟的信息收集机制的链外信息。这两部分信息的收集方法略有不同,对于涉农政策法规信息、气象信息等已经在全国范围内形成了一套成熟的收集机制的信息,地方级信息整合平台只需通过特定的信息技术将其自身的信息管理系统与链外信息整合的管理系统进行对接,在形式上完成对该类信息的统一收集即可。而对于像农产品国内生产信息、价格信息等缺失的或者没有在全国范围内形成成熟的信息收集机制的链外信息,则需要地方级信息整合平台采取统一制定的信息收集方法对其进行实地的调查。最终将这两类链外信息上传到链外信息数据库,数据库的日常管理和维护应由区域级的信息整合平台来完成,区域级的信息整合平台将本区域内的链外信息进行汇总和编辑,使其有序的存储于链外信息数据库中,从而完成链外信息的收集工作。

步骤 ②:信息处理

链外信息的处理一般是由国家级的信息整合平台来完成,对于已经形成成熟的信息整合机制的链外信息,国家级信息整合平台仅需将其信息系统与链外信息管理系统对接即可,并通过特定信息处理技术如包装器、模式转换器和查询转换器等(包装器的主要功能是以统一的格式提取分布在不同系统中的不同格式的信息,并将提取的结果传递到模式转换器,模式转换器根据预先设定的转换规则将不同结构的信息转换为统一的格式)将其转换成格式统一链外信息,国家级信息整合平台仅需对其进行简单的汇总和归类处理后便可形成指导性信息。而对于没有形成整合机制或者处于缺失状态的链外信息,各区域级的信息整合平台将其简单汇总后便上传至国家级信息整合平台,国家级信息整合平台按照统一的原则对其进行分析,既包括定性分析也包括定量分析,并最终形成各类的指导性和预测性信息。

步骤③:信息发布

链外信息处理完成之后,需要由国家级信息整合平台将形成的指导性信息通过链外信息管理系统发布到专门的综合信息门户网站上,所有经过注册的用户均可通过互联网访问的形式来获取链外信息。为了保证信息的权威性和一致性,链外信息的发布工作一般是由国家级信息整合平台来完成的,国家级信息整合平台会将链外信息分为全国范围的链外信息、区域范围的链外信息和省级范围的链外信息,这样可以满足不同信息需求者的需求。与此同时,在综合信息门户网站会有专门的信息反馈板块,信息使用者可以将网站使用过程中存在的问题以及其他关于链外信息的问题进行反馈,国家级信息整合平台会及时解决这些问题,并及时调整链外信息整合的标准和流程,从而完成了链外信息的循环双向传递。

四、支持农产品供应链信息整合的对策建议

为了更好地对两类信息进行整合,并建立准确、高效的农产品供应链一体化运行模式,笔者分别从链内信息整合与链外信息整合两个方面对政府和农产品供应链参与主体提出了相应的对策建议。

(一)对政府的建议

政府部门在农产品供应链信息整合的过程中具有双重身份,一方面作为链外信息整合的主体,政府应该制定明确的整合方案,另一方面作为国家管理者应该为链内信息整合提供保障和扶持。

1. 政府应完善对链内信息整合的扶持职能

在链内信息整合过程中,政府应该更多地给予保障和扶持,不应过多干涉市场经济行为。政府可以从以下几个方面对农产品供应链链内信息整合提供扶持:

第一,加强农产品供应链各交易主体间的信任机制建设。我国农产品流通领域之所以会出现信息缺失、信息虚假和信息不对称的现象,一个很重要的原因就是从事农产品生产和流通的组织和个人之间的关系竞争多于合作,由于存在竞争关系,各交易主体之间以及同行之间出于自身利益考虑进而导致了信息在传递过程中出现信息失真的情况。从本质上来讲则是因为农产品供应链各主体间信任机制缺失,所以要想把农产品供应链链内信息整合顺利完成,就必须建立和完善供应链各交易主体间的信任机制。

信任机制的建立是一项长期的社会工作,我国传统的社会信任机制是熟悉信任机制,即因熟悉而信任。目前的产地农产品批发市场就是这种信任机制的典型体现,在农产品批发市场上的各交易主体以本地企业和组织为主,长期的交易使其逐渐产生信任,但是这种信任一般是暂时的和局部的,要想把这种信任融会贯通于整个农产品流通领域,则需要改变现有的信任机制,建立制度化信任机制。即通过中介参与来实现信任,最典型的便是通过契约来实现信任,契约受到法律的保护。契约已经应用到了农产品流通领域,但是由于农产品供应链上的各主体对契约的认知程度和需求程度存在差异,并且在制定和履行契约的过程中缺少激励和惩罚措施,使得履约率较低。本质上来说是以契约为纽带建立的信任机制还没有完全形成,而农产品供应链链内信息整合很多的问题都是在这种信任机制的前提下来解决的。所以,要想顺利地整合链内信息就必须建立这种新型的制度化信任机制。一方面,政府部门应该通过多种渠道宣传信任文化,形成信用惩戒和嘉奖机制,通过媒体曝光失信者并对诚实守信者进行宣传;并且在国家层面建立信用信息公开制度,各级政府、金融机构、事业单位和行业协会等可以按照国家法律法规的要求,以不同形式公开其所掌握的信用信息,与此同时,市场上各交易主体可以利用这些信息来做出决策,规避市场交易中的信用风险。通过道德的力量来让企业和农户认识到信任的作用。另一方面,政府应该建立和完善法律制度,加大执法力度,对恶意违背契约的行为实行零容忍,强有力的约束机制的建立必然会为契约的履行提供保障。通过道德教育和法律惩处两方面着手,逐渐在全社会建立制度化的信任机制,使其成为农产品供应链链内信息整合顺利实施的"保证书"。

第二,为农产品供应链信息整合的技术投资提供财政支持。农产品供应链要想实现链内信息整合,一项不容忽视的投资便是信息处理技术投资。这类投资包括硬件设备和软件设备两部分,就农产品供应链链内信息整合来看,硬件设备主要是供应链的所有参与主体自行购买的包括计算机、支持信息技术使用的仓储设施、物流设施、销售设施等,而软件设备主要是由农产品供应链的核心主体投资的用于信息整合的信息软件技术。这些信息处理技术的投资是链内信息整合的物质基础,但是往往这类投资的规模较大,处于弱势地位的农产品生产者和其他小规模的农产品流通企业没有足够的资金进行投资,而其他一些规模较大的农产品流通者的投资意愿和投资能力差异也较大。总体来看,现阶段我国农产品流通领域信息处理技术设备投资不足,为了解决这个问题,为农产品供应链信息整合提供物资基础,政府部门应该采取措施来为这类技术投资提供财政支持。具体措施包括:通过税收优惠、资金奖励等形式对投资信息处理技术的企业给予更多的财政补贴,另外,政府可以划拨部分财政资金建立风险补偿基金,当供应链上的核心企业投资信息处理技术软件设备时,为其提供风险补偿,解除其后顾之忧。同时,不容忽视的一个问题便是技术的推广,信息整合技术投资完成之后,需要核心主体将其在供应链内进行推广,这需要专业的技术人员对其他参与主体进行培训,使其掌握基本的信息技术操作流程。政府同样应该对企业的人才投资进行支持,政府应划拨部分财政款项用于企业人才的引进工作。通过这两方面的财政支持,基本上可以提高农产品供应链参与主体的投资意愿和投资能力,为农产品供应链链内信息整合创造良好的环境。除此之外,国家还应建立监督机制,确保财政支持落实到位,做到专款专用,防止出现骗取国家财政支持的现象。

2. 政府应制定有效的链外信息整合的政策

作为链外信息整合的主体,政府部门应制定有效的信息整合措施,来保障链外信息整合目标的顺利实现。

第一,通过立法的形式来保障信息整合的权威性。链外信息整合的主要障碍在于信息收集渠道的不顺畅,一些基础性的信息不能及时收集上来,作为链外信息整合的主体,政府职能部门应该加强对农业信息共享方面法律法规的建设,通过立法来明确供应链参与主体向农业部门提供农产品链外信息的义务。政府职能部门还应根据信息提供者的特点开辟多种信息获取渠道,使农产品链外信息能够高效快速的得到集成。同时法律还应明确规定链外信息整合应由农业部门来负责,以此来保证信息整合的高度统一,同时也应明确链外信息的发布机构只能是农业部门,通过各项立法,来保证链外信息从收集到处理在到最终发布全过程的权威性、真实性。

第二,建立统一的信息整合领导小组,协调各管理机构工作。在我国,对农产品的管理涉及多个政府部门,比如:农业部、供销合作总社、商务部、财政部、税务总局、工信部、交通运输部以及国家发改委等部门。由于这种多头管理,导致了各部门间政策协调困难,并且管理不成体系,出现了管理的低效率。为了改善这种情况,在进行农产品供应链链外信息整合时,首先应该成立信息整合小组,整合小组应由农业部牵头成立,负责各部门间的农业信息管理协调工作。

为了保障信息的一致性和权威性,信息整合领导小组应该制定好信息的收集制度、信息的处理制度和信息的发布制度。这些制度一旦制定完成,各部门应无条件执行,形成链外信息自下而上的收集机制和统一发布的机制,从而避免信息之间的冲突,保证信息的一致性和权威性。

(二)对农产品供应链参与主体的建议

农产品供应链的核心参与主体是链内信息整合的主体,同时核心主体和其他参与主体又是链外信息的部分提供者和链外信息的使用者,所以在对农产品供应链信息整合中,农产品供应链参与主体起着关键作用。

1. 供应链核心主体应发挥链内信息整合主体的作用

从长远角度来看,农产品供应链链内信息整合是一项市场化的行为,最终的操作仍然是以企业为主导的市场行为。在政府真正完善好保障扶持机制的同时,作为农产品供应链的核心企业更应该发挥其主导作用,将农产品供应链链内信息整合做好。

第一,通过契约形式协调好供应链各主体间的关系。农产品供应链链内信息整合涉及的范围很广,参与整合的农产品供应链主体众多,众多主体之间的协调难度很大,这也是农产品供应链链内信息整合的难点所在。农产品供应链的核心主体应该发挥其作用,在各交易主体之间制度化的信任机制逐步建立和完善的基础之上,通过契约来协调各方的关系。链内信息整合中各交易主体间最突出的问题可能是:建立信息整合机制的投资与收益问题、各主体间的核心信息保密问题以及签订协议的履约问题。供应链上的核心主体只有解决好这些最突出的问题后,链内信息整合才能初见成效。

首先,关于信息整合的投资主要是信息处理技术的投资,包括软件和硬件两个部分,这些投资除了国家财政支持外,作为供应链的核心主体可以向金融机构为其他规模较小的参与主体提供担保,为其获取信贷支持,通过这些资金支持,农产品供应链上的其他参与主体可以解决投资资金不足的问题。其次,农产品供应链上的其他参与主体在应用供应链核心企业所投资的信息整合软件时,可以通过特定的信息技术,比如防火墙技术等将自身的核心信息与非核心信息进行区分,并自主决定其他参与主体的信息访问权限,可以仅对信任的主体开放自身企业的核心信息,随着交易频率的增多以及信任机制的逐步建立,最终达到所有供应链参与者的信息都能在供应链内得到整合与共享。最后,提高履约率根本上还是在国家层面建立制度化的信任机制,但是作为供应链的核心企业可以为供应链上所有的参与者建立诚信档案,如果发生违约现象则将其诚信档案予以公开,以此来增加所有供应链参与者的违约成本,使其不敢贸然违约,提高履约率。

第二,加强对供应链上其他参与主体的技术培训工作。信息技术整合涉及的新技术对供应链上的所有参与主体都提出了新的要求,各相关人员必须熟悉信息整合的全部操作流程,使信息整合在操作层面得以顺利实施。供应链上的各参与主体间的文化水平参差不齐,供应链的核心主体全程参与了链内信息整合软件的投资建设,其必然要比其他参与主体更了解信息整合的流程及软件的操作。所以,作为农产品供应链的核心主体应承担定期对链内组织成员进行技术培训的责任。核心主体应该定期举办培训讲座、定期组织有经验的操作人员到各供应链参与主体去指导操作流程、定期总结各供应链参与主体反馈上来的技术问题,与此同时还要定期抽查各供应链参与主体共享的链内信息形成监督制度。只有这样,链内的所有参与主体才能掌握链内信息整合的基本操作流程,使链内信息整合工作顺利开展。

第三,对链内信息的整合的操作流程形成常态化操作。链内信息整合的基本操作流程确定之后,经过农产品供应链各参与主体的具体实施之后,将操作过程中发现的问题及时反馈给供应链的核心主体,核心主体对信息整合流程和信息处理技术进行修正,经过反复的实施和修正之后,最终确定适合供应链自身环境的链内信息整合流程。供应链的核心主体应该将这些实际的操作流程整理成文字形式,形成链内信息整合的规章制度。这些制度一般包含:农产品供应链链内信息整合的原则、链内信息整合的具体操作流程、操作过程中出现的突发问题及应对措施和核心主体对信息整合的监督机制。而且供应链的核心主体还应根据实际情况,定期对链内信息整合的规章流程进行更新,使其保持动态更新状态。通过书面化的信息整合规章制度为供应链的参与主体提供具体详细的指导,形成常态化的操作流程。使农产品供应链的参与主体无论发生怎样的变化,都可以将其纳入到链内信息整合的系统中来,都可以通过形成的常态化的书面操作流程进行信息整合操作。

2. 供应链参与主体应成为合格的链外信息提供者

对链外信息进行整合之后,最终的受益者还是广大的农产品供应链的参与主体,为此,农产品供应链的核心企业应该全力配合国家的有关政策,协助信息整合领导小组完成链外信息的整合。一方面,基本完成了链内信息整合的供应链核心主体,可以对链内信息进行加工和汇总,将其中构成链外信息的部分进行整合,比如:链外信息包含的国内市场信息,链内信息中的生产信息和质量信息等都可以归为本地的市场信息,所以供应链的核心主体需要将生产信息和质量信息等进行汇总和整理后形成本地的国内市场信息。另一方面,如果供应链的核心企业没有完成本地区的链内信息的整合,则供应链的核心企业应该配合链外信息整合小组工作人员的工作,协助其进行链外信息的收集,协调工作人员和农产品供应链各参与主体间的工作。

农产品供应链的核心企业除了配合政府的各项工作之外,还应该积极向农产品供应链的其他参与主体宣传信息整合的重要作用,并以国家链外信息整合为契机建立供应链的链内信息整合机制。总之,链外信息整合需要政府发挥主导作用,农产品供应链的核心主体积极予以配合,才能顺利完成链外信息整合。

第七章　农产品供应链资源整合

本书中的农产品供应链资源重点指供应链上的物流资源及营销资源。农产品供应链通过经营组织间的联合,充分挖掘和利用组织内外一切可以利用的资源,实现优势互补,获得社会分工的好处,在竞争中合作,以实现联合组织共赢的目标。整合农产品要素资源,构筑完整农产品供应链,这无疑为当前优化农产品流通提供了一条现实路径。为此,本章将从资源视角就农产品供应链整合及优化问题进行探索研究。

一、农产品供应链的资源集

(一)资源内涵的把握

一般而言,资源的内容及范畴的研究视角可分为经济学视角、企业组织视角及供应链视角等三个方面。

1.经济学视角下的资源内涵

长期以来,人们主要是从经济学特别是从生态学的角度来理解资源,把资源简单地等同于自然资源或经济资源。马克思曾在《资本论》中说:"劳动和土地,是财富两个原始的形成要素。"而恩格斯认为:"其实,劳动和自然界在一起它才是一切财富的源泉,自然界为劳动提供材料,劳动把材料转变为财富。"[1]马克思、恩格

---

[1] 《马克思恩格斯选集》第 4 卷,人民出版社 1995 年版,第 373 页。

斯的定义,既指出了自然资源的客观存在,又把人(包括劳动力和技术)的因素视为财富的另一不可或缺的来源。资源被认为是广泛地存在于自然界和人类社会中,是一种自然存在物或能够给人类带来财富的财富。

但随着经济社会发展,人们对于资源的认识发生了改变,经历了从自然资源到经济资源再到社会资源,从小资源观到大资源观的演进过程,并形成以下几种代表性的资源定义:

> 联合国环境规划署:资源是一定时间、地点、条件下能产生经济价值的、以提高人类当前和将来福利的自然环境和因素。①
>
> 资源,是指任何有助于经济活动的东西。这包括位于陆地和海洋之下的自然资源,也包括拥有各种技能和资质的劳动力、资本、物资或人工产品。②
>
> 资源,即公司在生产某种产品或服务时投入的各种要素。③

显然,第一种定义是把资源等同于自然资源;后两种定义则是把生产要素归结为经济资源,以经济资源来统摄各种资源。这种传统的、基于经济学或生态学意义之上的资源概念就是狭义资源

---

① 杨秀苔:《资源经济学:资源最优配置的经济分析》,重庆大学出版社 1993 年版,第 28 页。

② 约翰·布莱克:《牛津经济学词典》,上海外语教育出版社 2000 年版,第 402—403 页。

③ 克利斯托夫·帕斯、布莱斯·洛斯、莱斯利·戴维斯:《科林斯经济学辞典》(第 3 版),罗汉译,上海财经大学出版社 2008 年版,第 202 页。

概念或传统的资源观。随着社会的发展,资源的内涵被不断扩展与泛化,传统资源观逐步演变成大资源观。大资源可分为六大既相互独立又相互联系的子资源系统,即自然资源、经济资源、文化资源、人力资源、政治资源和制度资源。后五种资源是人类社会劳动的成果,又统称社会性资源。另外,人们经常把自然资源和经济资源称为物质性资源、硬资源或有形资源,相应地又把主要以无形形态存在的其他资源称为非物质性资源、软资源或无形资源。

2. 企业组织视角下的资源内涵

资源同样是产业组织及企业管理研究领域研究企业获得并维持竞争优势的热点。美国经济学家 Edith Penrose 是最早提倡企业资源观的学者之一,早在 1959 年她就提出:"企业不仅仅是一个行政管理单位;企业更重要的存在形式是生产资源的集合。行政单位的角色和作用是,通过其行政决策来决定这些资源在不同使用者、不同时间的配置。当我们从这个角度来审视私人公司和评断其规模时,最好的标准是它们所操控的生产资源。"Penrose 将资源界定为"一个企业为其自身使用所购买、租赁或者生产制造的物理性实物和以某些条款所雇佣的劳动力,这些条款能够促使劳动力有效地成为企业的一部分",她还强调企业由自身资源所产生的生产性或潜在生产性服务的异质性(而非同质性)赋予了每个企业的独特特征。

Jay Barney 则是为诸多学者所公认的现代企业资源观(RBV)之父。他的理论认为,在公司之间可能存在着一种异质或差异,正是这些差异使得一部分公司保持着竞争优势。因此,RBV 理论强调战略选择,认为公司管理的战略任务就是找出、发展和配置这一部分与众不同的关键资源,以谋求最大化的经营回报。Barney 在1991 年发表的《企业资源与可持续竞争优势》(Firm Resources and

Sustained Competitive Advantage)一文中明确指出,超常的租值在一定程度上是可以通过"VRIN"资源来获得,即能带来竞争优势的资源具有四种特性:有价值、稀缺、不可模仿性和不可替代性(简称 VRIN)。

可见,在企业资源观中,企业是一个独具特色的、能够产生持久的、超正常利润的资源集合。资源是一个企业拥有和控制的知识积累、财务资产、物质资产、人力资本等一系列的有形和无形的要素。从更深层次上说,企业资源是资源要素、资源要素间关系以及资源间关系等要素及其关系的集合体。在一定程度上可以认为,要素关系形成资源,资源关系形成能力。

3. 供应链视角下的资源内涵

在现代经济社会,仅靠自己企业的资源不可能有效地参与市场竞争,还必须把经营过程中的有关各方如供应商、制造商、分销商、客户等纳入一个紧密的供应链中,才能有效地安排企业的产、供、销活动,满足企业利用全社会一切市场资源快速高效地进行生产经营的需求,以期进一步提高效率和在市场上获得竞争优势。

在供应链视角下,企业资源包括内部资源与外部资源两个方面,其主要包括以下几个方面:

内部资源:

①物流资源(如厂房、分销中心、库存)

②人力资源(如技术操作员、经营管理者)

③财务资源(如现金流、融资能力)

④信息技术资源(如通信网络、购销管理系统)

⑤市场营销资源(如品牌优势、信誉)

⑥组织资源(如企业文化、供应商关系、客户关系)

⑦法律资源(如专利、商标、合同)

外部资源：

①供应商资源

②客户资源

③第三方物流企业资源

④第三方服务企业资源

一般而言，取自于组织外部环境的资源，通常并不具有某一组织独特的属性。由于市场的不完全性以及资源稀缺性的特点，尽管不同企业在获得稀缺资源上的机会是不均等的，但在谁可以获取这些资源的权利上，不同组织之间仍然是具有一定公平性的。而之所以造成不同企业或组织在资源获取和利用上存在显著差异性，其主要原因则在于不同组织自身知识与能力的不平衡性差异。而组织对于外部资源进行决策的前提基础恰是组织对于内部资源的分析。因为外部资源本身不具有某一组织的特性，因而只有当外部资源与内部资源能相互发生作用之后，内部资源才会与外部资源进行整合，各资源要素之间才会产生整合效应。

通过上述对资源内涵及其范畴的对比阐述发现，研究对象及研究视角不同，则资源所涵盖的核心内容亦有所差异。但具体到以资源整合农产品供应链的研究而言，资源的内涵无疑更应具备供应链理论中对于资源所包括内容的一般阐述。这就为农产品供应链资源整合的切入点提供了解决思路，即一方面要着眼于经营组织内部的自有要素资源，注重识别核心资源，凝聚组织内部资源力量；另一方面则应根据内部资源状况，发现、选择、利用外部资源，加强构建资源间协调关系。

（二）农产品供应链的链路特性及其对资源要素的要求

1.农产品供应链的链路特性

一般认为，供应链是一个范围更广的企业结构模式，它包含所有加盟的节点企业,从原材料的供应开始,经过链中不同企业的制造加工、组装、分销等过程直到最终用户。供应链由所有加盟的节点组装构成,其中一般有一个核心企业。节点企业在需求信息的驱动下和信息共享的基础上,通过供应链的职能分工与合作,以资金流、产品流为媒介实现整个供应链的不断增值。农产品供应链同样包含这些环节,只是每一部分所涉及的内容会有所不同。

就农产品供应链的组织构成来看,农产品供应链通常如图7—1所示构成。

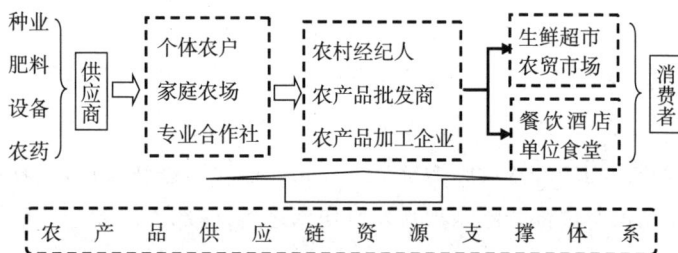

图7—1 农产品供应链及支撑资源示意图

与工业企业的产品供应链不同,农产品供应链在运行过程中呈现出以下几个特征:

(1)农产品生产具有时间间隔。一般而言,工业品的生产反应时间比较迅速,能够及时满足供应链上客户端的需求。而农产品则受动植物生长的自然属性限制,从播种到收获往往都需要一段自然时间间隔。这就导致农产品生产者对市场需求不能即时反应,即时满足客户需求。

(2)空间快速转移需求突出。受农产品自然属性约束,大部分农产品容易腐烂变质。因此,农产品的空间转移及存储相对一般工业品而言要求较高,不仅时间求短,而且过程中损耗也求低。

否则,农产品流通不仅不能及时满足下游客户需求,而且也容易提升流通成本。

(3)农产品流通受个体差异化影响较突出。与一般工业品的流水线标准化生产不同,农产品在生产过程中受生产环境、技术水平影响,产品个体容易出现参差不齐的现象。这一方面会使得农产品在流通过程中难以提高其产品的售价,另一方面也容易增加农产品流通过程中对产后初加工、商品化处理作业的负担。

2.农产品流通对资源要素的客观要求

农产品供应链中所存在的几方面特性,很容易导致农产品供应链在形成过程中,上下游组织主体的渠道影响力呈现差异,进而造成各环节点对资源拥有情况或资源整合能力的不同依赖反应。其具体表现为:

一是链路主体资源状况容易影响农产品价值含量。一般而言,农产品的生产活动会受到土壤、水质、气候等客观因素影响,但随着现代农业生产技术发展及设施农业的推广,在农作物生产环节中,农作物生产技术对农作物生产发挥着越来越重要的作用。掌握并能充分利用这些现代农业生产技术资源,不仅有助于改善农产品产品质量,提高产品的标准化程度,而且更有助于增加农产品本身的价值含量,提高农作物生产者对下游环节的渠道影响力。同时在流通过程中,农产品增值能力又会进一步受加工技术资源状况影响。目前,农产品的一个重要增值点就是其产后加工增值。加工技术状况如何以及加工技术资源在农产品流通链路上又是如何分布,这些问题都会进一步影响农产品本身的价值增值性。

二是链路各组织主体对资源要素需求存在差异性。农产品在生产、流通、消费过程中需经过不同的组织主体来实现逐级流转。而各个组织主体尽管在围绕农产品来展开业务运作,但其具体内容存在很大不同,对资源要素的需求也就产生明显差异。如在农产品生产环节,个体农户、家庭农场及专业合作社要比其他组织主体更加关注耕作技术、生产安排等生产加工技术资源,而批零环节中的经纪人、批发商、零售企业则更关注市场价格、产品供需等市场资源状况。

三是链路主体均面临两种资源环境。在农产品生产、流通过程中,尽管各链路主体完成流转的目的存在差异、流转作业内容各有不同,但其都会受到两种资源环境影响,即自身所携带的资源环境和其他节点企业所携带的资源环境。链路节点组织主体自身所携带的资源环境主要表现在供应链中任何一个主体由于它的经验、能力使得其在运作过程上所掌控的各种资源,这种资源往往具有一定的稳定性;而其他节点企业所携带的资源环境表现在供应链中的每一个节点企业作为一个农产品运营环节,同样具有一定资源,但具有可替代性及流动性。

四是农产品流转链路呈现双资源支撑。农产品流通过程中,尽管存在渠道不同、流经主体不同,但整个流通活动却呈现出双资源支撑特征,即物流资源支撑与营销资源支撑。物流资源实质为实现农产品进行链路流转而产生推动作用的资源类型,其主要表现为在农产品流转链路上为加快农产品流转可共同使用、协同分享的推进时空转移性资源,如基础性运输、仓储、流通加工、配送等合同设施、合同设备、公共技术等;而营销资源,实质为实现销售促进而发挥推动作用的资源类型,其主要体现为农产品流转活动受节点企业销售促进能力支撑而呈现出的具有独占性的资源,如专有设施、商标品牌、特许权利等资源。

通过上述分析发现,从资源角度来看,农产品流通过程中资源的影响作用是不可忽视的。同时,由于链路主体对资源需求存在差异性特征,资源对于农产品流转链路中各主体的影响程度也各不相同。尽管如此,我们仍可以认为在农产品流通过程中,资源对农产品供应链的影响作用主要通过节点企业的实体流转性资源及销售促进性资源两个侧面对整个农产品供应链发挥支撑作用。

(三)基于资源视角的农产品供应链整合机会

资源是农产品流通企业运行的基础,但有了资源并不是就意味着农产品流转节点企业自然就会构成供应链。因此,从资源角度识别农产品供应链整合的机会就显得特别重要。笔者这里基于上述供应链资源范畴的探讨,对农产品流转过程中节点企业间可能产生资源整合的机会分为:物流资源整合和营销资源整合。

1. 物流资源整合

物流资源整合主要关注于农产品流转链路上有相互关联的经营组织间,通过对具有共同需求、相近流通渠道及相似加工工艺的物流资源共享使用用途,从而使链路上各经营组织能有效地降低成本,产生农产品供应链整合效应,增强农产品及相关企业的市场竞争优势。根据农产品供应链上节点企业间主要交易内容及所涉及资源内容,笔者认为农产品供应链中基于物流资源的整合主要存在以下五种机会。

一是基于运输资源而展开的整合。主要着眼于农产品流通过程中存在的运输设施、运输设备、器具等进行整合,为农产品流通全链提供运输服务支持,并进而实现农产品运输一体化,推动农产品供应链全链整合。

二是基于仓储资源而展开的整合。主要着眼于农产品流通过程中存在的仓储需求进行整合,为农产品流通全链提供农产品仓储服务支撑,并进而实现农产品仓储集约化,推动农产品供应链全链整合。

三是基于流通加工资源而展开的整合。主要着眼于农产品流通过程中存在的分割、打包、刷标签等链路内、外部加工资源进行整合,提高流通经营组织加工能力,优化农产品流通加工机能,增强农产品流通经营组织凝聚力,实现农产品供应链全链整合。

四是基于配送资源而展开的整合。主要着眼于农产品流通过程中相近的客户需求、类似的产销环节要求将农产品经营组织上下游客户群体的配送需求进行集中整合,提高农产品配送资源规模,优化农产品流通供需衔接能力,实现农产品供应链全链整合。

五是基于管理资源而展开的整合。主要着眼于农产品流通企业的组织经营能力及相关作业人员素质,通过管理托管、联合经营等方式,提高农产品流通的整体筹划能力,优化农产品流通运行绩效,实现农产品供应链全链整合。

2. 营销资源整合

营销资源整合主要关注于供应链上节点企业凭借其组织内占有稀缺性、不可复制性资源的优势,通过发挥销售促进性资源的资源禀赋优势,使链路上各经营组织都能收到其带来的效益波及影响,提高产品竞争力,增强整个农产品供应链的综合效益。根据农产品生产及流通过程中的主要交易行为及涉及资源内容状况,笔者认为农产品供应链中基于营销资源的整合主要存在以下几个方面:

一是基于特许权的独立资源整合。农产品流转链路中个别节点经营组织发挥组织内拥有的品牌、专利等特许权的独立资源优势,基于特许权形成对农产品流通链路的凝聚力和对外的影响力,从而达到整合农产品供应链的目的。

二是基于企业商誉、信誉的独立资源整合。商誉及信誉作为企业的一项特殊资产项目,不仅能为经营组织带来间接的经济效益,而且还具有一定的难以模仿性及不可复制性,是经营组织特有的独立资源。在农产品流转链路中,经营组织完全可以通过充分发挥内部的商誉及信誉的资源价值特性,增强对农产品流转链路内部的影响力及对外部资源的吸引力,将链路内资源与链路外资源整合于核心经营组织的商誉经营范畴,实现对农产品供应链的整合。

三是基于具有空间依附性资源而展开的独立资源整合。正如前文所述,尽管资源在农产品流转各个环节以不同形式各有存在,但这种资源在空间上却并非均匀分布。这就造成农产品流转链路中,不同节点凝聚不同资源,甚至形成核心资源、优势资源在个别区域、个别节点上集聚存在。这同时也使得资源在流转链路上尽管有通用性,但空间分离更使得其具有一定的独立性。因而,农产品流转链路可以充分发挥这种相对独立的空间依附性资源来整合农产品供应链。

从上述三方面表现来看,基于特许权及商誉、信誉而形成的营销资源在其外在表现更多地表现出权利性,在资源利用上则更偏重于所有者的权利让渡,因而也可以统称为权利性独立资源。而具有空间依附性的营销资源更加侧重于地理区位因素,因而也可以称之为地理性独立资源。

二、基于物流资源的农产品供应链整合

(一)物流资源在农产品供应链上的存在类别及其特征

1.农产品供应链上物流资源的主要存在类别

就共享资源在农产品流通过程中的分布来看,尽管物流资源可以根据资源涵盖范畴分为运输资源、仓储资源、流通加工资源、配送资源、物流管理资源等五大方面,但由于农产品流通过程中,流通跨度大、涉及经营主体厂,各共享资源在农产品流通过程中也存在不同的分布表现:

(1)运输资源。运输是农产品流通过程中各个节点经营组织都需拥有的资源内容,其一般表现为运输设施、运输设备、运输器具。而就运输资源在农产品流通过程中的分布来看,客户资源主要表现为泛在性及相对性两大特点。首先,运输资源的泛在性表现为农产品流通经营组织均需要一定的运输资源,以实现农产品在经营组织间的顺利流通。但农产品流通过程的运输资源也是具有相对性的,其主要表现为运输资源往往凝结于各个经营组织,缺乏整合性。

(2)仓储资源。仓储资源是在农产品流通过程中承担农产品时空转移的资源载体,其主要表现为仓储设施、设备等。就物流资源在农产品流通过程中的分布来看,其主要体现出节点性及可共享性。物流资源的节点性表现为仓储资源为适应农产品流通中的短暂停留需要而呈现的节点性空间布局特点。同时,尽管仓储资源在不同流通阶段有特定的流通服务对象,但就农产品所具有的相近产品属性来看,农产品的仓储资源又是具有可共享性的。

(3)流通加工资源。流通加工资源是农产品生产及流通过程中所涉及的一切分割、分类、清洗、贴标签、包装、装袋等作业资源的总称。在农产品流通过程中,为保护农产品质量,各相关经营组织通常都要对农产品进行适当的流通加工作业,如采后初加工以及流通过程中的包装、组配及切割等。流通加工作业贯穿于农产品生产流通的全过程,从而使流通加工资源呈现出全局性及客观性分布态势。但又由于各相关经营组织的经营活动存在规模差异、加工需求差异,造成对加工资源的依赖程度亦有所不同,这就使得流通加工资源在农产品流通过程中的分布具有相对性及差异性。

(4)配送资源。配送是农产品流通过程中的重要活动内容。配送资源是农产品生产及流通过程中所涉及的对农产品进行分类、拣选、分割、组配等作业资源的总称。配送资源在农产品流通过程中,特别是在消费地农产品经营活动中广泛地存在。其主要表现为农产品经营企业对小批量、多品种农产品及物资的快速分拣,事先进行配货、配装,科学确定运送路线,实现农产品及相关物资的配送活动。可见,农产品流通中配送资源同样具有一定的广泛性。由于配送也具有了一定环节需求导向特性,因而配送资源同样具有环节属性差异。

(5)物流管理资源。管理本身是一种无形的、动态的、间接资源,是经营组织在不增加人、财、物有形资源的情况下,通过加强管理,合理地充分有效地利用人、财、物,实现产值、产量和利润增加,取得较大的经济效益的能力。管理资源在农产品生产流通经营活动中广泛地存在。从生产过程到流通过程,从农户到零售部门以及生产、批发、零售等经济活动的各个环节都存在管理资源,可以说管理资源无时不在,无处不有,体现出管理资源在农产品供应链上的广泛性。但是管理资源不能独立存在,它总是依附在农产品生产、流通的经营组织活动中。离开了企业组织的经营活动,离开了对农产品流通过程中企业间的各种交易关系处理,它就失去了存在的条件,使得管理资源呈现出一定的外部性及社会性。

2.物流资源在农产品供应链上的存在特征

通过对运输资源、仓储资源、加工资源、配送资源、物流管理资源等资源内容在农产品流通过程中的分布类别来看,尽管各种资

源在农产品流通各个环节中存在一定的差异性,但这些资源仍呈现出以下一些共同特点:

一是具有全局特点。在农产品流通过程中,由于经营组织的业务需要,无论是运输资源、仓储资源,还是配送资源、加工资源、管理资源,都共同分布于整个农产品流通的各个环节之中。这使得共享资源呈现出全局分布的特点。

二是具有可共享性。尽管农产品流通过程中,运输资源、管理资源、加工资源、仓储资源、配送资源在各经营主体间存在差异性,但由于这些资源均为围绕农产品流通而聚集、形成的资源积累,且服务对象从产品属性上也具有相近性,因而,从客观上而言这些资源在农产品流通过程中具有一定的可共享性。

三是具有经济属性。开发和利用任何资源都需要投资,而投资就自然会追求资源的经济价值。由于这些资源在农产品流通过程可以为诸多经营主体提供服务,实现共享,因而这些资源对于农产品流通过程中的经营组织而言就不需要投入大量资金,甚至只需很少投资就可以取得经济效益。而且农产品流通过程中各企业只要通过加强资源整合,改善生产经营活动方式,同样可以达到预定目标。因而也可以说,这些资源本身就是一种能实现廉价共享的经济性资源。

(二)基于物流资源整合农产品供应链的整合原则

基于共享资源整合农产品供应链必须要满足一定的约束条件,即基于共享资源的农产品供应链整合必须要遵循互惠合作、资源共享、灵活协调、公平公正以及求同存异的原则。只有遵循这些整合原则,农产品流通才能保证组织经营主体间形成最大的资源整合效应。

1. 互惠合作原则

作为农产品流通过程中的各类独立经营组织,其之所以有意愿融入农产品供应链,进而实现农产品供应链整合,最大动力来自于自身对经济利益的追求。在这一分析前提下,农产品流通过程要实现资源整合,就必须使得所有的供应链参与者都能在供应链运作过程中获得更大的资源整合效益。这既是基于资源整合农产品供应链的出发点,也同样是保证农产品供应链稳定运行的重要保障。因此,在农产品流通各环节的经营组织间建立互惠合作关系,便成为以资源整合农产品供应链的重要原则。

2. 资源共享原则

在农产品流通过程中,各个环节的经营组织都拥有具有一定优势和特色的资源,如农产品生产、加工环节拥有较先进的种植、加工设备,农资供应商具有一定价格优势的农资产品,各级经销商则具有广阔的客户渠道等。各个经营组织只有将自身的优势资源进行集体共享,各个环节间特别是同环节内部优化组合,用合作组织的优势资源弥补自身的不足,实现环节间及环节内部的资源合理衔接、取长补短。只有这样,农产品流通过程中,各种资源才能得到最大限度的利用,实现以资源整合农产品供应链的目的。

3. 灵活协调原则

农产品流通是连接生产与农产品消费的中间环节。但是由于农产品市场信息瞬息万变,市场需求存在明显的波动性,因而农产品流通过程中资源的灵活衔接则更显重要。这就要求在农产品流通过程中,农产品经营组织能及时捕捉精准的农产品信息,并能及时根据市场需求状况调整资源配置。只有当资源配置的结果始终符合市场的变化时,基于资源整合农产品供应链的效应才会持续增加。因而,基于资源进行农产品供应链整合应当时刻结合市场环境状况,坚持灵活性原则。

4. 公平公正原则

正如前文所述,共享资源在农产品流通各个环节中是存在一定差异性的。农产品流通过程中的经营组织由于所处环节不同,所处理的作业内容差异,共享资源拥有的体量也不尽相同。但是要实现基于资源整合农产品供应链,农产品流通过程中的各经营组织则不管所持共享资源多少,从链路整合的合作地位上应当秉持平等公正性。只有这样,农产品流通链路才能实现整合效应。当然,强调合作地位的平等公正性并不是要提倡吃"大锅饭"。整合各方应当充分考虑各资源共享方提供资源的多少及所承担风险的大小,采取按资源贡献状况、风险承担状况合理分配链路利益,以增强各经营主体间的合作积极性。

5. 求同存异原则

虽然基于资源整合农产品供应链的目标是要在农产品流通过程中以资源为纽带构筑各相关经营组织间密切的合作关系,实现整个农产品供应链具有共同的经济利益和发展愿景,但毕竟各环节、各区域的经营组织均为独立运行的经济实体,具有自身的发展传统和企业文化。因而,农产品供应链中各行为主体之间难免发生利益冲突或文化冲突。为此,基于资源整合农产品供应链应在保证供应链整体利益最大化的前提下,要允许各经营组织存在适当差异。这也是农产品供应链不断得到整合提高、协调运行的最根本保障。

(三)基于物流资源整合农产品供应链的整合机制

1. 农产品供应链间企业资源整合的形成动因

在农产品流通过程中,农产品经营组织之间一般基于利益关系而相互形成合作共同体。而就经营组织间资源整合的动因而言也概莫若此,即农产品流通经营组织之间在资源需求上存在着互为需求、互为依赖的相互关系。这便使得农产品经营组织之间能建立起稳固的资源整合关系。因而,从农产品经营组织之所以存在意愿进行资源整合并构建农产品供应链的动机来看,农产品供应链间企业资源整合的形成机制主要包括两大形成动因。

(1)高收益动因

农产品流通中共享资源进行整合主要目的就是要获得更高的资源运营收益。因而,对于农产品供应链中资源整合最基本的动因就可以概括为高收益动因。换句话来说,就是要集合农产品各个环节的共享资源实现更高的资源收益,达到资源利用 $1+1>2$ 的目的,即相对于各独立经营组织、企业的分散所属资源进行简单加总而形成的业绩表现,整合后的资源利用效益应当发挥出更优异的效率特征。

若以 R 表示资源运营收益,S 表示资源运营收入,C 表示资源运营成本,Z 表示资源现值,则基于资源利用而形成的企业 i 的单体资源运营收益可由式①表示,即:

$$R_i = \frac{S_i - C_i}{Z_i} \qquad ①$$

而在农产品流通过程中所有拥有共享资源的经营组织分别独立运营产生的资源运营收益则为:

$$\sum_1^n R_i = \frac{\sum_1^n S_i - \sum_1^n C_i}{\sum_1^n Z_i} \qquad ②$$

当然,式②中所体现的收益也可以视为农产品供应链中共享资源未整合状态下的全链收益。

基于共享资源整合农产品供应链后,农产品流通相关资源得到集中使用,并通过整合作用发挥出更高的效用。这种高效通常体现在两个方面,一是通过同样的资源获得更多的资源运营收入,二是在同等的资源运营收入下只需较少的资源或更少的运营成本。因而,要基于共享资源整合农产品供应链则意味着客观上满足以下三个前提:

$$S_T \geq \sum_1^n S_i \ ; \ C_T \leq \sum_1^n C_i \ ; \ Z_T \leq \sum_1^n Z_i$$

其中,S_T 表示基于共享资源整合农产品供应链后的全链资源运营收入,C_T 表示基于共享资源整合农产品供应链后的全链资源运营成本,Z_T 表示基于共享资源整合农产品供应链后的全链资源现值。只有符合这三个前提,农产品供应链上经营组织运营共享资源才能实现更大增值,即:

$$R_T = \frac{S_T - C_T}{Z_T} \geq \frac{\sum_1^n S_i - \sum_1^n C_i}{\sum_1^n Z_i} = \sum_1^n R_i$$

由此可见,在农产品流通过程中只有各经营主体基于共享资源整合农产品供应链后的资源运营收益大于独立运营的资源收益时,基于共享资源进行的农产品供应链才有可能进行整合,否则,各经营组织没有动力来实现基于共享资源的链路整合。

(2)依赖性动因

农产品供应链间企业资源整合的依赖性动因主要体现在两大方面,一是环节依赖性,二是资源依赖性。

首先,环节依赖是农产品供应链间企业资源整合的产业特性要求。农产品流通是农产品在流通各环节上依次展开的空间、时间流转过程。为能保证农产品流通过程的顺利进行,农产品流通经营组织间需要保持良好的相互关系。这不仅要体现在上下游之间良好的业务合作、长期的伙伴机制，甚至资源共享也会成为保障环节间良好合作关系的重要手段。这就更加突显环节依赖性在整合农产品供应链过程中不可忽视的作用。当环节依赖性在农产品流通过程中作用突显的背景下，农产品流通企业便具有基于资源整合农产品供应链的动力。

其次，资源依赖是农产品流通企业作为基本经营组织的特性使然。农产品在农产品流通过程中，任何一个经营组织最关心的内容就是组织的长期存在及发展问题。为了生存、发展，各经营组织不得不从外界不断地获取各种资源。因而，农产品流通过程中的各经营主体与周围环境形成相互依存、相互作用的结合体，其中，各经营组织对外部环境围绕资源的汲取便成为经营组织之间的相互依存、相互作用关系的重要组成内容。

但进一步分析发现，对于农产品流通经营主体而言，组织内部的各种资源一般都呈现为可共享性与差异性相结合的综合体。可共享性体现为各流通环节内各经营组织间的可共享以及部分资源在流通链路上的可共享，而差异性则表现为组织资源在经营组织内部的独特性。而也正是由于企业资源的这一特性，农产品流通各经营组织围绕可共享资源的汲取实质上更反映了企业间资源的拓展性依赖，而各经营组织围绕差异性资源的汲取实质上则反映了企业间资源的互补性依赖。因此，农产品流通过程中无论资源如何具体表现，各经营组织相互之间仍具有一定的资源整合基础。由此可见，当农产品流通经营组织围绕资源呈现出拓展性依赖与互补性依赖需求时，企业间便具有动力基于共享资源来进行农产品供应链整合。

2.基于物流资源整合农产品供应链的形成机制

一般而言,形成机制是复杂系统各构成要素在特定环境下逐步优化、自我演化的动态过程。基于共享资源整合农产品供应链本身同样是农产品流通过程中各经营组织自我优化,链路关系自我演化的动态过程。同时,在基于共享资源整合农产品供应链的过程中,随着经营组织间合作关系的成熟及整合力度的加大,共享资源融入农产品供应链的范围及种类也将不断拓展。

笔者认为,农产品流通链路要形成基于共享资源整合的农产品供应链需要经过:动机形成、业务沟通、企业合作、资源整合等四个阶段,具体如表7—1所示。

表7—1 基于共享资源整合的农产品供应链形成阶段

形成阶段	阶段特征	具体内容
第1阶段	动机形成	企业间资源确认
第2阶段	业务沟通	围绕共享资源进行具体业务沟通
第3阶段	企业合作	多方位资源协调,共享多种资源
第4阶段	资源整合	产生整合效应,实现链路整合

(1)动机形成阶段。一般而言,农产品流通经营组织是否具有基于物流资源进行整合的意愿是进行整合农产品供应链的前提条件。农产品流通经营组织间要进行基于物流资源的农产品供应链整合首先要使得农产品流通经营组织明确进行协调、合作,乃至资源整合的意愿。在此阶段,农产品流通经营组织只是在各自经营活动中通过业务活动的开展及与外部企业间交流的增强,逐步形成合作、资源整合意识,但还没有形成真正的企业间业务协调作业。即便是农产品流通企业间存在相互关联作业,其作业的展开

也仅属于普通企业间正常的业务交往。

真正促成农产品流通企业间资源整合意愿形成的因素,来自于两大方面:一是经营组织间为进一步谋求资源整合效益,扩展经营活动而形成资源整合意愿;二是农产品流通经营组织为进一步谋求规模经济效益或弥补资源短板不足而形成资源整合意愿。

(2)业务沟通阶段。业务沟通是农产品流通经营组织就农产品流通业务进行的沟通与协调活动。农产品流通链路上各个经营组织要达到基于物流资源进行链路整合的目的,首先就要建立起链路企业间横向或纵向的业务协调及信息沟通。这也是基于物流资源整合农产品供应链的基础。在此阶段上,由于农产品流通经营组织仅仅只是进行普通的业务往来,并没有建立深层次的合作关系。但随着业务往来的进行,经营组织间也逐渐产生运输资源、仓储资源等物流资源的相互沟通。

在这一阶段上,农产品流通经营组织间的业务沟通主要体现在两个方向上,一是横向业务沟通,主要以同环节业务咨询为主;二是纵向业务沟通,主要以流通环节间经营业务拓展为主。而无论是横向业务沟通,还是纵向业务沟通,其在沟通形式上一般可借助走访、展销会等直接方式,以及函询、通讯、互联网络等间接方式来进行。当然,在业务沟通阶段,不同经营组织之间也会围绕资源展开直接竞争。这种竞争尽管会增加经营组织间市场导向的直接冲突,但无法否认竞争也会使得彼此之间增强相互了解。由于农产品流通经营组织基本上还是单独展开业务,所以物流资源间的流动很少。尽管各农产品流通经营组织总体上仍保持相对独立的经营状态,但在个别物流资源间业务沟通,甚至是业务协作行为也已逐步形成。

(3)企业合作阶段。在农产品流通过程中,随着各经营组织间业务沟通活动的频繁进行,企业之间合作的意识也会逐步强化。特别是各经营组织在展开业务沟通时出现围绕资源而进行竞争、冲突时,经营组织为了能及时应对市场需求变化,或者谋求更多的经营效益,必然会意识到单靠自身的力量无法有效解决所有问题,更谈不上达到企业理想的目标。在这种情况下,农产品流通经营组织将会逐渐意识到合作是经营组织进一步发展的现实选择。

在企业合作阶段,农产品流通经营组织逐步意识到谋求长远的企业发展及持久盈利是组织发展的重要目标,这也将成为企业间进行合作的基础。特别是在资源共享上,农产品流通经营组织将越来越注意到要想使企业获得持久发展,就必须与其他经营组织实现合作,弥补组织内资源的不足,聚集组织间同类资源,以实现资源集聚、优势互补。同时,随着农产品流通经营组织合作意识的增强及组织间业务协作的频繁,各经营组织间的相互信任程度也会逐步加深。这就会促使经营组织间围绕运输、仓储、流通加工,甚至配送资源等一系列物流资源在更深层次上进一步共享,经营组织间资源整合的趋势开始显现。

(4)资源整合阶段。资源整合是企业合作发展的进一步深化。随着农产品流通经营组织间合作关系的逐步加固,各环节间的组织交流、业务衔接、流程合作也越来越多,物流资源在链路间的逐渐整合,形成优势资源集聚状态,实现分工协作及链路运行一体化。

在资源整合阶段实施过程中,农产品流通各经营组织积极参与到物流资源整合,进而形成较以往其他阶段最大不同之处,即农产品流通各经营组织已经能够从链路共享资源整合中分享资源整合效益,能够借助整合后的共享资源获得经营组织单靠自身发展所无法获得的收益。在这一阶段,不仅农产品流通过程中所涉及的运输资源、仓储资源、流通加工资源等基础物流资源形成有效配合,配送资源在农产品流通各经营组织间也得到充分共享,而且为进一步实现各物流资源整合后的资源整合效益,管理资源也将逐渐融合。在此基础上,农产品流通过程将实现以运输资源、配送资源、流通加工资源、仓储资源为先导,以管理资源为整合支撑的链路协调运行状态。

为进一步详细阐述基于物流资源整合农产品供应链的形成机制,笔者结合前文所述农产品供应链中物流资源及其在整合过程中的作用关系来探讨农产品供应链的形成机制。具体如图 7—2 所示。

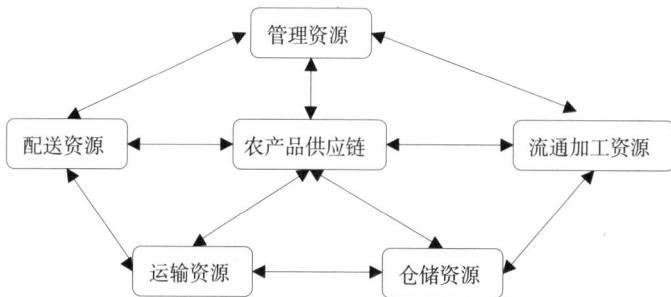

图 7—2 基于物流资源的农产品供应链形成示意图

基于物流资源的农产品供应链整合的形成,首先是由于有形化的物流资源,如运输资源、仓储资源、流通加工资源、配送资源等为引导,加速农产品流通经营组织形成业务沟通,甚至是资源整合意识;其次,经过农产品流通经营组织经过相互间物流资源的确认,各经营组织便有意识地就运输资源、仓储资源、配送资源、流通加工资源等基础性物流资源进行业务沟通,展开组织间的业务往来,甚至进行初步的企业间合作;再次,随着企业间业务交流的进一步深化,更深层次地共享资源,并且随着企业间合作的深入发展,不同农产品流通组织围绕物流资源展开统一资源管理,管理资源介入到资源整合范畴内,进而实现农产品供应链的一体化运营。

当然,在整合过程中,农产品供应链也并非严格按运输资源、仓储资源、流通加工资源、配送资源、管理资源的顺序来进行资源整合。前文之所以提出不同资源在各阶段存在不同介入情况,主要是从各物流资源整合的相对难易度上来考虑的。当然,在存在某种物流资源存在相对优势的情况下,笔者同样认为基于优势物流资源优先打造农产品供应链的可能性依然存在,即农产品流通经营组织先以某一优势物流资源为切入点整合单一物流要素型农产品供应链,然后再逐步将其他物流资源逐步纳入农产品供应链中,实现充分的资源整合。

3. 基于物流资源整合农产品供应链的整合模式

正如前文所述,物流资源主要针对的是具有共同需求、相近流通渠道及相似加工工艺的链路资源。但即便如此,在农产品流通过程中,物流资源在不同的农产品流通环节及不同的经营主体组织内仍会表现出一定的环节依附性及环节共生性。而基于物流资源整合农产品供应链则既要考虑物流资源的环节共生性又不能忽视其环节依附性。这就需要农产品流通经营组织在考虑物流资源环节依附性与环节共生性的同时来实现链路协调。为此,笔者认为基于物流资源的农产品供应链整合模式可以分为三种模式,即以环带链整合模式、以链带环整合模式、环链并行整合模式。

(1)以环带链整合模式。以环带链整合是指农产品流通经营组织首先通过对同环节内物流资源进行整合,在初步获得物流资源整合效益后再进一步向上下游环节延展的整合模式。从整合的环节来看,以环带链整合模式之所以首先偏向于同环节内物流资源的整合,就是出于在农产品流通过程中不同环节间物流资源的环节依附性考虑。如作为基础性物流资源的流通加工资源在不同流通环节中同样存在环节差异,产地环节更注重采后预处理功能资源,而销地环节则更注重分装、商品打包资源。因而,从农产品流通环节角度出发,基于物流资源整合农产品供应链则可以环节物流资源为着眼点,进而带动实现整个农产品供应链的整合。

物流资源以环带链整合的主要目的包括两方面:一是把一些分散的、规模较小的物流资源集聚起来,组成一个规模性物流资源,以实现资源使用的规模效益;或者利用集聚后的规模效益,提高物流资源利用效率,降低单位资源利用成本。同时,通过以环带链整合模式,可以避免农产品流通经营组织在竞争过程中的内耗,有利于改善目前我国农产品流通过程中经营组织分散化、缺乏规模优势的不足。二是通过物流资源的集聚作用,为农产品流通经营组织提供更有力的资源支持力度。这一方面使得农产品流通经营组织形成规模资源,对接展开批量化运营;另一方面也能有效调节农产品流通渠道内买卖双方,特别是农产品前端生产流通与大型商贸企业间的平等互惠关系。

(2)以链带环整合模式。以链带环整合则是指农产品流通经营组织首先依托个别物流资源将上下游各环节进行初步整合,在获得一定物流资源整合效益基础上再进一步向关联环节扩展资源整合内容从而实现各环节物流资源完全整合的模式。以链带环整合模式的突出特点就是以物流资源在农产品流通链路的环节共生性为着眼点,基于个别物流资源优先构建局部资源型农产品供应链。如作为基础性物流资源的仓储资源,尽管不同农产品流通环节有所差异,但无论是产地、中转地还是销地,各个环节对于农产品仓储的内容要求仍是大致相同或经简单加工可以通用的。因而,基于这类具有环节共通性资源可以优先建立以某一物流资源为核心的农产品供应链,然后再进一步由单一物流资源向多物流资源扩展,实现完整的、全局性的农产品供应链。

以链带环整合模式从实施过程上来看,一般可以分为两个阶段:第一阶段强调基于环节共生性的物流资源识别及整合。农产品经营组织需要甄别农产品流通过程中哪些现有的物流资源可以在各经营组织间具有整合机会与能力。第二阶段则强调基于单项物流资源初步整合后的农产品流通经营组织进一步扩展物流资源整合范畴,形成多种物流资源综合整合的农产品供应链。

(3)环链并行整合模式。环链并行整合是农产品经营组织同时着眼于农产品流通环节及链间合作,通过综合平台建设整合农产品供应链。环链并行整合模式的突出特点是通过以农产品流通整合平台建设的形式来推动农产品供应链的形成。之所以通过整合平台来进行,主要出于农产品流通过程中个别物流资源中环节共生性与环节依附性互为伴存状态的考虑。如就管理资源而言,农产品流通各环节经营组织无论大小,均需要一定的管理资源来维护农产品流通的顺利进行,具有一定的环节共生性;若组织规模不同,经营地域不同,流转环节不同,管理资源的内容也存在差异,造成具有一定的环节依附性。但管理资源不同于其他有形物流资源,其更多依赖于组织的内隐知识及经营技巧,不同经营组织间资源兼容或整合成本较低,因而,采取整合平台方式则可以更好地实现流通链路内具有内隐性物流资源的低成本高效率的集聚,进而推动农产品供应链的整合。

(四)基于物流资源整合农产品供应链的路径选择

如前文所述,在农产品流通过程中物流资源的分布主要表现为运输资源、仓储资源、流通加工资源、配送资源、管理资源等五大资源内容。在高收益动因及依赖性动因推动下,五大物流资源可以通过以环带链式整合、以链带环式整合及环链并行式整合等模式来进行农产品供应链整合。但具体到每一种物流资源,出于其资源差异性的考虑,笔者认为各共享资源具体的整合路径如表7—2所示。

表7—2 基于物流资源的农产品供应链整合路径

资源类型	整合来源及形式	整合内容
运输资源	整合来源	共同的运输设施、设备,对农产品运输相同的需求
	整合路径	农产品运输设施的共同化运营
仓储资源	整合来源	对农产品仓储活动的相同需求
	整合路径	集合化仓储平台,协调流通环节内外部需求
流通加工资源	整合来源	供应链渠道内加工及外部委托加工的需求
	整合路径	完善农产品加工作业,进行资源的整合运用
配送资源	整合来源	共同的产销地、同类的供应(分销)商
	整合路径	采取联合配送形式,进行供应商、分销商整合
管理资源	整合来源	类似的业务处理内容、管理范围及管理对象
	整合路径	整合管理平台,提供业务托管服务

1.运输资源整合路径。运输资源的整合主要源自于对可以共同利用的运输设施、运输设备及相关运输技术、方式的集合利用,以满足对农产品运输活动相同及相近需求。而就基于运输资源整合农产品供应链的路径而言,笔者认为可以通过以环带链发展模式,通过农产品运输设施的共同化运营来实现。

2.仓储资源整合路径。仓储资源整合主要源于对农产品流通过程中对农产品仓储活动的相同需求,以实现农产品集中仓储。

而就基于仓储资源整合农产品供应链的路径而言,笔者认为也可以通过以环带链发展模式,通过整合链路环节节点的仓储平台,实现对供应链上下游及内外部需求的协调互通。

3. 流通加工资源整合路径。流通加工资源整合主要源于农产品流通过程中农产品流通经营组织对供应链渠道内加工及外部委托加工的需求,以实现农产品流通经营组织内的流通加工需要。而就基于流通加工资源整合农产品供应链的路径而言,笔者认为可以通过以链带环发展模式,通过完善农产品加工作业,进行加工资源的整合运用。

4. 配送资源整合路径。配送资源整合主要源于农产品流通过程中农产品流通经营组织,如农产品采购商、经销商及其他中间商的实体配送需求,通过借助相同的产销地及同类经销商集中运营实现规模效益,减低农产品配送成本。而就基于配送资源整合农产品供应链的路径而言,笔者认为可以通过以环带链发展模式,通过采取联合配送形式,进行供应商、分销商配送作业的整合来实现。

5. 管理资源整合路径。管理资源整合主要源于农产品流通过程中农产品流通经营组织对流转链路、人员配置、业务操作等农产品流通运营事项优化整合的需求。而就基于管理资源整合农产品供应链的路径而言,笔者认为可以通过环链并行发展模式,通过构建农产品供应链整合管理平台,提供业务托管服务。

三、基于营销资源的农产品供应链整合

(一)营销资源在农产品供应链上的存在类别及其特征

1. 农产品供应链上营销资源的主要存在类别

如本章第一节所述,营销资源是农产品流通过程中为经营组织所占有的核心技术、经验积累及声誉、客户关系等销售促进性资源,权属明确并具有一定的排他性。其一般着眼于农产品流通经营组织特有的销售促进性资源。而从农产品流通活动所涉及内容上看,农产品流通一般要涉及一定的场所、专用权利等资源。因而,在主要资源内容及关联资源范畴上,笔者将农产品流通中营销资源分为地理资源、权利资源等两大方面。其中地理资源主要指农产品流通经营组织所拥有的场所、区域、空间等具有地理依附性的资源。权利资源则主要指依附于农产品流通经营组织的专利、特许等商务权利资源。

就营销资源在农产品流通过程中的分布而言,尽管其可以具体表现为地理资源、权利资源等两大类别,但因农产品流通环节、经营组织不同,各营销资源又呈现出不同的表现。具体来说:

(1)地理资源。地理资源主要是农产品流通过程中具有地理依附特征的资源类别,其一般表现为交易场所(含虚拟网络场所)、生产区域等。而就地理资源在农产品流通过程中的分布来看,地理资源主要表现为不可移动性及定向性两大特征。首先,地理资源的不可移动性主要表现为地理资源的实物本体不能朝向生产商或交易商移动。也正是地理资源的这种不可移动性,才决定了农产品流通活动地点固定和区域固定的特征。而农产品流通经营组织也只能依附在固定的地理空间上来进行农产品流通活动。地理资源的定向性主要表现在两个方面,一是由于地理资源的空间差异性而形成的农产品流通的稳定流向,如农产品流通过程中批发市场经营中稳定的产品辐射范围及流向;二是由于地理资源的空间区域性而形成的区域农产品流通吸引力,如在农产品产地就近形成的农贸市场。

(2)权利资源。权利资源主要指依附于农产品流通经营组织的各种组织权利,其一般表现为经营组织的经营许可权、商标权、专利权等。而就权利资源在农产品流通过程中的分布来看,权利资源主要表现为权利性及标示性两大特征。首先,权利资源的权利性主要表现在权利资源仅仅归属于持有资源证明的个人、企业或组织,确保每一个权利资源持有人对应一个真实的资源产权权利人。资源的权利变更跟随资源内容的变更而变化。而权利资源的标示性则主要指权利资源持有人为便于消费者及其他经营组织识别权利归属,有意识、有计划地将自己所属权利资源的各种特征向消费者及其他经营组织主动地展示与传播,使其他农产品流通参与者在市场环境中对某一个特定权利资源有一个标准化、差别化的印象和认识。

2. 农产品供应链上营销资源的存在特征

通过对营销资源在农产品流通过程中存在的具体分布类别内容来看,尽管地理资源、权利资源等营销资源在农产品流通过程中因环节、经营组织差异而表现出一定的差异性,但这些营销资源从整体上仍呈现出以下一些共同特点:

一是具有排他性特点。在农产品流通过程中,当某一个农产品流通经营组织获得了某一资源后,就可以把其他农产品流通经营组织排斥在获得该资源的利益之外,甚至在使用上也需经过资源所有人许可。如由于地理资源的独占而带来的排他以及权利获得后的独占排他,未经其许可,任何人不得利用,否则,构成侵权。而之所以造成营销资源具有排他性特点的原因,主要包括资源的稀缺性、非共享性以及空间属性等。

二是具有差异性特征。在农产品流通过程中,农产品流通经营组织往往会凭借拥有的依附于一定区域场所的地理资源而形成空间差异,凭借获得的经营许可而形成权利差异。而且,由于农产品流通经营的空间差异以及经营权利差异使得农产品流通经营组织的经营收益产生明显的不同,使得这些地理资源及权利资源的差异性特征更加突出。更重要的是,农产品流通经营组织可以凭借营销资源的差异性特征进一步培育企业在农产品流通过程中的竞争优势,更有利于经营组织的持续发展。

三是具有价值性特征。农产品流通过程中,营销资源同样是有价值资源。这些营销资源既是农产品流通活动所无法离开的必要资源,与其他共享资源一起共同支撑了农产品流通活动的有效运行。营销资源的价值性特征主要表现在两方面,一是可以支撑农产品流通经营组织价值创造活动的顺利展开,如特定的经营场所、加工生产区域;二是可以促进农产品生产及流通资源的高效利用,如通过获取有效商标、专利及其他特许权利提高农产品的附加价值及流通效率。

(二)基于营销资源整合农产品供应链的原则

从农产品供应链上营销资源的存在特征来看,排他性及差异性是营销资源不同于共享资源的最大差别。这就决定了基于营销资源进行农产品供应链整合的基础。因此,基于营销资源整合农产品供应链的原则不同于共享资源整合农产品供应链的原则,应更多立足于营销资源排他性及差异性特征。具体而言,笔者认为其原则主要如下:

1.统一性原则

基于营销资源整合农产品供应链的目的在于以营销资源协调农产品流通经营组织各方的资源、制度等内容,组建合理的结构,形成营销资源在农产品流通过程中统一配置的组织形式。营销资源整合的统一性原则包括两个方面的内容:经营统一原则,指农产品流通各经营组织的营销资源运营协调统一,各组织的经营业务与营销资源的运营要统一;营销资源制度、权益体系的统一性原则,营销资源的制度、权益体系的统一有利于对营销资源配置效率的评价与监管。

2. 有效性原则

有效性原则是指对农产品供应链上的营销资源等进行鉴别,确定营销资源整合农产品流通后适合农产品流通经营组织的战略发展目的,具有全局战略意义,从而优化整合后的农产品流通质量。而对于整合后的营销资源来说,需要进一步确定营销资源在农产品流通过程中的效益稳定性,其运营风险是否在经营组织的控制范围之内。整体来说,对于营销资源的整合效率性和战略符合性的确定,有利于保证农产品流通经营组织获得最佳的经济效益,保证战略目的的实现。

3. 灵活性与强制性相结合原则

农产品流通环境的复杂多变,要求农产品供应链整合要具有灵活性。基于营销资源的农产品供应链整合必须以统一性为基础,但这并不意味着僵化呆板,相反,是要在遵循营销资源整合原则的基础之上保持营销资源运营的灵活性。防止农产品供应链整合过程中的权力过分集中以及因此而造成的对农产品市场流通环境反应迟钝。另外,营销资源整合农产品供应链时,被整合农产品流通经营组织对于营销资源运营方式的选择要在灵活性基础上坚持一定的强制性,即如被整合的农产品流通经营组织的某些资源运营方式优于营销资源拥有方,则进行营销资源整合的农产品流通经营组织则应该积极吸收其合理部分,但一旦整合后营销资源的资源运营制度形成,则必须强制性执行。

4.规范化运作原则

这一原则指的是农产品流通经营组织应按现代农产品流通的要求,对营销资源整合的具体运作和资源运营作业流程再造进行规范,并确立科学合理的资源运营业绩评价标准,并依此进行资源运营具体的运作组织和管理,以降低营销资源整合成本及损失,提高农产品流通经营组织营销资源整合质量。农产品流通经营活动需要经营组织对其所有的作业要素,围绕资源运营成本和农产品流通客户服务之间的平衡进行系统优化。要想实现这一平衡,营销资源整合必须有完善的流程、作业规范体系和制度体系,这也是进行农产品流通营销资源整合绩效评价的依据和标准。

(三)基于营销资源整合农产品供应链的形成机制

1.基于营销资源整合农产品供应链的形成动因

正如笔者在基于共享资源整合农产品供应链的形成动因所述,农产品流通经营组织之所以基于资源而进行上下游以及同业间整合的根本动因就在于降低运营成本,提高运营收益。但就营销资源而言,其特有的排他性及差异性特征使得营销资源所有者在资源整合中更具主动性,其农产品供应链整合的主导意味更强。换言之,基于营销资源整合供应链将更多导向于资源所有者为主的农产品供应链整合形式。这在一定程度上也就意味着,营销资源所有者的整合意愿也势必成为基于营销资源整合农产品供应链的形成动因,即要么是积小成大,发挥规模效益;要么是充分挖潜,优化配置效率。因而,基于营销资源整合并构建农产品供应链的动机来看,其形成动因主要包括以下两个方面:

(1)规模经济动因

一般而言,规模经济可以表现为内部规模经济与外部规模经济。其中,内部规模经济主要表现为经营组织长期平均成本随着产量的增加而递减的经济状况。就农产品流通而言,其内部规模经济主要表现为随着农产品流通经营组织流转农产品数量的增加,而平均农产品流通费用却呈现下降的状态。在另一方面,外部规模经济则主要表现为一个行业内由于集中生产从而降低了该行业总体经营的成本,尽管单个经营组织的经营规模仍然较小,但行业内却由于正外部性影响而呈现出规模经济。就农产品流通而言,其外部规模经济则一可表现为同业经营者在区域内的集中经营而形成的总体经营成本的节约,二可表现为专有资源在多家经营组织间的共享而带来的总体经营成本的降低。

而就营销资源所有者而言,其在农产品流通经营过程中同样具有追求内部规模经济与外部规模经济的动力。首先从内部规模经济而言,营销资源所有者拥有扩大营销资源规模的内在动力。具体来说,其着眼于内部规模经济的动力主要包括围绕营销资源的专业分工与协作的经济性、农产品流通成本的节约、农产品流通技术开发及优化的经济性、规模管理效应、融资成本节约效应、抵御经营风险能力的提升等。农产品流通过程中,营销资源的规模经济可以通过兼并、收购、融资扩股等方式来实现资源规模的扩张,如农产品流通过程中的交易场所、生产区域等地理性资源就可以通过类似方式实现内部规模经济。其次从外部规模经济而言,营销资源所有者有动力通过借助与公司、机构及基础设施之间的联系而获得规模经济。具体来说,拥有营销资源的农产品流通经营组织着眼于外部规模经济的动力主要来自于两方面,一是通过农产品流通业内的合作与协作、基础设施的共享、农产品流通辅助行业的培育等方式直接作用于农产品流通行业,从而形成农产品流通的外部规模经济;二是通过提高农产品流通效率,支撑农产品生产及加工行业发展,从而形成借助其他产业拉动农产品流通的外部规模经济。

也正是农产品流通过程中的营销资源所有者存在对于内部规模经济及外部规模经济的追求动力,这就使得营销资源所有者具有了以营销资源在农产品流通上下游或同业间进行整合的动力。

(2)优化配置动因

农产品流通过程中营销资源所具有的排他性和差异性使得其在一定程度上也兼具了资源的稀缺性。但也正是营销资源的这种稀缺特点同样决定了任何一个农产品流通经营组织都必须通过一定的方式把这种有限的营销资源合理分配到农产品流通的关键环节中去,以实现营销资源的最佳利用,即用最少的营销资源耗费,提供出最适用的农产品流通产出。

而就营销资源所有者而言,其在农产品流通经营过程中面临的一个主要问题就是如何更好地优化配置营销资源。农产品流通中营销资源的所有者作为农产品流通的经营主体必然以利润最大化为目标从事流通经营活动。营销资源所有者要使其在农产品全链流通过程中具有竞争力和实现利润最大化,就必须能够充分发挥自身的资源优势及能力优势。否则,在全链竞争中就会处于被动地位,可能只能获得较少的收入。但对于营销资源所有者而言,其与其他农产品流通经营组织相比最大的优势就在于其所拥有的营销资源。而这一兼具稀缺性的营销资源,无疑也是其拥有者获得市场竞争优势的有力基础。这样,营销资源所有者作为农产品流通的市场主体,在市场机制的调节下,从自身利益出发,则会具有较强的能动性积极地优化现有资源,特别是基于营销资源来构筑竞争优势,改进资源管理及运营方式,以提高其自身的生产率。

2.基于营销资源整合农产品供应链的形成机制

在农产品流通过程中,要基于营销资源来整合农产品供应链需要分步实施,逐步实现。笔者认为,在基于营销资源整合农产品供应链的过程中,整合机会的识别是整合实现的前提,信任机制的建立是农产品供应链整合的基础,整合方式的匹配是营销资源整合的核心,信息共享是农产品供应链运行的保障。

(1)识别整合机会

整合机会的识别就是寻找在农产品流通过程中,拥有营销资源的农产品流通经营组织能够与哪些经营组织进行整合,从而构成农产品供应链。营销资源能否有效整合农产品供应链,关键要看农产品流通经营组织与营销资源拥有企业间资源的组合与配置能否有效适应农产品流通环境变化,营销资源在企业能否发挥集聚效应实现市场价值的增值,营销资源整合后的农产品流通过程能否有效降低农产品流通单位运行成本等等。

营销资源整合农产品供应链是否可行,主要在于资源所有企业与被整合企业间在整合前后流通效益及流通成本是否产生明显改善。如果营销资源所有企业整合其他农产品流通经营组织后的流通效益超越企业单独创造价值之和,或者整合后企业间农产品流通成本低于企业单独流通组织成本之和,则说明基于营销资源整合农产品供应链具有理论上的机会,反之则农产品流通经营组织间不存在整合机会。

(2)确立信任关系

营销资源本身具有排他性。营销资源整合农产品供应链需在明确整合机会的同时,要进一步确立农产品流通企业间的相互信任关系。特别是在目前我国农产品流通过程中,拥有营销资源的经营组织,如拥有的商标、品牌等权利资源以及自己的交易场所、生产区域等地理资源的专业合作社、市场中介、中间商等经营组织,往往与农户及其他中间商之间并没有形成密切的合作关系。组织与农户间、组织与组织间制式化的交易行为无疑拉大了经营主体间的距离,信任机制也难以确立。而确立经营主体间的信任关系又恰恰是整合农产品供应链运行的前提,是农产品供应链顺利运行的支柱。这就使得农产品流通组织之间的信任机制成为了基于营销资源整合农产品供应链的基石。

当然,信任与责任是对等的。拥有营销资源的农产品流通经营组织要整合农产品供应链,也意味着营销资源所有者将允许被整合经营组织在整合状态下获得对营销资源的使用权,如对商标、品牌的使用,对交易场所、生产区域的介入等。而这也要求被整合企业必须从维护组织间信任关系的基点出发,严格履行使用营销资源过程中所应遵循的义务并承担相关责任。否则,如果双方不信任,或者产生事后违约行为,都将造成企业额外的费用或分散其经营的精力。

(3)明确整合方式

基于营销资源整合农产品供应链,实质上是以营销资源为纽带链接农产品流通全链,同时也是营销资源所有者将营销资源在农产品流通过程中进行链路共享,并进而实现链路控制的过程。随着农产品流通范围的逐步扩大和流通内容及方式的进一步深化,农产品流通营销资源配置中存在着诸多深层次的矛盾和问题——秩序混乱、布局不合理、经营粗放、破坏市场环境等。选择合适的营销资源整合方式事关农产品供应链的运行效率。

一般而言,整合方式决定了整合的深度,而基于营销资源整合农产品供应链同样如此。就营销资源整合的具体方式而言,可以分为战略层整合、战术层整合和业务层整合。战略层整合主要针对整体性、长期性、基本性问题,具体方式包括整体兼并、收购等形式;而战术层整合主要侧重于规划局部性、短期性、具体性问题,具体方式包括参股、联合、托管等形式;而业务层整合主要侧重于具体操作业务间的协同整合问题,具体方式则以承包、合作协议等形式呈现。要基于营销资源整合农产品流通,就需要结合农产品流通经营组织间信任关系状况,采取匹配的整合方式实现营销资源配置的集约化、规模化。合理的整合方式是基于营销资源整合农产品供应链的核心。

(4)实现信息共享

实现信息共享是基于营销资源整合农产品供应链的重要保障,其作用主要表现在两个方面:一是有力推进农产品供应链整合进程。基于营销资源整合农产品供应链需要营销资源所有者的意愿推动,需要对被整合农产品流通企业信任关系的确立,需要营销资源所有者与被整合企业紧密互动明确整合方式、推进整合。而这样,内容能否顺利进行则取决于农产品流通企业双方的信息分享程度,特别是营销资源所有者对被整合企业的信息掌握程度。信息共享则是农产品供应链整合顺利进行的有力保障。二是有力维护农产品供应链运行。基于营销资源整合农产品供应链后,营销资源所有者仍将对整个供应链负有运行监控责任,而被整合的农产品流通企业则负有有效利用营销资源的义务。因而,信息共享更需要在双方企业间得到执行。

3.基于营销资源整合农产品供应链的整合模式

基于营销资源的农产品供应链整合模式主要就是解决营销资源所有企业对营销资源如何共享、优化、提升。对此,笔者认为,基于营销资源整合农产品供应链必须要结合营销资源的存在类型、存在特征以及农产品流通的作业特点,并在此基础上提出基于营销资源整合农产品供应链的两种整合模式。

（1）集群整合模式

"集群"，本来是用于描述某一特定区域内存在的大量作业技术密切相关的企业及相关组织在空间上集聚，并形成强劲、持续竞争优势的现象。笔者之所以提出集群整合模式主要着眼于营销资源中具有空间属性的地理资源类型及其所表现出的差异性特征，认为要以营销资源，特别是地理资源来整合农产品供应链就需立足于具有差异性的地理资源，通过在空间上形成集聚以构筑在价值链上的竞争优势，进而达到整合农产品供应链的目的。集群整合是营销资源在农产品流通战略层面整合的有效机制，集群结构决定其功能及其在全链中的地位，而集群的功能和运营效率是形成农产品流通能力和竞争力的主要因素。

集群整合模式主要是营销资源所有企业通过地缘和业缘联系，形成一个由完善、发达的供应商，有经验、挑剔的顾客群，垂直、水平联系的众多企业和各个支撑机构之间共同作用，形成知识、技术创新及其有效的扩散系统。由于以营销资源为基础的集群内聚集了许多同质和关联度很高的农产品流通群体，一旦有新的农产品或流通技术出现，很快就会在其集群内部传播、溢出和渗透。营销资源集群既可以通过内部的细密分工形成一个近距离的集体（合作）农产品流通网络，又有利于远距离的流通机构与集群形成流通联盟，形成跨区域的密切合作网络。同时，基于营销资源的农产品流通企业集群也可利用空间接近性和共同的区域文化与行业文化背景，为集群内特定知识传递和扩散提供条件。

（2）联盟整合模式

企业联盟，实质上又可以看做是虚拟企业，是一些相互营销的经营组织通过业务技术连接的、暂时结盟的，成员企业在不同方面贡献自己核心能力的一种经济组织形式。笔者之所以提出联盟整合模式主要着眼于营销资源中具有权利属性的权利资源类型及其所具有的价值性特征,认为要以营销资源,特别是权利资源来整合农产品供应链就需立足于具有价值性的权利资源,通过权利资源在组织间的授权为企业营销资源外部优化整合农产品供应链提供可能。在这一整合模式下,营销资源所有企业能将经营关注点集中于自身核心资源及能力上,进而优化核心资源,特别是营销资源的优势地位及其能力转换作用。而对于被授权的农产品流通经营组织则可通过权利联盟来解决单个经营组织在进行农产品流通过程中自有资源禀赋不足的问题,实现对内、外部资源的最优配置和整合利用。

基于联盟整合模式下的营销资源整合将主要具有以下功效:一是弥补单一农产品流通经营组织资源,特别是营销资源不足。权利联盟以权利资源为依托,成员企业能快速选用、组合不同企业优质的权利资源,从而弥补自身资源的不足。二是降低权利开拓成本。外部农产品流通企业可以通过加入营销资源的权利联盟整合有效资源来提高农产品流通效率,从而降低单独开拓权利成本,规避市场经营风险。三是提高农产品流通的优势。由于权利联盟成员企业拓展运用权利资源而形成的核心优势,从而激发出更强的农产品流通能力。

(四)基于营销资源整合农产品供应链的路径选择

如前所述,在农产品流通过程中营销资源主要表现为以空间属性为主要特征的地理性资源及以资产权利为表现特征的权利资源。尽管这些营销资源可以通过集群整合模式及联盟整合模式来实现农产品供应链的整合,但具体到每一种共享资源,出于其资源差异性的考虑,笔者认为各营销资源具体的整合路径如表7—3所示。

表7—3　基于营销资源的农产品供应链整合路径

资源类型	整合来源及形式	整合内容
地理资源	整合来源	农产品在特定区域内的生产、加工、交易
	整合路径	通过兼并、联营,实现空间集聚发展
权利资源	整合来源	对特许、品牌、商誉等企业专属资产的需求
	整合路径	通过联营、参股、协议,扩大企业联盟

1.地理资源整合路径

地理资源的整合主要源于农产品在特定区域内进行生产、加工、交易,以满足农产品原产地属性要求及对特定加工与交易地点的空间依赖需求。而就基于地理资源整合农产品供应链的路径而言,笔者认为可以在集群整合模式的指导下通过兼并、并购、联营的整合方式,满足农产品生产流通对地理资源的需求。

2.权利资源整合路径

权利资源的整合主要源于农产品生产流通对特许权利、商标品牌、企业商誉等专属资产的拓展应用需求。而就基于权利资源整合农产品供应链的整合路径而言,笔者认为可以在联盟整合模式指导下,通过联营、参股、帮扶协议等整合方式,在权利资源所有企业与被整合企业间建立联盟式合作关系,拓展应用权利资源所有企业的专属资源。

四、基于资源整合农产品供应链的关键步骤

(一)辨识关键资源,制定整合实施计划

基于资源整合农产品供应链首先应该制定切实可行的实施计

划。而对于此项工作一般分为如下四个步骤。

1.将农产品流通经营组织的业务目标同现有能力及业绩进行比较,首先发现经营组织现有农产品流通过程的显著弱点,剖析组织内优化农产品流通的关键能力及关键限制,辨识组织改善农产品流通所需要的关键资源及明确组织外部已存在的资源状况。

2.同关键资源所有者或上下游客户一起探讨、评估农产品流通发展状况、面临的竞争局势和可行的现代流通新技术,建立农产品供应链整合的远景目标。

3.制订从目前现实农产品流通状态过渡到理想农产品供应链目标的行动计划,同时评估农产品流通经营组织实现这种过渡的现实条件。

4.根据优先级安排上述计划,并承诺相应的资源。根据实施计划,首先要定义长期的农产品供应链结构,使拥有关键资源的农产品经营组织在与正确的上下游客户及相关业者在明确的合理供应链中处于合理的位置,然后重组和优化经营组织内外部的商流、物流、信息流、资金流及其他关键资源,最后在农产品流通的关键环节提高质量和运营效率。

(二)整合农产品供应链

在市场日益规范、竞争日趋激烈的情况下,整合农产品供应链已成为农产品流通企业必须采取的对策。而对于拥有共享资源以及营销资源的农产品流通企业,可以采取如下主要措施构建农产品供应链。

1.明确自己在农产品供应链中的定位

农产品供应链是由农资供应商、农产品生产商、农产品经销商、农产品零售商及其他相关经营主体共同构成的链路体系。在农产品供应链中,不管每个成员为整个供应链做什么,都应该是专业化的经营主体。专业化也是基于资源整合农产品供应链的关键因素。要整合农产品供应链,就必须以自身的资源优势状况来确定自己的位置,制定相关的发展战略,比如按物流资源规模、营销资源稀缺程度,明确资源配置方向,着重培养自己的业务优势。

2.确立资源整合方式

无论是通过共享资源,还是通过营销资源整合农产品供应链,拥有资源的农产品流通经营组织都有基于现有资源的特性采取合适的整合方式进行链路整合。农产品流通经营组织的资源能否通过供应链提高资源的配置效率,这主要还是取决于整合双方对整合方式、整合路径的认可。

3.广泛采用信息技术

无论是基于哪种资源进行农产品供应链整合,农产品流通经营组织都应尽可能全面地收集信息。这不仅保证农产品供应链整合的顺利进行,也便于整合双方对整合过程进行及时控制及调整。而且在基于资源整合农产品供应链后,供应链领导者还应该积极倡导建立整个农产品供应链的信息系统,以加强链路运行及资源利用效率监控。

(三)改造农产品供应链运行流程

基于资源整合农产品供应链不仅涉及资源的配置,还事关共享资源及营销资源利用相关作业的流程再造。基于资源整合农产品供应链后,农产品供应链流程改造总体上可以从使命导向或问题导向来分析。使命导向追求差异化,问题导向则追求效率。因而,使命导向出发的农产品供应链流程改造需根据资源整合使命对现有流程内容进行重新清理,侧重于关键流程与流程整合。而问题导向出发的农产品供应链流程改造则需结合现有问题把握当前作业流程,重点在于对现有流程进行分析,并进而把握问题原因。

(四)评估农产品供应链资源整合绩效

一般而言,农产品供应链运行的评估主要集中于供应链运行状况及上下游企业间运营关系上。评估农产品供应链资源整合的绩效应该是基于农产品流通业务流程的绩效评价指标,能够恰当地反映农产品供应链整体的运行状况,以及资源利用的效率。特别是基于某种资源整合农产品供应链后,该资源在供应链运行中发挥的绩效状况以及其对上下游企业间运营关系的维护状况。对于资源整合方的评价应该有运营收益率、资源利用率、农产品产销率等,而对于被整合方的评价则重点集中于资源利用满意度评价上。

第八章 农产品供应链
协同运行机制

从农产品供应链的整合视角可以看出,农产品流通过程中节点企业较多,且农产品流通各环节在组织状况、资源状况、信息状况等方面也存在较大差异。这就使得不同要素视角下整合农产品供应链的整合原则、整合形式、整合路径存在着广泛的不一致性,也使得农产品供应链的整合过程充满复杂性及多样性。但另一方面,不论是基于何种要素主体,整合后的农产品供应链依然面临组织层面、资源层面及信息层面各要素的共生共存。农产品供应链作为一个复杂系统,必须具有智能化的自组织性,实现在组织、资源及信息三个层面上的协调与共赢。因此,对多要素视角下的农产品供应链全链协调运行机制的研究具有十分重要的意义。

一、农产品供应链协同运行的内涵

(一)协同的内涵

国内外学者对协同的定义一直以来都存在争议,并没有很明确、统一的定义。1965 年,H.伊戈尔·安索夫在著作《公司战略》中首次提出了协同的概念,他将协同定义为,相对于各独立组成部分进行简单汇总而形成的企业群体的业务表现,即建立在资源共享的基础上而形成的两个企业之间共生互长的关系。为进一步形

象地说明什么是协同,安索夫进一步解释认为,协同简单地说就是
2+2=5,是使公司的整体效益大于各独立组成部分总和的效应。①
而就协同的存在类型而言,安索夫认为主要包括销售协同、运营协
同、投资协同以及管理协同等四种类型。而日本学者伊丹广之把
企业资源分为实体资产和隐形资产,他认为只有当公司有效利用
其独特资源——隐形资产时,才能产生真正的协同效应,而协同就
是"搭便车"。他认为,"当从公司一个部分中积累的资源可以被
同时且无成本地应用于公司的其他部分的时候,协同效应就发生
了"。②

　　德国协同理论的创始人哈肯构建了协同学的基本框架,他在
研究激光的相变理论时,研究具有众多分组组成的系统,总结出了
自组织理论,他的理论解释了怎样借助子系统的协同行动而致使
系统功能或结构有序演化。他说过,"称这个学科为协同学,一方
面是由于我们所研究的对象是许多子系统的联合作用,以产生宏
观尺度上的结构和功能;另一方面,它又是由许多不同的学科进行
合作,来发现自组织系统的一般原理"。虽然系统学中并没有给
出协同学的定义,然而其基本思想是子系统的联合符合特定的原
理,它起到一定的宏观管理的效果。

　　而当把协同学应用到管理时,虽然组织系统的价值会大于系
统的各组成部分价值的总和,即会产生一加一大于二的效果,而造

---

① H.伊戈尔·安索夫:《协同与能力》,载安德鲁·坎贝尔、凯瑟琳·萨姆斯·
卢克斯:《战略协同》(第2版),任通海、龙大伟译,机械工业出版社1999年
版,第31页。
② 伊丹广之:《隐性资产》,载安德鲁·坎贝尔、凯瑟琳·萨姆斯·卢克斯编
著:《战略协同》(第2版),任通海、龙大伟译,机械工业出版社1999年版,
第67页。

成这种价值增值的效果背后的深层次原因又是什么呢？安索夫对此作出了解释，并给出了协同的基本经济内涵，同时提出协同模式的有效性是由规模经济带来的好处体现的。协同管理借鉴了系统论的思想和方法，该思想在于以系统的视角对组织状态进行协调，使整个系统从无序向有序发展，各部分协同一致，使组织整体价值超过原有各组成部分单个价值的加总。对于一个系统来说，其协同度越高其协同效果也就越有价值。

我国学者认为，所谓的协同指的是若干个不同的资源或个体一致地完成某一目标的过程。它是通过管理创新来推动的，是一个管理创新的结果，协同理论应用到管理系统中，间接推动了管理理论的创新。

通过上述国内外学者对协同理论的探讨，我们可以发现，协同鼓励的是不同学科之间的交叉合作，研究的是一个系统的各个构成部分之间的相互关系，目标是用统一的观点，构建一种处理复杂系统的概念和方法，进而在宏观水平上实现系统结构和功能的协作。因而，我们在进行农产品供应链整合问题研究时，可以借助协同论方法和协同学已经取得的研究成果，利用"统一"的观点，用于寻找影响系统变化的控制要素，从而发挥系统内各个子系统的协同作用。

（二）农产品供应链协同运行的内涵

基于上文协同理论来进行考察，我们可以发现现实社会中尽管存在各种各样的经济系统，系统特征及系统属性也各不相同，但构成现存系统的各个部门之间以及各个系统之间同样存在相互合作而又相互制约的关系。这个关系在社会经济活动中可以表现为经营组织间相互竞争行为、经营组织内部不同部门间的合作和冲突、不同经营组织间的合作或相互协作,也可以表现为有合作关系的战略联盟系统中组成部分的相互制约和干扰等。

也正是基于这样的考虑,国内诸多学者对于供应链协同提出了类似的界定。其中陈冰冰编著的《SCM 供应链管理——策略、技术与实务》中对供应链协同给出了一个相对全面的定义。他认为,供应链协同是供应链运行过程中企业之间业务交往的一种运作模式,并指出协同具有三重含义:

一是在组织层面,它已超越了以往"合作——对彼此的容忍"的限度,对它更好地描述则是对彼此承担责任。

二是在业务层面,它整合了企业间的业务流程,使得各个合作环节的业务"对接"更加紧密,流程更加通畅,资源利用更加有效。

三是在信息层面,它将伙伴成员间的信息系统紧密地集成在一起,实现数据的实时流通和信息共享,使伙伴间能更快、更好地彼此开展协作,响应对方的需求和变化。

尽管陈冰冰所提出的供应链协同概念偏重于组织运行中的业务交往,但从具体含义上则明确指出了组织、业务、信息在供应链协同中的作用,反映出供应链协同的三个层面。而业务活动的展开又往往立足于经营组织内外部资源之上,因而,这在一定程度上与本书所提出的组织、资源、信息三大协同要素是具有一致性的。

基于以上研究分析,本书认为农产品供应链协同就是农产品供应链中各经营组织之间充分利用现代化技术,在农产品从生产者到加工商、批发商、流通企业、销售商到消费者手中的过程中,通过组织协作、资源协调、信息共享降低农产品供应链的运行成本,提高供应链运行效率和经济效益的过程。

要实现农产品供应链协同,就要求农产品供应链中各节点经营组织为了提高供应链的整体竞争力而进行彼此协调和相互努力。而在这一过程中,各节点经营组织的协调着力点无疑便是组织、资源、信息三大要素。围绕这三大要素,各节点经营组织通过协议或联合组织等方式结成一种网状联合体。在协同网络中,农户、加工商、流通企业、批发商、经销商之间通过组织协作、资源协调、信息共享的方式来实现紧密合作,产生农产品供应链的协同效应。如图8—1所示。

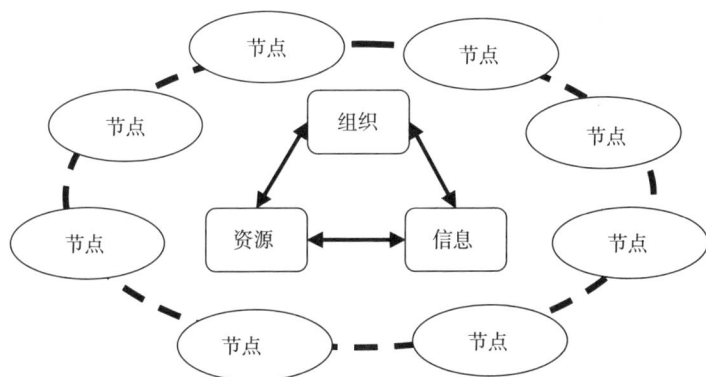

图8—1　农产品供应链之间的协同

(三)农产品供应链协同运行的概念性框架

一般而言,协同运行的农产品供应链应当是农产品供应链中各实体组织通过签订契约,充分利用现代化技术,使农产品从生产者到消费者流通过程中,共享信息、明确利益、责任,降低供应链内外成本,提高供应链效率和效益的过程。农产品供应链的协同运行离不开组织、资源、信息等基本运行要素。而且通过结合农产品供应链协同内涵可进一步明确,农产品供应链的协同运行也应是基于信息、资源、组织而结合成的农产品流通网链结构,是基于多要素而构建的农产品流通网络结构。

　　因此结合前面给出的定义,笔者提出了多要素状况下农产品供应链协同运作概念性框架,具体如图 8—2 所示。多要素农产品供应链协同运作概念性框架包含了农产品流通的三大基本功能流程以及相应的组织集成和信息集成。在这一运作结构框架中,组织和信息为农产品供应链的协同运行提供了有效而扎实的基础;而农产品供应链的具体业务运行则在依托主要资源要素的基础上实现农产品在供应链上的流转。

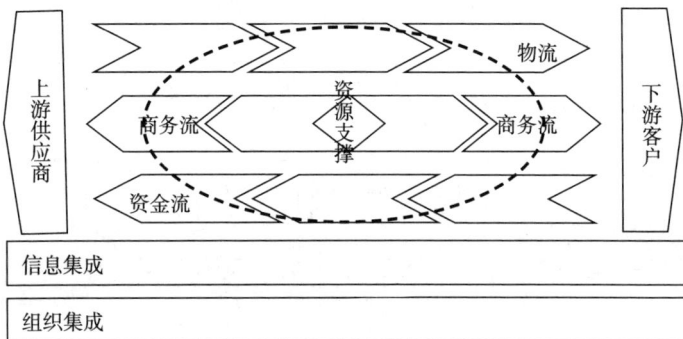

图 8—2　农产品供应链协同运作概念性框架

　　农产品供应链协同运作概念性框架试图从战略的角度和运行的角度对农产品供应链运行中涉及的主要作业内容加以诠释。框架强调了三方面的因素:基于资源要素的业务展开、信息集成、组织集成。这在一定程度上也反映出核心资源要素对三大业务功能展开的基础作用,而信息集成及组织集成不仅分别对应信息要素、管理要素,而且还进一步支撑了农产品供应链的运行。由此,农产品供应链的协同运行一方面应当注重合作型共同发展的关系,特别是在具有关联业务的经营组织间的信息合作与组织协调,而另一方面也强调了资源整合对于业务运行过程中的连贯支撑作用。

二、农产品供应链协同运行的逻辑

农产品供应链的协同运行涉及多个主体,而主体之间又存在既竞争又合作的关系。在农产品供应链的运行过程中,如果一些关键因素无法实现高效协同,既会导致许多协同障碍影响农产品供应链运行的整体效率和个体效率,又会导致整个农产品供应链协同运行的难以实现。因此,农产品供应链协同运行机制应当首先识别出农产品供应链协同运行的关键要素,实现关键要素的协同运行,进而构建推动农产品供应链协同运行的机制框架。

农产品在从生产基地到消费者的流通过程中,受自身分散化、多元化流通的特点影响,整个农产品流通过程内部各环节间、各经营组织间的企业关系与一般企业关系有较大区别。具体而言,一是受需求导向影响,组织间合作必不可少。由于整个农产品流通过程是由消费需求最终拉动,因而各经营组织只有彼此合作,才能实现农产品从生产到消费的全过程高效流通,并进而通过满足消费者需求,实现农产品价值。二是受组织盈利方式制约,组织间竞争不可忽视。在农产品流通过程中,各经营组织的主要获利来源均来自于农产品流转中的产品购销差价,因而农产品流通链路内的竞争关系也尤为凸显。由此可见,竞争与合作成为农产品各经营主体间能否实现供应链协同运行的关键。

农产品流通过程中各经营组织间的竞争合作关系主要体现在纵向供应链链路上。竞争与合作关系处理得当则意味着农产品流通经营组织均有意愿进行农产品供应链协同,否则只能成为产品流通链而没有完整的供应链。因此,要进行农产品供应链协同运行就需要首先从竞争与合作角度来分析农产品流通过程中链路企业间的纵向关系,并由此而构建农产品供应链协同运行内在逻辑。

(一)链路经营组织间的合作关系分析

农产品流通上下游经营组织间的合作关系主要表现在效率改进、效益提升及竞争力强化三个方面,具体而言:

一是可以提高农产品供应链的整体运行效率。通过农产品上下游连接链路中各经营主体间的合作,各经营主体可以分别着力培养各自的内部核心竞争优势与独特能力,并且通过链路合作以实现组织内部核心竞争优势外部化以及实现经营组织独特能力的对接。而农产品上下游经营组织间合作关系一旦确立,便可以使合作双方共享链路中的资源、信息,可共同地参与链路农产品流通计划并了解各自的核心能力以提供创造性的解决方案,从而提高农产品流通整体效率。

二是可以提升链路经营企业经营效益。受农产品大跨度流通特点影响,农产品供应链路中各成员经营组织所处的供应链环节不尽相同,容易造成链路经营组织所面临的市场环境也存在明显差异。而通过农产品供应链企业间的协同运作,可以使链路经营组织内部的隐性知识有更多的机会被运用于更为复杂多样的市场,从而使知识利用的范围增大,也使得修正和补充知识的几率增加。如跨地区间农产品流通组织间的合作将极大促进组织内涵知识的差异化,为各经营组织间的农产品流通隐含技能及内部知识的创新提供了多样化的发展基础,通过各经营组织间的信息共享,便可以使得隐含技能及内部知识具有更大的规模效应和更强的学习效应。因此,农产品供应链中上下游经营组织间的合作在一定程度上能够激发流通组织的技能更新及自我学习,为经营组织进一步培育组织核心能力创造条件。同时,各企业通过采用外部独立资源进行优势互补,在提升经营组织个体能力的同时,也便于农产品供应链实现链路效益大于分散经营组织的个别效益之和。

三是可以降低经营组织间的交易费用,提升个体竞争能力。从农产品供应链的运行来看,如果供应链节点经营组织间能够形成相对稳定的合作关系,则可以降低农产品流通的信息搜集成本、谈判成本,减少农产品交易中的不确定性等,从而降低农产品流通的交易费用。同时,农产品供应链体系下规模化的发展模式又进一步有利于扩大链路节点经营组织间的交易规模,从而在农产品供应链上形成流通规模效应。

此外,通过与供应链上节点经营组织间的合作,各农产品流通经营组织也能够借助供应链体系的合作伙伴的影响形成更强的经济规模,在农产品市场进入、风险承担、技术互补和销售成长等方面带来较大的协同效应,提升对农产品供应链外部经营组织的谈判能力。由此可见,农产品供应链上各节点经营组织间的合作,一方面能够提高农产品供应链整体价值创造能力,另一方面还能借助伙伴间的相互支撑作用提升自身的流通能力。

(二)链路经营组织间的竞争关系分析

农产品供应链节点经营组织间不仅表现出上下游链路合作关系,还包含了上下游链路竞争关系。而农产品供应链节点经营组织间的竞争关系,究其形成原因主要还是来自于上下游节点经营组织间的利益分配竞争。节点经营组织竞争关系在竞争内容上通常表现为:农产品质量等级的评定、内部交易价格的确定、交易附加条件、关联业务的投入、客观风险的承担等。因此,从这些竞争内容上来看,农产品供应链上任何节点经营组织只要与其他链路节点经营组织发生交易行为都不可避免的形成内部竞争关系。

然而,尽管农产品供应链上节点经营组织间存在竞争,甚至会产生交易纠纷,但竞争也会为农产品供应链上节点经营主体带来一定的活力和效应,主要表现在以下三个方面:

一是有利于推动农产品供应链节点经营主体间的自我协调。链路节点经营主体间的竞争行为,虽然会带来节点经营组织间的交易纠纷,但反过来也会推动经营组织进行关联经营组织间的利益分配机制优化,推动关联经营组织间业务流程的再造与整合,以及推动关联节点经营组织的组织契合度,提升关联节点经营组织的信任水平与合作意愿。因此,从这一意义上讲,农产品供应链上各节点经营组织间的适度竞争能够给整个供应链带来自我完善的推动力,使得供应链上各经营组织随时根据农产品市场的变化相应地调整关联业务活动与战略,从而保持竞争优势。

二是有利于带动整个农产品供应链效率的提高。链路内上下游之间的竞争压力将迫使各个经营组织主体不仅要努力争取经营组织内部的竞争优势,还要积极探寻经营组织外部的竞争优势,以便经营组织能在供应链中获得持续发展的空间。而这一过程又会进一步推动各经营主体在经营技术、链路协调、品牌塑造等方面的创新发展,从而达到带动整个农产品供应链效率水平的提升。

三是有利于优化农产品流通资源的配置。通过农产品供应链上各经营组织间的相互竞争,资源要素自然流向效率相对较高的环节,进而可以形成环节间相对有效的专业化分工,发挥环节规模效益,推动供应链上下游经营组织间的有效协同,从而达到带动农产品供应链不断优化协同的目的。

通过对上述农产品供应链上下游经营组织间合作与竞争关系的分析,我们可以知道农产品供应链中竞争与合作是上下游经营组织间的典型相互关系。上下游经营组织在进行合作时,由于各经营组织减少了彼此间的相互对抗,进而也就降低了组织间资源的浪费,各经营组织便可以产生稳定的协作效益,进而使整个农产品供应链的收益得到提高。同时,上下游经营组织间由于形成了稳定的链路关系、稳定的产品供需及价格保障,因而可以减少库存、农产品检验等相关交易成本的发生。而上下游经营组织之间即便是存在相互竞争关系,但这种竞争关系也会转而促进经营组织推进链路内部的专业化分工以及基于分工基础上的业务协同,从而发挥农产品流通的专业化效应及规模效益,使得农产品流通的整体成本得到降低。从这一点上来看,农产品供应链上各节点经营组织间的相互关系实质上就是一种竞合关系。而竞合的着眼点在于把农产品流通的规模做大,从而在此基础上使得农产品流通各经营组织都能获得更高的经营收益。

因此,农产品供应链的协同运作应当是农产品供应链上下游各经营组织处于有效竞合下的运行状态,即处于协同运行的农产品供应链各经营组织应当齐心协力地创造链路合作效益,公平公正地共享链路协同效应,从而使得链路利益创造与分享达到良性互动推进。当然,农产品供应链协同运行过程中各经营组织主体之间不可能永远协同运行,各经营主体都是独立的利益个体,不可避免会存在异议及矛盾,为保证整个农产品供应链协同运行的高效率,就必须在驱动各经营主体间协同合作的同时还要寻求合理的冲突解决,乃至链路协同退出机制。

(三)农产品供应链的协同要素

通过前文分析可以得知,农产品在供应链上进行流转的过程中,各链路节点经营组织之间的相互关系为竞合关系,运行过程中存在有效协调状态,但也会存在缺乏协同状况。而究其原因,主要是在农产品流通过程中各经营组织主体之间关键要素缺乏有效协同,影响了农产品整体流通效率乃至节点经营组织个体利益。可见,要实现农产品供应链的协同运行就需要农产品供应链上各节点经营组织之间在关键要素上实现协同对接,从而增加节点经营组织间的相互信任,减少链路运行策略的不确定性。

什么是农产品供应链运行中的关键要素? 笔者认为,所谓关键要素就是在农产品供应链协同运行中实现各节点经营主体之间流通协同运行的核心因素。这些核心因素存在于各经营主体中或与之密切相关的经营环境中。只有实现各经营主体的核心要素的有效对接,才能保证农产品供应链整体运作过程中的协同,保证农产品供应链运行的高效。因而,这些关键要素也可以认为是农产品供应链协同运行的有效对接要素。

根据诸多研究中所涉及的农产品供应链运行内容的探讨,笔者认为农产品供应链的运行主要包括链路内部及链路外部两个方面,并进而可以以明确农产品供应链运行涉及的内容体现为 6 个代表性要素,即战略、市场、业务、组织、信息、资源。但这些要素在农产品供应链运行过程中所处的位置与发挥的作用并不相同。其中,战略与组织要素主要集中在链路内部层面,市场与信息主要集中于链路外部层面,而业务与资源则介于链路内部与外部之间,表现为组织与战略通过资源与业务把控信息与市场的途径。而从另一侧面来看,战略、市场与业务等要素最终要通过组织、信息与资源等要素来发挥机能或产生作用,因而要实现农产品供应链的协同运作就要使这 6 个要素,特别是组织、信息、资源三要素基础上使得农产品供应链系统在运行中发挥有效对接作用。因而,组织、信息、资源三要素也可以视为农产品供应链协同运行的对接要素。

农产品供应链协同是农产品供应链各节点经营组织对链路内

部环境与外部市场环境不断的刺激与反应过程。为实现"1+1>2"的协同效应,农产品供应链各节点经营组织需要在获得链路外部刺激,如市场推动或信息刺激后,能对链路外部刺激因素及链路内部要素之间建立起完善的要素对接机制。链路节点经营组织,特别是核心经营组织可以按如下对应原则来推动供应链趋向链路协同:以组织要素对应链路整体战略调节链路内部竞争与合作关系;以信息要素对应链路内部环境与外部市场,推动链路合作行为趋向链路协同;以资源要素对应链路节点经营组织间业务流程,借助内部竞争压力推动实现链路协同效益。这样,在农产品供应链中,农产品流通经营组织在组织要素的战略层面指引下,通过对链路外部刺激来感知链路内外环境的状况,同时利用组织要素力量来协调链路内部竞合关系,并进而借助信息及资源要素来实现农产品供应链路协同,进而提高农产品供应链的运行绩效。基于"组织—信息—资源"三对接要素的农产品供应链协同运行模型如图8—3所示。

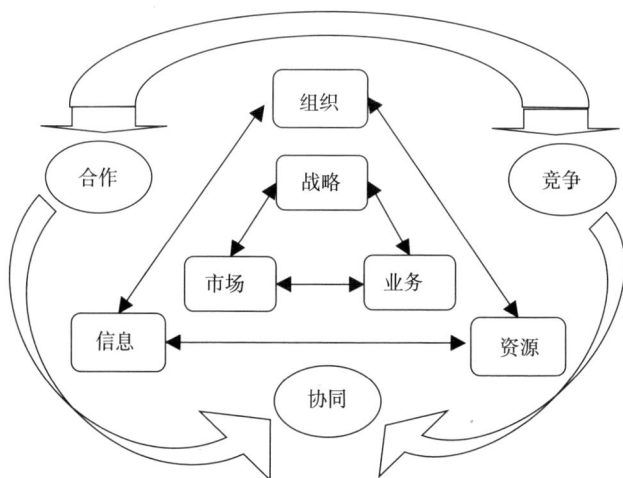

图8—3　基于对接要素的农产品供应链协同运行模型

(四)农产品供应链协同运行的框架结构

农产品供应链的协同运行是整个农产品流转链路上各经营组织的战略协调运行、市场协调运行与业务协调运行的综合体现。具体而言,农产品供应链在战略上要实现各经营组织主体的有效对接,以保证链路整体目标的协调运行;在市场协调上应当敏捷调动农产品供应链流通组织能力,积极应对链路内外各经营组织主体农产品流通需求,有效协调农产品流通市场供需;在业务流程上实现关键流程的有效衔接。

但是,农产品供应链要实现协同运行需要组织、信息、资源等三大对接要素的有效衔接,需要供应链对接要素首先实现有效协同。换言之,农产品供应链协同运行的基础就是供应链对接要素的协同运行。而就农产品供应链的运行而言,要基于组织、信息、资源三大对接要素来实现农产品供应链的协同运行,不仅要满足三大对接要素间的无缝衔接,更重要的是要满足供应链实现农产品流通的基本要求。因此,结合农产品流通的运行特点,农产品供应链中三大对接要素的协同首先就应满足如下原则:

三大对接要素的运行要有利于改进农产品流通效率;

三大对接要素的运行要有利于提升农产品流通效益;

三大对接要素的运行要有利于增强农产品经营组织的竞争力。

根据以上原则,就三大对接要素本身而言,组织要素要在组织设计上进行合理协调,便于农产品流通各经营主体之间的信息传递与战略融合;信息要素则要重点考虑如何实现信息的共享及一致性,减少信息失真、信息不对称状况;资源要素则要重点考虑各经营组织主体间资源的相关性及依赖性,在注重资源互补性利用的同时发挥规模经济性。因此,基于上述这些考虑,农产品供应链协同运行的体系结构如图 8—4 所示。

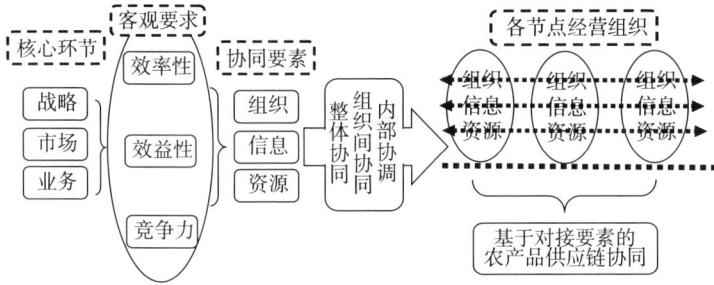

图 8—4 农产品供应链协同运行的框架结构

在农产品供应链的协同运行体系中,基于组织、信息、资源等对接要素的链路协调可以分三个层次:

第一个层次是链路内单个经营组织主体内部的协调,即通过执行比较完善的内部流通安排,实现包括需求预测、资源配置、商务管理、资金融通、物流配送在内的各项计划与决策的协调与整合,使经营组织主体的内部高效协调。

第二个层次是链路内经营主体之间的农产品流通机能的协同。在这一层次,流通机能的协同更多强调以农产品流通为纽带使上下游经营组织间建立稳定的合作伙伴关系。具体而言,农产品流通链路内上下游关联经营组织间联系日趋紧密,市场行为趋向一致性,实现信息共享,并共同在需求预测、物流配送、商务管理和发展战略等方面设计和控制主体间的协同运作。

第三个层次是农产品供应链的整体协同。农产品供应链的整体协同是链路协调的最终目的,而协同过程中,农产品供应链要保证各经营组织的农产品流通活动必须与农产品供应链的整体目标、链路内各要素联系的紧密程度相协调。

通过上述三个层次的阐述,我们可以认为农产品供应链在协同过程中,链路整体协同目标的实现是最重要的,而协同效益的大小则由各对接要素提高农产品供应链效率的程度来决定。因此,农产品供应链的协同运行不是诸多农产品流通经营组织简单的连接,而是在农产品流通经营组织之间通过建立新型组织形式、新型信息机制、新型资源配置途径的深度联合,通过一定的措施、方法和机制解决农产品供应链协同中各经营主体间的利益冲突,满足农产品流通涉及的相互利益诉求或者达到设定的共同目标,使整个农产品流通系统达到协调运行的工作状态。因而,农产品供应链运行的协同机制内容也势必将围绕组织、信息、资源等对接要素来构建。

三、农产品供应链协同运行机制的设计

(一)基于组织要素的设计

基于组织要素的农产品供应链协同运行就是指在农产品流通外部环境不断发展变化的情况下,在处于农产品流通中有业务关联的经营组织主体间有效衔接组织机能、组织结构、组织制度等内容,提升经营组织的竞争能力及整个农产品供应链的运行效率。

农产品流通过程实质上也是农产品在不同经营组织间流转的过程。每一个经营组织都是一个独立的经营单位,不同的经营组织有着不同的规模、机能、结构和管理方式。农产品供应链的整合首先就要有效对接农产品经营组织,甚至有效整合农产品流通经营组织,缓解农产品流通过程中由于组织化程度低造成的农产品供应链效率低下问题,推动实现快速反应、流通高效的农产品供应链体系。基于组织要素推动农产品供应链协同则成为实现这一目

标的有效途径。

要实现整个农产品流通体系的有效运作,基于组织要素的农产品供应链协同运行机制主要包括以下几方面内容:

1.链路主体选择机制

根据农产品流通业务流程与农产品供应链的相关程度,有效选择农产品供应链的节点流通企业主体,是农产品供应链协同运作不可缺失的一项内容。对此,农产品供应链要进行组织协同,首先就需要根据农产品流通企业参与供应链的程度,识别并区分普通企业、合作企业、协作企业及协同企业等组织主体层次,确定各农产品流通组织在农产品供应链中的地位与作用,按照其在农产品供应链协同运作过程中协同作用的大小,给予适当的链路关注以及链路资源配置额度。

2.链路组织结构机制

农产品供应链一般由核心企业及节点企业组成。为了能使复杂的农产品供应链路易于有效管理,有必要在区分链路核心企业与支持企业的基础上,围绕核心企业来进行构建农产品供应链。而从核心企业的作用机能来看,农产品供应链中核心企业与节点企业间的组织机构可以组成以核心企业为农产品供应者的供应链路、以核心企业为农产品经销者的供应链路、以核心企业同时为农产品供应者与经销者的供应链路以及以核心企业为农产品流通管理者的供应链路等四大组织结构。其中,农产品供应链中的核心企业既要有能长期控制供应链运作的关键性业务能力、创造特殊价值,又要有协调整个供应链节点企业之间关系的能力,将农产品供应链凝聚成一个不可分割的整体,进行统一的协调管理。

3.链路协同层次机制

供应链核心企业是整个农产品供应链的灵魂,为了能够管理好农产品供应链,使农产品供应链更具竞争力,核心企业必然要成为整个农产品供应链的组织中心、信息中心和资源配置中心。从整个供应链体系来看,由于节点间企业关系不同,其应对的协同与整合的程度也不同。而就农产品供应链上链路组织间协同整合的层次而言,农产品供应链中各链路经营组织间的链路协同层次又可以分为业务联系关系、业务合作关系、业务协作关系、战略协同关系等不同层次。农产品供应链的协同运作在明确协同运行组织结构后就需进而明确链路上各节点企业间,特别是链路核心企业与节点企业间的协同层次,最终使得农产品供应链中的其他组织实体也成为农产品供应链整合过程中重要的链路协同伙伴。

(二)基于信息要素的设计

农产品信息同样是推进农产品供应链协同运行的核心因素。目前,在我国农产品流通过程中,信息协同机制的缺失已成为阻碍农产品顺利流通、高效流通的重要因素。如农产品需求信息在农产品生产基地与批发市场、生鲜超市间传递的过程中无法有效实现信息的共享,使得农产品需求信息扭曲,进而造成市场供给异常波动。特别是在我国多数农产品生产者在产前根本无法获得有用信息、产后也无法及时获得供应链系统反馈信息的背景下,农产品生产者之间、生产者与流通业者之间的盲目生产、盲目竞争,进一步加剧了农产品供应链的不稳定性。信息协同已成为农产品供应链协同运行中重要的组成部分。

基于信息要素的农产品供应链协同运行主要指基于现代信息技术和管理技术手段,一方面实现农产品信息从供应链上游的生产环节到下游的终端消费各经营组织主体内部和各主体之间,另一方面实现农产品供应链各经营组织主体与农产品供应链外部经营组织主体之间的信息有效生成、流动、共享、利用,从而提高整个农产品供应链协同运行体系的流通效率。

从目前农产品流通过程中所体现出的信息局限性及流通盲目性来看,农产品供应链的信息协同短板主要集中于农产品流通信息化基础弱、缺乏农产品流通信息生成与共享机制、缺失农产品信息统一标准及信息挖掘应用等方面。因此,无论是农产品供应链内的信息协同,还是农产品供应链与供应链外部之间的信息协同,基于信息要素的农产品供应链协同运行机制构建应主要包括以下几大方面:

1. 基础架构建设机制

基础架构层面的建设主要集中于网络设备、农产品数据库、数据共享交换平台、信息安全服务等网络通信基础建设工作,特别是农村地区的信息化建设和信息化应用意识的提高等。其次是农产品流通中相关信息标准的制定。农产品流通信息化是一项涉及多行业、多部门的综合性基础工作,主要集中于农产品信息生成标准、信息采集标准、信息安全标准、信息应用与管理规范制定等内容,需要由政府部门、核心企业发挥主导作用,大力推动农产品信息标准的制定与完善。

2. 基础业务运行机制

信息协同基础业务层面运行主要基于农产品信息网络的协同系统,通过对接各经营主体间的业务操作,将农产品的生产、加工、流通、消费等环节有机结合起来,形成农产品供应链的无缝衔接、协同运作。

就具体内容而言,农产品信息协同基础业务运行机制主要着眼于:一是农产品基础信息维护作业,重点着眼于农产品供应链所有参与组织,围绕农产品的基本信息进行描述,如品种、数量、品质、商标等情况信息;二是农产品供应链订单管理作业,主要着眼于具有长期稳定战略协同关系的链路组织间进行订单衔接,共享供需信息。如农产品批发经济组织可以根据超市共享的时点销售数据,分析农产品需求情况,并向上游农产品生产基地发布生产采购信息,并通过订单系统进行订单管理作业,减少生产与流通的盲目性;三是农产品供应链物流管理作业,主要着眼于农产品运输及仓储作业需求,既要能根据农产品订单信息及车辆信息合理安排车辆,将多批次小批量的运输转化为少批次大批量的规模运输,又要在供应链成员间实现有关库存、销售等信息的沟通,提高成员间的互信与协同,为信息协同功能的深入开发奠定基础。

3. 信息协同深度应用运行机制

农产品供应链信息协同运行不仅体现为上述基本业务间的协同状态,还应体现为对农产品信息进行深层加工与应用,其具体应用可以涵盖以下几个方面:一是农产品流通预警预报系统,主要根据农产品生产量、销售量、库存情况,对即将达到或超过农产品流通额度的程度进行分级预警,以满足现有及未来对农产品流通的现实需要,防止农产品价格出现异常波动;二是农产品供应链决策支持系统,主要对农产品供应链内生产、流通、销售信息进行统计分析,为农产品供应链的核心决策机构提供支撑;三是农产品供应链电子商务系统,通过信息网络平台整合农产品供应链路资源实现网上销售、网上拍卖等多种方式的经营,甚至进一步拓展农产品供应链外部资源,链接海关及银行信息,实现网上国贸及网上支付业务。

(三)基于资源要素的设计

随着农产品供应链运作与管理的日益规范,农产品供应链资源的概念也势必开始渗透到农产品流通经营组织管理的方方面面,如农产品品牌培育资源、运输资源、加工资源、仓储资源、管理资源、配送资源等。由此可见,农产品供应链运行中所发生的任何一项活动都有其所对应的资源基础。

基于资源要素的农产品供应链协同运行主要指为完成农产品供应链的某一目标或任务而进行的一系列具有逻辑相关性的跨越时间与空间的资源集聚活动。资源协同往往具有以下特点:一是资源具有产权属性,归属于经营组织主体,既具有独有特点,同时也具有一定的共享性;二是资源存在于不同流通环节,而这些环节具有关联性,共同为完成某一任务而服务;三是资源在农产品供应链上需要不断输入,而在流通机能作用下则最终具有结果输出。

基于资源要素的农产品供应链协同运行对于农产品供应链的意义不仅仅在于资源集聚及其作用的发挥,更在于体现出对资源的优化、对农产品供应链组织结构的优化及对运作管理制度的一系列变革。而这些优化的最终目的也是农产品供应链运行追求的目标:提高农产品供应链资源配置效率,降低链路运营成本,提高对市场需求的响应速度,争取全链利润的最大化。

但基于资源要素的农产品供应链协同运行机制构建必须考虑资源的产权特性。而在其产权特性影响下,农产品供应链资源协同就需要建立相应的链路企业间的信任机制、资源整合机制以及资源共享机制。具体而言:

1. 信任机制

信任机制主要产生于链路经营组织间的文化协同及制度协同。链路经营组织通过战略、制度、标准的协调与整合,来加深双方的认同感与安全感,并借以规范、协调各自的企业行为。同时由于双方的相互认同,也使得在今后的工作中合作便利,有利于减少分歧做出一致决策。信任机制是链路经营组织主体相互合作的前提,是资源协同机制构建的基础。

2.资源整合机制

资源整合机制主要产生于链路经营组织间的业务协同。由于资源的稀缺与有效性,资源的整合是必然的。通过对系统功能与业务流程的整合,重新优化配置资源,提高协同效率,发挥协同优势。资源整合,是企业战略调整的手段。整合优化资源配置,要有进有退、有取有舍,获得整体的最优。供应链路各节点经营组织对不同来源、不同层次、不同结构、不同内容的资源进行识别与选择、汲取与配置、激活和有机融合,使其具有较强的柔性、条理性、系统性和价值性,并在整合机制作用下逐渐创造出新的资源。

3.资源共享机制

资源共享机制终究根源于供应链路内的知识协同。通过知识共享,提高企业间知识的相容性、互补性,以提高供应链的竞争力。

四、农产品供应链协同运行模式

(一)农产品供应链全链协同的演进路径

农产品供应链的协同运行是基于组织要素、资源要素、信息要素而展开的运作过程。但协同运行体系中,各核心要素的协同并不是同步发展、一蹴而就的,而是一个循序渐进的过程,是伴随着农产品供应链各经营组织主体间合作关系的深入,协同效应不断显现,农产品供应链的全链协同运行才会不断深化发展。通过前文对组织、信息、资源等要素协同机制的构建分析,可以将以上协同要素分为不同的实施层次,进而构成了农产品供应链全链协同的演进路径。具体如图8—5所示。

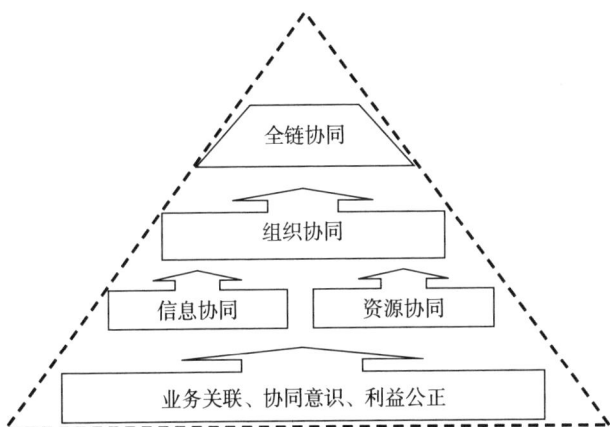

图8—5　农产品供应链全链协同运作的演进路径

一般而言,业务关联、协同意识、利益公正是农产品供应链全链协同运作的基础。农产品供应链要进行协同运作,其协同主体间势必具有一定的业务关联,而要进行协同运作则进一步需要在链路各经营组织主体间树立协同运作的经营意识,并确立公平的利益协调基础。各农产品经营组织主体通过奠定这些协同运作的基础,既能够使得各主体统一发展目标,实现资源配置合理化,资源运用最大化,同时也使得各主体之间按照公平合理的比例进行利益分配,明确组织间协同运行的基础,从而实现农产品供应链初期运行。

信息协同及资源协同是初步实现农产品供应链全链协同运作的有效路径,也可以理解为农产品供应链全链协同运行的战术层协同途径。随着农产品供应链路内部各经营组织主体间合作关系的深入展开,各主体能够进行更加全面的中观和微观层次的要素协同。农产品供应链全链在信息协同及资源协同路径的引导下,通过内部信息与外部信息、物流资源与营销资源的有效整合,以及客户管理、信息共享流程、配送流程、资源配置流程、服务流程、库存管理流程等关键业务环节的协同运作,来实现降低组织个体及链路整体的运营成本,提高对市场需求的响应速度,推动个体及链路整体的利润最大化。

而组织协同则是深化农产品供应链全链协同运作的有效路径,也可以理解为农产品供应链全链协同运行的战略层协同路径。随着农产品供应链内部信息协同及资源协同的展开,农产品供应链上不同经营组织间的融合得到进一步深入。但农产品供应链要发展到更高层次的协同运行,则面临着战略、组织等的不断优化以进入更高的链路运行阶段。特别是农产品供应链内组织机构、组织制度、组织文化的融合与协同将对于供应链运行绩效的提高发挥重要的推动作用。而农产品供应链也只有在宏观层面、战略层面实现组织协同后,才能逐步构建完成战略与战术相结合、宏观与微观、中观相适应的全链协同运作状态。

通过上述分析,我们可以认为农产品供应链难以在短时间内实现全链的无缝协同运行,其形成也具有一定的演进层次。这不仅为我们指出了农产品供应链协同运作的实现路径,而且也为推进农产品供应链全链协同运作指明了内部运行模式。因此,基于农产品供应链协同要素展开协同运行的层次性考虑,我们可以解析出农产品供应链全链协同的三种协同运作模式,即信息要素主导下的农产品供应链协同运行模式、资源要素主导下的农产品供应链协同运行模式、组织要素主导下的农产品供应链协同运行模式。

(二)信息要素主导下的农产品供应链协同运行模式

目前,我国农产品的生产仍分散于众多农户,造成农产品供给信息常常很零散、难以集中,并进而无法确切掌握农产品信息。而与此同时,零售终端的需求信息也很难直接为农户所共享,在一定程度上最终促成了生产端与需求端的经营盲目性。这种状况的存在使得农产品供应链中市场需求旺盛的产品供应不上,而大量上市的产品又堆积如山无人问津,严重挫伤生产者的积极性。

信息要素主导下的农产品供应链协同运行模式就是充分发挥信息共享在农产品供应链中的作用,使得供应链各节点经营组织可按照共享的信息安排生产和作业,从而提高农产品供应链的运作效率,降低农产品供应链的运行成本。农产品供应链中的信息包括与农产品生产、经营、销售有关的一切消息、情报、数据、资料等,是具体农情和商情的综合反映。农产品供应链中的信息既具有客观性、有价性、时效性、共享性、可传播性和可加工性等一般信息特点,还具有季节性、区域性、分散性等农产品信息特征。信息要素主导下的农产品供应链协同运行模式就是要在充分发挥农产品信息特征的可传播性及可共享性,以信息来整合农产品供应链路节点企业间的协同运行。而具体运行模式可以分为信息传递协同运行模式、信息平台协同运行模式及综合共享协同运行模式。

1. 信息传递协同运行模式

信息传递协同运行模式指通过农产品信息在农产品供应链节点企业间的两两传递,双方及时共享,实现驱动农产品供应链的协同运行。在信息传递协同运行模式下,供应链节点企业通过自身建立的内部信息系统直接共享双方数据库中的农产品信息,并且随着农产品供应链逐步延伸到全链各个节点,具体如图8—6所示。

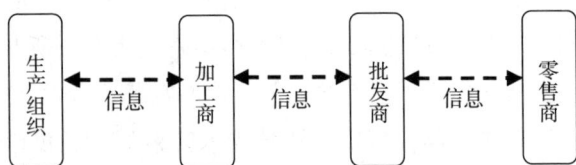

图8—6 信息传递协同运行模式示意图

信息传递协同运行模式下,信息只能在两个节点经营组织间进行传递,农产品信息的共享程度相对较低。因而,信息传递协同运行模式比较适合于农产品供应链路较短、结构较为简单、涉及经营组织相对较少的情况。特别是在农产品供应链中作为农产品生产基本单位的农户,尽管其是农产品供应链的理论起点,但由于数量庞大且分散,再加上农户信息设备、文化素质等因素的限制,很难纳入到信息传递协同运行模式中。而集中经营的农产品生产组织,如专业合作社、家庭农场在一定程度上化解了上述问题,则亦能纳入此种模式中与全链节点企业协同运作。因此,一般来说这种模式相对适合于核心企业与其他关联企业间的信息共享,以及由此主导形成的农产品供应链协同运作。

2.信息平台协同运行模式

信息平台协同运行模式就是在农产品供应链中创建一个农产品信息平台,将整个农产品供应链内部以及外部的信息收集于此,形成一个基于全链开放式农产品信息平台的协同运行系统。也就是在第六章所提出的链内信息整合和链外信息整合完成之后,进一步实现的链内外信息整合。在这一运作模式下,各个节点经营组织根据需要对这个信息平台进行操作,获得或发布自己所需的信息。具体运行模式如图8—7所示。

信息平台协同运行模式实质上是将全链的所有农产品流通信

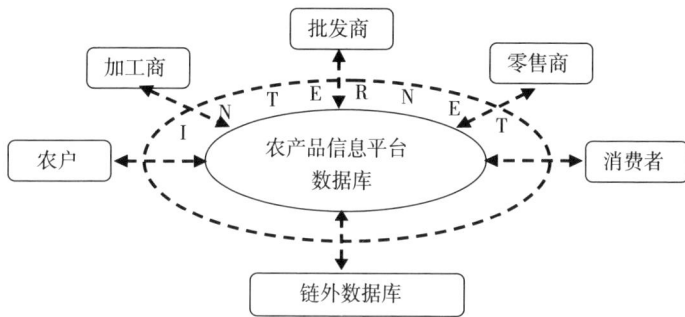

图8—7　信息平台协同运行模式示意图

息集结于一个新的功能节点。而全链中所有的经营组织,包括农户均可通过互联网来实时共享农产品信息平台中的数据信息。同时,为了进一步增强农产品信息平台信息的综合性、全局性,加大与链外相关数据库的共享亦可有利于进一步提高农产品供应链运行效率,最终通过共享信息来推动全链的协同化运作。但为了配合信息平台协同运行模式的实施,农产品供应链上的核心企业或政府部门则应积极主导信息平台的建立,一方面利用相应的激励机制鼓励各节点经营组织积极在平台上发布农产品相关信息,另一方面也应提高整个信息平台的运行效率,为信息平台的顺利运行提供保障。

3.综合共享协同运行模式

综合共享协同运行模式则是在集中信息传递及信息平台协同运行模式优点而构建的协同运行模式,可在综合利用农产品供应链各节点间组织要素及资源要素基础上实现全链协同效应最大化。其运行模式如图8—8所示。

综合共享协同运行模式可使得多元化的信息集成于农产品信息数据库,使得农产品供应链上各经营主体能够实现信息共享,准

确把握市场信息,及时响应市场需求,提高供应链整体竞争力。同
时,在农产品信息数据库数据支持下,组织协调模块可以基于共享
信息合理组织链路成员,提高农产品供应链的组织效率,而资源协
调模块可在整合的农产品信息支持下有效调配链路内外资源,合
理规划农产品作业流程,提高农产品供应链的资源配置效率。

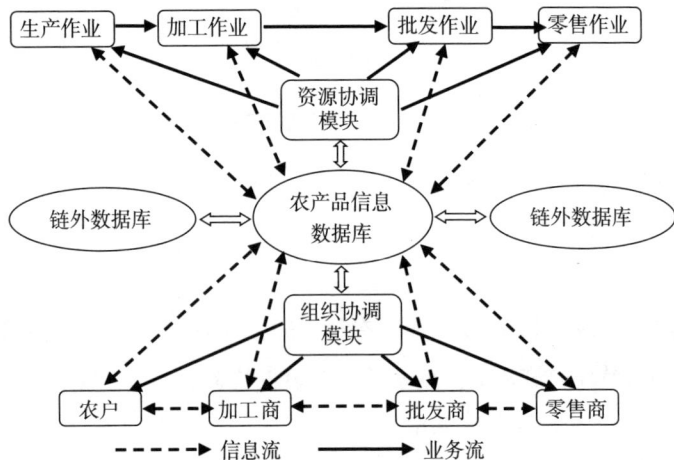

图8—8　综合共享协同运行模式示意图

值得注意的是,尽管在综合共享协同运行模式中存在一定程
度的组织协调及资源协调,但组织协调的范围受制于农产品信息
数据库,而资源协调的内容及基础也同样来自于农产品信息数据
库的共享信息。可见,在综合共享协同运行模式下,信息要素发挥
主导作用,引导组织协调与资源协调共同推进农产品供应链全链
协同运行。

(三)资源要素主导下的农产品供应链协同运行模式

资源要素主导下的农产品供应链协同运行模式就是要通过利

用资源要素的导向作用,使农产品供应链上各经营组织主体按照资源的配置导向来组织农产品生产、流通及相关作业活动,从而改善农产品供应链的资源配置效率,提高农产品供应链的运行水平。农产品供应链中资源要素通常表现出多样性特征。而就农产品供应链中关键资源要素的具体表现而言,其主要包括运输资源、仓储资源、流通加工资源、配送资源、管理资源等物流资源,以及权利资源、地理资源等营销资源。因而,基于农产品供应链中资源多样性考虑,资源要素主导下的农产品供应链协同运行模式又可以分为单资源要素协同运行模式及多资源要素协同运行模式。

1.单资源要素协同运行模式

单资源要素协同运行模式是指在农产品供应链体系中通过一个单资源要素配置平台来统筹农产品供应链的运行,实现基于单一资源要素协调调配农产品供应链各经营组织业务对接的运行形式。处于单资源要素协同运行模式下的农产品供应链其绝大部分的链路运营作业都是通过或在单要素资源配置平台的导向作用下来展开进行。因而在这种协同运行模式中,由于大部分的农产品信息都将汇聚在平台中,资源平台一方面根据农产品相关信息进行资源要素配置,另一方面也在积极发挥组织调配功能来提高资源的利用效率。可见,资源要素配置平台既承担着资源配置协同中心的作用,并且还在资源导向作用下发挥着信息中心与组织中心的作用。其具体运行模式如图8—9所示。

在这种协同运行模式下,农产品供应链的大量协同作业活动都发生在该资源配置平台,且平台内部资源配置中心与组织中心及信息中心的职责划分也不明确。农产品供应链路内各经营组织间的作业协同活动都将依赖资源配置平台来完成。农产品供应链上的作业活动大致将经历如下过程:中间商(农户)—资源平台—

中间商(消费者)。这种协同运行模式适合于一些小的经济区域或简单的农产品供应链路。但随着农产品供应链的逐步延伸,农产品供应链中各经营组织对资源的需求也将日益多样化,这种单一资源的协同运行模式势必难以满足供应链节点经营组织的需求,多资源协同运行模式也将逐步取代单资源要素协同运行模式。

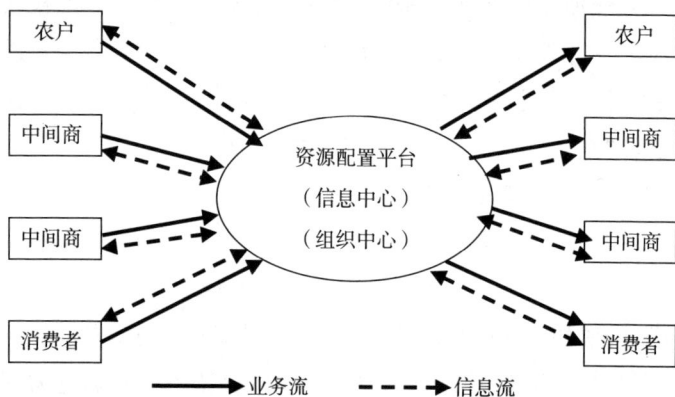

图8—9 单资源要素协同运行模式示意图

2. 多资源要素协同运行模式

多资源要素协同运行模式是指在农产品供应链中通过设立多要素资源集配中心,集中农产品供应链内外资源供需信息,并积极组织调配多种资源以满足链路协同运行需要,提高农产品供应链资源配置效率及运行效率的链路协同形式。处于多资源要素协同运行模式下的农产品供应链通过资源集配中心来统筹各项资源的配置。不同于单资源要素协同运行模式中资源配置平台发挥的资源调配、信息汇集、组织协调等综合一体性功能作用,多资源要素协同运行模式下的资源集配中心分别形成两个专门对接模块,即资源信息模块与集配组织模块。具体如图8—10所示。

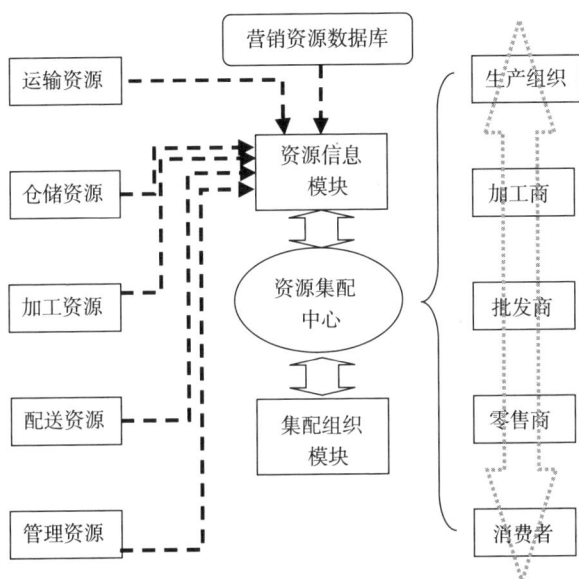

图 8—10　多资源要素协同运行模式示意图

　　在多资源要素协同运行模式下,农产品供应链的协同作业内容尽管仍将主要在资源集配中心,但具体作业处理则进一步由专用对接模块来承担实施。资源信息模块不仅收集、处理链路内部及外部的运输资源、仓储资源、加工资源、配送资源及管理资源等物流资源信息,而且还一并汇集、处理链路内外的营销资源信息,形成完整的资源信息收集与处理单元,并及时提供给资源集配中心。而资源集配中心为满足农产品供应链对多项资源要素需求,通过集配组织模块进行资源要素的组织与调配,最终促成农产品供应链在资源集配中心的组织调配下实现各资源要素与经营组织间紧密融合,链路内各节点企业有效衔接的运行机制。

（四）组织要素主导下的农产品供应链协同运行模式

组织要素主导下的农产品供应链协同运行模式是农产品供应链协同运行的较高层协同形式。该协同运行模式侧重于农产品供应链的组织管理,建立面向客户的需求导向性链路组织,满足农产品流通时效性强的要求,提高组织对市场的快速响应能力,实现农产品供应链由职能分散化向流程一体化转变。

在组织要素主导的农产品供应链协同运行模式中,要实现农产品供应链对客户需求的及时反映,提高农产品经营组织的市场应变能力,需要强有力的战略性规划与组织平台来统筹经营农产品供应链。为此,该模式中供应链组织平台则负责完成农产品流通的具体组织功能,其主要由供应链分析模块、供应链组织模块及供应链支持模块三部分构成。具体如图 8—11 所示。

具体而言,在组织要素主导下的农产品供应链协同运行模式中,各功能模块主要的作用如下:

1. 资源支持模块。资源支持模块主要是及时明确可调动资源基础状况,并为农产品供应链的组织业务提供资源支持。因而该模块的作用主要体现在两个方面,一是及时把握现有可动用的链路资源内容、数量及结构状况,包括现有运输资源、仓储资源、加工资源、配送资源及管理资源等物流资源的分布状况及规模结构,以及权利性资源、地理性资源等营销资源的资源归属状况;二是针对农产品供应链整合过程中的各种业务需要根据其资源状况做择优推介。

2. 信息支持模块。信息支持模块主要是及时掌控农产品流通中的市场交易信息以及农产品流通中各交易主体信息,并为农产品供应链的协同运行提供信息服务支持。该模块的作用主要表现在两个方面:一是能够为各经营组织提供信息发布的渠道,包括农

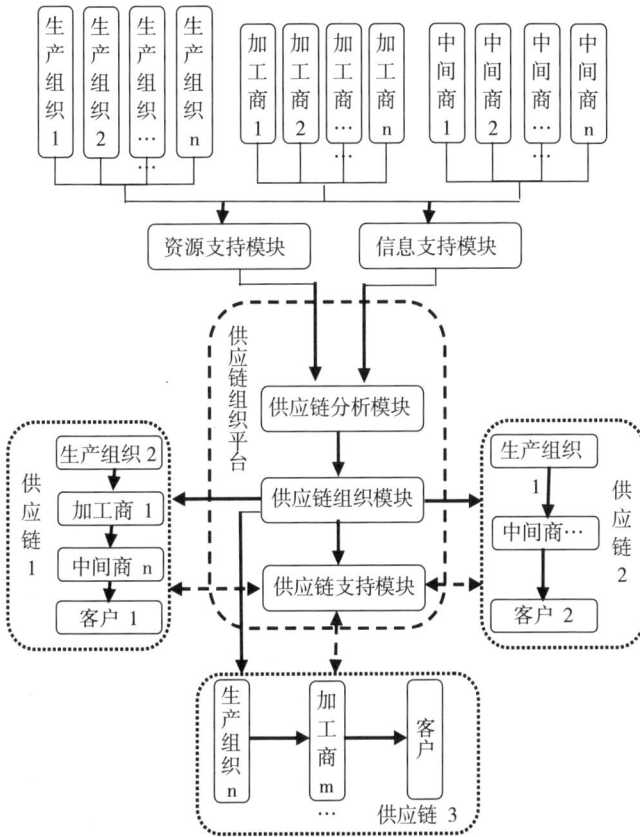

图 8—11　组织要素主导下农产品供应链协同运行模式示意图

产品需求信息、供给信息、货源信息、物流专线信息、融资融租信息以及相关设施设备转让信息等各类农产品流通相关信息；二是集中汇集处理农产品流通各类信息，并且实现信息内容的规范化、透明化，增强信息的真实性与时效性。

3.供应链分析模块。供应链分析模块是农产品供应链组织平台的核心模块之一，其主要着眼于满足农产品流通的现实需求，立足可整合的农产品流通资源,提出现实可行的农产品供应链结构框架。供应链分析模块中的核心内容就是进行农产品流通的交易匹配作业,即根据信息支持模块中所获得的农产品流通供需信息,快速找到与客户需求信息相一致的资源要素,以及根据资源支持模块中所掌握的资源状况,迅速发现与自身资源相匹配的需求信息。在此基础上,再进一步分析拟构建农产品供应链的链路类型及参与者的参与形式,从而提出农产品供应链的结构框架。

4. 供应链组织模块。供应链组织模块则是推动农产品各经营组织具体实施链路协同运作的核心模块。其在农产品供应链组织平台中的作用主要表现在:一是基于信息支持、资源支持及供应链分析等模块,通过组织间交易询盘和其他通讯工具进行洽谈,在组织平台的统一指导下推动农产品各经营组织与组织平台签订农产品供应链协同运行协议,明确交易双方的责任与义务,并有效保障交易双方的合法权利;二是根据农产品供应链协同运行协议,明确对整个农产品供应链运行过程的监督及协调方式。

5. 供应链支持模块。供应链支持模块是保障农产品供应链顺利运行及农产品各经营组织主体权益的核心模块。其在农产品供应链组织平台中的作用主要表现为:一是基于农产品供应链中各相关主体经营组织的实际交易情况,从信用评判、供应链契约和合作效率等方面进行农产品供应链的运行监管;二是根据农产品客户需求变化和供应链实际运行情况,提出维护及推动供应链效率化运行的改进建议。

通过上述主要功能模块的分析阐述,可以发现组织要素主导下的农产品供应链协同运行模式不同于信息要素及资源要素主导下的农产品供应链协同运行模式,其主要存在以下三大特征:

一是强调经营组织间的战略伙伴关系。处于组织要素主导下的农产品供应链协同运行模式中,每一个参与链路建设的农产品经营组织都要能积极参与到供应链整合中。这在客观上就要求供应链经营组织间形成共享利润、共担风险的双赢局面。因此,与农产品供应链中的其他成员建立紧密的合作伙伴关系,是组织要素主导下农产品供应链协同运行的一个非常重要的先决条件。

二是供应链的协同运行偏向于柔性设计。在农产品流通过程中存在着需求与供应方面的不确定性。组织要素主导下的农产品供应链协同运行模式就是要针对农产品流通过程中所存在的不确定性因素,通过在链路组织合同设计中互相提供柔性能力,来部分消除外部环境不确定性的影响,及时响应客户需求。同时,组织要素主导下的农产品供应链协同运行模式借助广泛的外部资源集及经营组织群体,通过柔性设计农产品供应链也是消除外界环境不确定性引起的变动因素的一种重要手段。

三是基于信息交流与资源共享的组织决策制定。尽管组织要素是农产品供应链协同运行的主导,但由于农产品供应链要实现协同运行,组织平台的决策信息来源就不再仅限于一个企业内部,而是处于开放的信息网络环境下,不断进行信息交换和共享,通过经营组织之间信息交流和沟通来推动农产品供应链组织同步化、集成化计划与控制的目的。而且,随着农产品供应链间资源的共享使用展开,组织平台也要求能够基于资源要素的优化配置目的来组织农产品供应链,实现资源利用效率的高效化。

由此可见,处于组织要素主导下的农产品供应链协同运行模式的设计更体现了农产品流通体系中供应链组织平台对各资源所有者及流通参与者的集成,是企业间战略伙伴关系和企业内外部资源的整合与优化利用。基于这种运行环境的农产品流通,从农产品生产到满足客户需求,周期大大缩短,而且顾客导向性程度更高,增强了农产品流通的柔性和敏捷性,内外部资源的整合利用提高了业务外包策略的利用程度。农产品供应链协同的范围扩展了,从原来的固定对象间的内部业务流程重组上升到不同企业间、动态企业链路间的协同运行,是一种更高级别的农产品供应链协同运行模式。

第九章 农产品供应链整合的政府支持措施

一、农产品供应链整合的正外部性

农产品供应链的整合,将使合作各方都受益,具体表现在良好的供应链整合可以降低供应链成本、降低库存水平、增强信息共享,保持战略伙伴相互之间操作的一致性、改善相互之间的交流状况,最终创造更大的竞争优势。外部性是指当一个行动的某些收益或成本不在决策者的考虑范围内时所产生的一些影响效率现象,而提高效率的现象称之为正外部性。外部性不仅存在于同一时间域内的生产者之间、消费者之间或者生产者和消费者之间,而且存在于不同时间域的经济主体之间。农产品供应链整合存在正外部性,具体表现为农民增收和消费者受益。

(一)农民增收

原始农产品的提供者农户、最终农产品的供应者农产品加工企业、最终农产品的销售商,是经济利益上互相独立的行为主体,他们之间存在需求与供给的关系,这种关系必然要通过市场交易来实现。农产品供应链是将自给自足的小农户引向市场的绿色通道,是直接连通农产品生产与流通的桥梁。

1. 促进农业生产

农产品供应链整合作为一种农产品流通模式发展方向，是以市场为导向的，因此通过农产品供应链整合能促进农业市场化。原始的农产品流通模式是先由农户生产出农产品，然后再由经销商为农产品找销路，结果往往造成农户生产的农产品和消费者需要的农产品不相符，生产随意性大。由于无法满足消费者需求导致农民无法获得最大化收益，影响了农民种植农产品的积极性。农产品供应链整合就是建立在反映市场需求基础上的对适销对路的农产品的现时化生产。在农产品供应链整合条件下，农产品生产、加工很大程度上反映了市场需求，做到了有计划的生产。由于给农民带来了好处也使得农户的市场意识增强，从而促使农户主动找订单，签订单，按订单调整生产，这样大大促进了农业生产。

2. 降低交易费用

农产品供应链整合，由于强调供应链链条上整体关系，因此农户掌握市场需求信息可以生产适销对路的农产品，从而避免了"卖难"问题，同时消费者充分了解农产品市场供给信息，可以避免"买贵"问题。农产品供应链的整合减少了农产品流通的中间环节，减少了信息过滤和信息扭曲。这种信息不对称的消减有利于减少由于信息不对称引致的逆向选择和道德风险。因此农产品供应链整合有利于降低谈判、监督和执行成本，从而减少交易费用。由于农产品易损耗，标准化低，价格波动频繁，致使农产品交易的谈判、执行和监督成本高。农产品供应链整合通过农产品产、供、销的统一安排，采用较长时期的、较为稳定的形式，减少了农产品流通环节，减少了中间频繁的讨价还价、反复抽检等成本。对于生产方来说，可以有效地降低农户的生产风险和搜寻、谈判成本；对于购买方来讲，可以减少采购风险和采购成本；对消费者来讲，通过龙头企业带动农户组织,可以使其能方便地购买到质量好、安全可靠的农产品。

3. 减少风险

农产品供应链的整合,协调了各方的利益,从而确定了长时期的合作意向。对农户来说,它为农户解决了市场销售的问题,解决了卖难的风险;对农产品加工企业来说,它使企业获得了稳定的供应来源,避免了因大宗农产品价格波动而使企业成本大幅增加,甚至采购不到足够原料的风险。农产品供应链整合减少了农户种植农产品的随意性,由于供需信息畅通使得农产品价格稳定,从而保证了农户的农产品有稳定的销路,进而促进农民收入上升。构建农产品供应链的整合模式,有利于促进农业产业结构的调整,加快农产品流通,可以从一定程度上解决农产品生产季节性、地域性、多样性等问题,这样可以使得原有分散的农产品加工资源从根本上得到整合,增加农产品流通附加价值,从而大大提高农民增收幅度。

(二)消费者受益

1. 稳定市场,减少价格波动

中国自古以来就深知"民以食为天"的道理,农产品生产和消费在国民经济中处于至关重要的地位,涉及千百万农民的根本利益;稳定了农产品生产,是社会稳定运行的基础。对农产品而言,除了市场风险以外,还有自然因素带来的生产风险,作为易腐产品带来的储存、运输和销售风险等等,这就需要农产品供应链整合。因此,建立高效的农产品供应链,是保证农产品物流健康有序发展的基础。由于农产品供应链能够让信息流在供应链各节点中畅通运行,能够使农产品加工企业具有准确的供给和需求能力,从而节约交易成本,一定程度地消除生产、流通和市场风险,有效地连接生产和消费,对农产品的生产具有导向作用。农产品供应链也可以稳定农业生产,一是因为供应链的形成可以为农户带来更多的收益;二是因为供应链的形成可以带来稳定的利润来源,能够规避一些风险。对于消费者来说,随着居民收入水平的提高,人们的消费观念也发生了很大的变化,对农产品的品种和时效性的要求越来越高,这就需要农产品物流能够流通多品种的农产品,同时需要流通时间缩短、流通成本降低。农产品供应链整合可以构建高效的物流体系,为消费者提供产品品质更好、时效性更强的农产品,从而最大化地满足消费者需求,促进农产品的销售,并进而稳定农产品价格,农户获得最大化收益。

2. 增加农产品品种,提高农产品品质

随着经济的发展、社会的进步,我国消费者对农产品的消费不再仅仅关注农产品的数量,而是更多地关注农产品的质量、品种等。人们生活水平的提高促使消费结构发生改变,消费者对农产品的消费也日益多样化,从原来的粮食需求增加到果品、蔬菜等消费,同时消费者更加关注农产品营养的均衡。以生鲜农产品为例,人们对农产品需求不仅仅是为了满足生存需要,而是更多地考虑农产品的品质和质量,同时也增加了对营养保健功效的需求,甚至还出现了体现身份地位的需求。因此,单单依靠独立农产品生产者自身的物力财力大规模增加农产品品种,提高农产品品质是不现实的。而在农产品供应链模式下,可以集合供应链上每一个成员的力量,以市场需求为导向,满足消费者不断变化的需求,进而创造出更多的收益,提高供应链整体效率。

3. 保障食品安全

近几年来,我国食品质量安全事件频繁发生,如 2008 年 6 月三鹿奶粉事件,2010年2月海南"毒豇豆"事件,2013年5月山东日照"毒姜"事件等,使食品安全成为备受人们关注的一个社会问题。农产品质量安全影响面大,涉及所有消费者,因此质量安全事件引起全社会的关注,不仅仅日常老百姓关注,而且政府也非常关注,近几年来已经成为政府的一项重要工作。农产品供应链整合可以建立健全农产品全程质量安全可追溯体系,进一步加强农产品标准化和质量安全体系建设,完善农产品的检验检测设施和工作制度,加强农产品质量安全检测和监管。农产品供应链整体可以充分利用社会检测资源,形成标准统一、职能明确、运行高效的农产品质量安全检验检测体系。同时需要政府推进检验检测体制改革,合理配置检验检测资源,推进资源和信息共享,实现不同农产品供应链检测结果互认。通过政府相关部门的协作,建立农产品全程质量安全追溯信息处理公共平台,以流通环节带动生产,在特色农产品生产基地建立农产品质量信息采集系统;通过产地建立准出体系、销地建立准入体系,加大产地和销地对农产品质量的监控。建立农产品质量安全风险预警信息平台和检验检疫风险预警体系,加强部门协作,实现质量安全信息共享。

4. 形成良好的供应链渠道

农产品生产出来流通到消费者手中,需要一定的时间,并且要发生位置上的转移,但农产品和其他商品不同,容易腐烂,在流通过程中很容易变质,因此,为了解决这个问题,就需要完善的农产品物流体系,加速农产品流通,做好农产品的冷链物流。当不同种类的农产品物流发展后,在统一的农产品供应链模式下,市场竞争会对不同形式的农产品物流进行资源配置,优胜劣汰,最终形成高效率、高抗风险的供应链渠道。我国农产品"最后一公里"问题很大原因是由于没有形成良好的供应链渠道造成的。现阶段我国通过农产品供应链整合,协调各环节的利益关系,稳定供应链渠道,提高供应链效率,是解决目前农产品"卖难"、"买贵"问题的关键。

二、农产品供应链整合的国际经验借鉴

(一)美国政府支持措施

1.设立政府管理机构

美国设有农产品销售和检验局,其职责包涵范围广,具体包括:肉类和禽蛋的检验,病原体控制计划,杀虫剂残毒监控;同时负责农产品的运输和销售之间的协调;研究制定农产品等级标准并核发证书、管理涉及农业、教育和经济发展的研究机构;制定动植物进出口法规并实行动植物检疫,动植物病害的监控,推行生物防治、兽医保健等。专门的政府管理机构带来了专业的、高效率的农产品供应链管理方式,同时政府通过农产品销售和检验局,对农产品流通相关事宜有着更大的监督、管理力量。

2.投资建立"一条龙"农业信息化网络系统

从20世纪90年代中期开始,美国政府为了加速农业信息网络技术的发展,逐步在广大农村地区建设网络基础设施。到了21世纪,一半以上的农场安装了互联网接口,并且拥有了电脑,这样使得农村上网日益普及,农场主能够很方便地查询到相关农产品信息。目前互联网技术已经成为帮助农场主了解国内甚至国际市场的农产品供需信息,指导农业生产的重要工具。同时美国农业电子商务也迅猛发展,由于美国农场主都是规模化生产,通过网络便于了解不同地方的消费者需求,从而直接与购买方联系,每年农业电子商务的销售额增长率甚至高达25%。

美国政府建立了农业信息网络系统,农业信息网络系统以市场为中心,20 世纪 90 年代,美国政府建成了农业计算机网络应用系统,这在全世界是规模最大的。21 世纪初,美国政府通过法律规定由农业部承担对全美农产品市场信息的收集以及发布工作。农业部派出 10 万人统计全国各农场主的信息,包括每个农场主的土地面积、所种植农作物的品种以及产量,甚至每个农场主种植农作物的生长情况都要统计,然后由农业部汇总统计来的信息,经过加工处理后向社会公布,以此指导全国农场主的生产。为了使得农产品信息畅通,美国政府给予一些部门政策和财政支持,包括国家农业数据库、国家海洋大气管理局数据库、地质调查局数据库等著名农业信息数据中心。因此这些部门向公众提供的数据是免费开放的,公众无偿获得大量农产品供求信息,有助于指导农产品生产和消费,也实现了农业信息共享。

美国的农业信息化网络系统也促进了鲜活农产品流通的发展,鲜活农产品与一般农产品相比较,对农产品流通的要求更高。为了能缩短鲜活农产品流通时间,就需要在采购、运输、冷链物流等环节具有充足的信息。通过各环节的信息共享,鲜活农产品流通速度加快,并且提供了异地交易的可能,从而降低了经营风险。此外,美国农业所需的信息也可以通过美国期货市场获得,期货市场提供的农业信息往往具有很强的预测性,能预测未来的市场行情和农产品价格变化,从而为鲜活农产品的经营者提供了有效信息。全美第一个农用视频电脑系统建立在肯塔基州,面向对象广泛,包括单个农户、农业发展专家和地方政要以及政策决策者,每个对象都可以通过这个系统获得市场最新农业信息,从而有助于农户和政府做出正确的决策。

3. 在政府支持下,形成特色的服务体系

美国政府为农业提供社会化服务的系统称为"公共农业社会

化服务系统",其主要通过农业教育、农业科研和农业推广三个方面对农业提供支持。这一公共服务系统是美国政府在一个多世纪的时间里,以立法为手段,在法律的基础上建立起来的。美国能够拥有高度现代化的农业,公共农业社会化服务系统做出了重要的贡献。美国农业社会服务体系中的私人服务系统包揽了农业产前、产中和产后服务的绝大部分,甚至还提供某些农业教育、农业科研和农业推广方面的服务,在整个农业社会化服务体系中扮演着十分重要的角色。从农产品流通的角度来看,服务于农产品产后的私人公司为农产品流通提供了重要服务保障。在美国,为农产品产后销售、加工、运输提供服务的私人公司,通常也同时承担农产品产前的生产资料供应服务。

同时美国发达的物流、金融等服务体系与强大的基础设施平台相结合,促进了农业社会化服务体系的完善。传统上由农民直接承担的农业生产环节越来越多地从农业生产过程中分化出来,发展成为独立的新兴涉农经济部门。这些部门同农业部门之间通过商品交换或者通过合同或其他组织形式相联系,在市场机制作用下,为农业提供产前、产中和产后全过程的服务,同农业生产结成了稳定的相互依赖关系,形成一个有机整体。美国农业社会化服务体系的另一个构成系统是农场主合作系统。在美国,绝大部分合作社的性质是股份有限公司。农业合作社是由广大农户组织起来的,因此农业合作社不会像企业一样以利润最大化为目的,也不会像政府部门一样提供无偿的服务。经过多年的发展,美国的农场主合作社已成为美国农业社会化服务领域一种不可替代的重要服务体系。

4.加强农产品供应链基础设施建设

美国拥有世界上最发达的交通运输网络,全国已建立起庞大的铁路、公路、航空、内河航运和管道运输网,铁路、公路、航空、管道运输均居世界首位。同时从 20 世纪 20 年代起,美国政府通过提供贷款来支持农场主建立和扩建仓库,拥有了足量的、先进的农业仓储设施,此外,美国还十分注意低温冷库建设,以保持农产品的质量。发达先进的仓储设施为美国农产品供应链提供了最大限度实现时间效益的保障。同时美国加快信息基础设施建设,每年拨款 15 亿美元建设农业信息网络。通过政府的努力,美国拥有世界最大、最发达的农业信息网络,覆盖美国国内的 46 个州,加拿大的 6 个省和美加以外的 7 个国家。发布从政府到企业、从国家调控到市场调节、从产前预测到产后统计、从投入要素到生产成品、从"生产—库存"到"流通—销售"、从内销到外销、从自然气候带防灾减灾等全方位的信息。

(二)日本政府支持措施

1. 重视建立农产品供应链信息系统

进入 20 世纪 90 年代以后,随着信息化和 IT 产业的发展,日本农产品信息化步伐加快,建立了农产品供应链信息追踪系统。该系统的突出特点是:建立了全国统一的数据库系统,以保存各种生鲜农产品的数据,同时造就了全国共享的数据平台,为农产品的可追溯性提供了基本条件。消费者能很方便地通过互联网进入访问,将质量问题反馈给有关企业和部门,经管理部门追踪,找出问题根源,保证消费者的安全和利益。以日本福冈中央批发市场为例,其通过提高信息化管理手段水平,在生产地和批发市场之间信息共有的基础上建立起供应链系统,使生产地和批发商户之间的联系更加紧密,通过交易信息系统的有效应用,及时把握发货量的变动情况,使物流活动更为合理。同时实现了批发商户和运输业者之间的业务处理的高效化,强化了批发市场的信息功能,增加了农产品供应链整体的信息处理能力。

2. 政府对农产品供应链的发展进行宏观管理

日本政府设置农业行政管理部门负责对农产品供应链进行管理,包括负责农产品的生产、再加工、流通和零售等。对于不同层级的工作由不同部门来管理,农林水产省流通局负责全国农产品流通行政管理,地方农林行政部门的流通室负责县、市级层面的农产品流通管理。政府为了扶持农产品供应链的发展,对一些基础设施建设给予财政和政策支持,如政府对中央批发市场的建设,一方面通过财政补贴,另一方面也通过发行地方债券、银行贷款等方式来筹措资金,筹集到资金后,由地方公共团体实施。对于地方批发市场的建设,国家规定财政补贴的比例,国家补贴 1/3,都、道、府、县补贴 1/3。日本为了加强对农产品供应链的管理建立了市场准入制度:一是产品准入制度。为了加强对农产品质量安全的监督检测,日本建立了农产品产地追溯制度、通过建立农产品品牌推行农产品质量认证、采用快速检测和化学分析检测相结合的农产品质量安全检测,有效地保证农产品质量安全,并且由国家财政投入农产品质量安全检测体系建设。二是市场经营主体的准入制度。为了加强对市场经营主体的管理,日本规定必须经过批准才能建设批发市场;批发商、中间商以及其他参加者都必须竞争认证后才能进入,批发商还要得到农林水产大臣的批准。

日本政府通过立法、制定发展规划等措施对农产品供应链进行宏观管理,1923 年日本政府出台了《中央批发市场法》,到 1971年进一步修正为《批发市场法》,并且每 5 年修正一次。根据形势的需要,陆续公布了《蔬菜生产销售安定法》《批发市场法施行令》《批发市场法规和市场运行规则》等。日本的《批发市场法》对如何合理地设立和配置批发市场、如何制定发展规划做了明确规定。批发市场的发展规划要达到 10 年,由农林水产大臣批准中央批发市场的发展规划,还要接受食品流通审议会的审议,由都、道、府、县知事审批地方批发市场发展规划。这样农产品批发市场在建设初期就已经规划完成,从根本上增加了宏观管理力度。

3. 积极采用拍卖交易方式,实现交易的电子化

目前,日本普遍采用拍卖方式完成农产品的批发交易,而且由手工拍卖逐渐过渡到电子拍卖阶段,利用现代信息技术,实现农产品交易的电子化。拍卖交易的前提是农产品销售时必须采取无条件销售的方式。例如,在大阪市中央批发市场通过拍卖成交的果蔬比率高达 90% 以上,其基本做法就是农产品出售给要价最高的买主。它不因购买方规模的大小而产生交易条件上的差异,具有公平性,它的报价成交过程的透明度和公开性很高。中央批发市场因拍卖而具有的生鲜农产品价格发现功能也对影响农产品生产组织、稳定农产品价格、合理农产品流向起积极作用。

4. 充分发挥农协在农产品供应链中的作用

日本的农协全称为农业协同组织联合会,是日本的农业合作社组织。日本政府在一开始就将信贷支持与财政投入作为扶植农协发展的重要政策措施,1961 年,日本政府公布了《农业基本法》和《农业协同组合合作购成法》,确定了农业协同组合在农村经济中的领导地位,从此以后各项业务有了很大发展。几乎所有的农户都是农协的会员,农协在日本建立了一个巨大的网络,农协的会员基本覆盖了所有农户,农协覆盖了农村的各个角落,为日本农户在产前、产中、产后提供全方位、综合化的服务。日本的农产品生产者把农产品无条件地委托给农协,农协将各地会员产品进行集中、分等定级、加工包装以后,再委托给批发商进行拍卖。而批发

商则会主动与农协联系,提供各销地市场的需求与价格信息。因此,事实上,日本的农产品生产者、农协与批发商之间的委托代理销售关系,是一种以高度信赖为基础的服务与被服务的关系。

(三)欧盟政府支持措施

1.重视物流等基础设施建设

农产品供应链的发展离不开物流等基础设施,欧盟为了促进农产品供应链的发展,每年由政府拨款加大农产品物流基础设施建设,如仓库、冷链、码头等,政府拨款的比例在一些地方甚至达到了30%—50%。凡是对农产品流通发展有益的项目,如为了完善农产品加工、保管、流通和销售的项目,都由国家财政给予补贴,通过这些措施促使物流基础设施完备,从而进一步促进农产品供应链的发展。欧盟从财政中拨款,打造便捷的交通网络:(1)加快农村公路网建设,实现乡乡通公路、村村通公路;(2)修建码头、仓库等设施,提供安全保险业务,保证农产品的仓储运输安全;(3)实行铁路、公路、海运、空运的相互联网,建立立体的交通网络。

2.加强农业合作组织建设

欧盟主要国家都十分重视农产品市场体系建设,目前大部分国家已经建立了比较健全的农产品市场体系,其管理规范、严格,商业化程度高、农业合作组织较发达的国家是荷兰和德国。荷兰以农业合作社为主,农业合作社的最重要的作用是保障农产品的顺利流通。合作社具有很强的独立性和自主性,对农产品的质量标准有着严格的规定,农户入社完全出于自愿。目前荷兰农产品中70%—96%的水果和蔬菜、82%的奶制品以及35%的肉类产品都是由合作社供应的,荷兰各种形式的农业合作组织数量多达2000多个,其中全国性合作组织有25个,这些合作组织销售网络覆盖面广,不仅仅渗透本国国内市场,甚至覆盖了欧洲以及国际市场,其利润既来自生产环节也来自流通环节。德国70%以上农业生产者加入了各类农业合作社,这些合作社覆盖面广,德国广大农村都能覆盖到,合作社为广大农户提供各种各样的服务,如农产品生产、加工、销售以及农资供应等方面的服务。农业合作社还包括由广大农户自发组织的各类行业协会,这些行业协会为农户提供收购、加工和销售等方面的服务。而且大部分直接参与农产品的流通和最终销售。

3. 政府为流通主体提供服务

法国、荷兰等大部分欧盟国家都在金融、服务等方面制定一些优惠政策,促进农产品供应链的发展。如在信贷活动中,国家优先贷款给予符合政策要求和国家规划发展的项目,并公布施行优惠利率,由政府财政补贴与国家政策利率的差额。同时,国家对农产品流通企业提供各种各样的服务。另外,对食品安全问题日益关注,加强质量的监督与管理。在德国,消费者很少考虑农产品的安全问题,因为德国对农产品生产和流通的每一个环节都有严格的法律,人们相信政府已经对农产品进行了严格控制。欧盟设立专门的行政机构,其职能是提供各种服务,制定与落实政府的相关政策法规。具体包括:(1)完善法律法规,严惩商业欺诈行为,促进农产品供应链成员建立诚信体系,有利于建立战略伙伴关系;(2)提供农产品包装、仓储和运输设施的技术指导和标准监督;(3)协调和仲裁农产品供应链中各利益主体的矛盾与冲突,保护各方的合法权益;(4)为农产品出口提供检疫、通关等服务,努力扩大本国农产品的市场准入,消除非贸易壁垒。

4. 积极实施农产品供应链管理

欧盟各国非常重视对供应链整体的宏观监管,政府统一对农业生产资料供应商、种植主、批发商、零售商进行管理,同时加大政府投资,不断扩大再生产,提高农产品供应链的业务量,不断改进供应链管理运作流程。通过加强对供应链的管理,促使各节点有效地降低成本,从而提高供应链的整体利益。并且欧盟各国农产品供应链实现了信息共享,使用网络技术把供应链的各节点连接起来,农产品物流中计划、管理、调配、优选等各节点都能准确获得最有时效性的信息,从而能够做出最佳的决策。

三、我国政府支持措施

通过分析美、日、欧盟各国的经验,我们可以发现,政府在供应链整合过程中发挥着非常重要的作用,不仅仅可以通过投资改善农产品供应链的基础设施,而且还可以通过制定方方面面的政策促使农产品供应链的发展。借鉴国际经验,我国政府也应该出台各项措施以促进农产品供应链整合,可以采取的措施包括:改善制度环境;加大政府财政支持;实行税费减免和优先用地保障。

(一)改善制度环境

1.政府部门要充分发挥其作用,科学规划,合理布局

政府有关部门应科学制定发展规划,并加强监督和实施,增强规划的权威性和约束力,并根据情况变化,对发展规划中不完善的地方进行合理地修订,提高规划的科学性。并通过制定规划、标准,引导社会资本按照规划发展农产品供应链设施、建设农产品物流配送中心,统筹协调,从整体上提高农产品供应链的效率和质量。同时,要坚持资源优化配置的原则,根据农产品产销趋势和中国农产品发展整体布局、通盘考虑,加强立项管理,严格论证、科学

选址、对规模和影响较大的农产品批发市场进行改造升级,逐步形成规范的大型国际农产品流通中心。此外,在农产品生产基地附近、规划确定的专业性物流配送区、大型社区商业中心内建设一批农产品经销公司和农产品物流配送中心,完善农产品流通网络,形成结构合理、功能齐全、运转灵活、发展协调、统一开放、竞争有序的农产品流通组织,疏通农产品流通渠道,促进产销衔接,提高农产品进入市场的组织化程度和农产品流通效率。

2.制定和落实促进农产品供应链发展的相关政策与法规

我国农产品供应链管理由多个行政管理部门进行管理,这些行政管理部门应加强沟通和协调,从总体上全面把握农产品供应链现状和发展规律,科学制定整体发展规划和战略目标以及促进农产品供应链发展的政策,按市场规律和经济规律办事,分类指导,集中力量、资金、技术办好项目。将建立完善的农产品供应链体系作为重点工作来抓,尽快研究制定构建农产品供应链管理体系的规划方案和实施办法,制定实施农产品质量安全技术,推动农产品优质计划,促进农产品供应链龙头企业快速健康的发展。此外,不断完善农产品供应链法律法规体系,促进农产品成员建立诚信体系,提供农产品包装、仓储与运输设施的技术指导和标准监督,促进农产品从生产到流通形成统一规格和表格,进一步整顿和规范农产品流通秩序,协调和仲裁农产品供应链中各利益主体的矛盾和冲突,保护各方的合法权益;建立强有力的市场监督和管理体制,依法管理市场,保护合法经营,促进正当竞争。各级政府应真正认识供应链管理的重要性,农产品供应链不仅能全方位提高农产品流通现代化程度、提高流通效率和效益,而且对调动农民积极性、创造性具有重要的作用。政府对农产品供应链发展的支持,有利于农产品流通企业的发展,有利于充分发挥农产品流通企业在解决"三农"问题中的作用。因此,各级政府部门要充分发挥其在农产品供应链中的作用和地位,通过政策引导、改进管理、做好服务为农产品供应链发展创造良好条件和环境。

3. 政府设置专门部门提供服务

可借鉴欧盟的做法,设立专门的行政机构,其职能是提供各种服务,使之出现农民增收、企业发展、政府增税的三赢局面。专门的行政机构提供的服务包括:第一,制定法律法规,以规范商业欺诈行为,通过构建诚信体系促使供应链各节点长期合作关系的建立;第二,完善农产品标准化,从农产品的生产、包装、运输等各环节制定较为完善的农产品标准化标准,能够增强农产品的市场竞争力,提高产品质量;第三,一旦供应链各节点发生矛盾或者冲突的时候,由行政管理机构负责协调或者仲裁;第四,针对农产品国际贸易中的非贸易壁垒问题,专门的行政机构要为农产品出口提供各项服务,以扩大我国农产品在国际市场的销量,占据国际市场。

4. 充分发挥农产品流通合作组织的作用

我国农产品和日韩一样,都是农业小规模生产,农户规模、实力都比较小,因此我国政府应该借鉴日韩经验,重视批发市场行业协会的作用。目前在我国农产品流通体系也有一些农民合作组织,但是由于进入农民合作组织的农户数量比较少,结果使得农民合作组织缺乏竞争力,一旦环境发生变化,往往不能适应。我国政府应该对农民合作组织给予政策支持,引导农民合作组织发展壮大,充分发挥其引导农民生产、满足消费者需求的作用。

5. 出台经销商组织化、契约化发展的政策措施

我国农产品供应链主体规模小、实力弱,农业合作组织也没有有效地发挥中间作用,结果导致我国农产品流通环节多、流转时间

长、流通成本高,一旦发生食品安全难以找到问题的根源。农产品供应链的形成需要培养一支强大的农产品流通主体、发达的农业合作组织和具有较大规模的农产品经销商队伍。因此我国政府应该在一些地区推动农产品批发市场升级改造,形成具有一定规模和集散能力的物流加工配送中心。加快建设冷链物流、综合集配中心和信息化网络系统,不断推动产地集配中心尤其是田间地头市场的组织化水平和销地配送中心的组织化水平。同时可以推进农产品流通主体之间的契约化,即由农产品供应链各节点间通过签署协议的方式建立"紧密合作、利益共享、风险共担"的关系,虽然他们各自产权独立,执行不同的职能但又有着共同的目标,既相互独立又相互合作,今后这种方式将会进一步普及。

(二)加大政府财政支持

1. 支持农产品供应链基础设施的建设

政府有关部门应根据发展规划,按照高起点、高标准、大规模、功能全、机制新的要求,加快建设适应我国经济发展需要的农产品供应链基础设施。在农产品供应链建设中应遵循"立足全局、突出优势,总体规划、分步实施,突出重点、完善体系,政府扶持、市场运作,运行现代、结构灵活"等基本原则,并加强领导,提高对农产品供应链基础设施建设重要性的认识;抓紧配套工程建设,完善仓储配送设施。目前农产品供应链流通基础设施建设落后,缺乏统一的农产品供应链质量安全管理信息平台、交通网络不合理、冷链物流建设落后、农产品供应链质量监管体系不健全等等。为了加快农产品供应链基础设施的建设,我国政府应该借鉴欧盟的做法,由政府支持农产品供应链基础设施建设。第一,建立从产地到销地的全程质量控制系统和追溯制度,使得出现农产品质量安全问题后,抓住问题的来源;第二,建立供应链各环节信息共享的信息化系统,通过共享信息,促使供应链各环节建立战略合作伙伴关系;第三,建设铁路、公路、海运、空运等硬件设施,通过建立完善的交通网络,促进物流技术水平的提高。

农产品批发市场的食品安全检测、平抑物价等公益性职能需要政府提供大量资金加以维持。目前我国农产品供应链的主要环节农产品批发市场进入到升级改造阶段,农产品批发市场的升级改造需要大量的资金,尤其是农产品批发市场的食品安全检测、平抑物价等公益性职能需要政府提供大量资金加以维持。因此我国政府应继续完善财政支持政策,积极发挥中央政府投资的促进作用,扩大流通促进资金规模,重点支持公益性流通设施、农产品和农村流通体系、流通信息化建设,以充分发挥农产品批发市场的商品集散功能、价格形成功能以及信息传播功能。

2. 支持农产品供应链信息化建设

政府有关部门应该更加重视农业信息化建设,利用优势信息对农产品流通方面提供高效协调,同时通过自有渠道、社会渠道将农产品信息散播出去,加速农产品信息共享。农产品信息共享包括从生产信息到销售信息,从一般性的业务信息到有针对性的特殊信息。农产品供应链信息化建设是实现信息共享的基础,但单独的农产品供应链没有实力完成信息化建设。农产品供应链各节点信息不对称影响了农产品供应链的发展,因此应该建立农产品供应链信息共享机制。政府应该支持农产品供应链信息化建设,完善的农产品供应链信息管理系统,有助于实现供应链管理方式的透明化和灵活性,有助于降低经营风险,提高整个供应链的效率。政府要加大投入,建立农产品流通信息网络,致力于"提供信息"和"让信息自由流动",让公众方便地获取免费的、真实的、及时的和全面的产品品质的信息,不断提高信息服务水平。政府有关部门应建立以现代科学技术和高科技装备为主体的现代化农产品流通系统,充分发挥政府公共信息网络可靠性和权威性高的优势,大力发展电子商务,彻底改造传统的、落后的信息系统。在政府支持的同时,农产品供应链成员应根据发展的需要,积极开发信息系统,努力实现供应链信息一体化。目前政府应该积极开展农产品电子商务培育工作,把农产品电子商务作为重要的工作来抓,开展线上线下相结合的产销一体化经营。在农村开展电子商务信息服务工作,不断完善农产品电子商务平台建设。

3. 支持农产品流通主体培育和壮大

政府应壮大农产品流通主体,鼓励农民生产者建立起各种生产和营销合作组织;积极发展农产品销售市场,可以引导和支持大型农产品生产企业、加工流通龙头企业在城市投资建设农产品超市或专营店,这样就可以将产品直接和消费者见面,省去了中间环节,同时扩大了农产品销售网络。农产品批发市场可以积极拓展农超对接、农校对接、农场对接等新型流通模式,在保障供给的前提下不断提升其服务能力;加强引导和扶持,发展各种批发商和经纪人队伍;引导农产品流通企业与大专院校、科研部门联合。政府应加大扶持和支持的力度,引导农产品流通组织向更大范围、更深层次发展和延伸,把更多的精力放在整个链条的建设上,鼓励和支持上下游企业建立长期战略合作伙伴关系;扶持龙头企业的资金一定要用在作用大、实力强的企业上,扶强、扶大、扶优,不扶弱。培育"重型龙头"参与国际市场竞争,在投资分配上,应加大对农产品产后处理和加工的投入。此外,通过建立农产品供应链核心成员、政府、中介组织等多主体共同协调机制,不断提高核心成员对供应链的运作能力,使核心成员能真正发挥协调作用。

4.支持供应链组织创新,探索供应链整合模式

农产品供应链整合会导致原有的农产品生产组织形式、资源配置模式、农产品流通和交易方式等方面发生根本性的改变。原有的农产品生产供给要求成员做大做强、统一整合上下游的资源,增强自身的竞争力。但是进入到供应链的竞争中,供应链成员需要巩固和维持自身的核心竞争力,并以核心竞争力为中心,向上下游拓展自身的核心业务。通过核心竞争力和核心业务创造出比竞争对手更大的价值。同时通过农产品供应链整合,可以达到"多赢"的目的,供应链的竞争也转变为供应链联盟间的竞争。这样的竞争促使供应链节点成员必须进行系统的创新,原有的竞争模式已经不再适用于供应链联盟间的竞争,这样的创新多发生在组织架构和经营管理方面。不同的农产品在生产、流通、消费等方面具有各自特点,因此在农产品供应链整合的形式上各具特色。例如:市场化程度高的奶业、猪肉等行业,多选择加工企业向上下游一体化方向整合;鲜活农产品行业多选择向上游生产方向整合;而越来越多的现代农业生产基地多选择创新农产品销售模式,通过直销、直营店等模式向下游整合供应链。在供应链整合过程中,技术、资金和品牌发挥了相对重要的作用。

(三)实施税费减免

在发达国家,一般都对初级农产品在所有环节均免征商品税或增值税。在美国的绝大多数州,不仅对初级农产品免征商品税或增值税,对所有的农产品加工食品也都免征商品税或增值税,全面体现对农产品生产流通的扶持。在欧盟的大多数国家,农产品同工业产品一样纳入增值税的税种征收,但在实际操作中,欧盟国家都对农产品采取了优惠政策,通过免税、实行特别税率等,农户

基本上没有承担纳税责任。在日本,对农产品批发市场建设,政府不仅在贷款利率、贷款期限方面给予优惠,在税收方面也给予优惠。

1. 农产品供应链核心环节——批发市场税费情况

农产品批发市场正常运行需要大量的成本,同时市场所承担的税负种类多、税率高,相对负担过重,其包括营业税、企业所得税、城建税、房产税、城镇土地税、教育附加、水利基金、印花税、地方教育费和河道管理费等,某些市场税费金额可以占到市场总成本的20%以上。农产品批发市场只有通过提高收入才能维持并增加利润,而其收入主要来自商铺租金、进门费用和交易费用提成等,高昂的农产品批发市场的税费导致商铺租金、进门费用和交易费用提成增加,而商铺租金、进门费用和交易费用提成增加又进一步带来经营商户的成本增加,经营商户从利润最大化角度出发,会提高经销农产品的价格,农产品流通环节"最后一公里"问题出现。调查数据显示,目前农产品价格的70%左右产生在流通环节,而流通环节的"最后一公里"——从市区一级批发市场到零售市场产生的成本,占总价格的五成以上,是整个流通过程中加价最高的环节。并且随着地价的上升,费用不断上涨,缴费周期越来越短,过重的费用必然会转嫁到消费者手中,直接导致农产品价格上涨。

2. 物流企业税费情况

我国现行的营业税将物流业务统分为运输和服务两大类。由于农产品供应链中的物流环节包括:运输、装卸、搬运以及仓储等环节,不能准确区分运输和服务收入,因此税务机关按照就高不就低的原则征收营业税,因此物流企业营业税税负普遍在3%—5%,除此以外,物流环节要承担高昂的过路过桥费。这些税费相加约占运输型物流企业经营成本的30%以上。随着国际油价的不断攀升,国内汽柴油价格也不断上涨。据统计,2014年物流业燃料成本约占企业成本40%左右。过路过桥费约占20%左右。在人力成本也大幅上涨的背景下,物流企业的生存处境将更加艰难。

3. 建议政府降低税费的措施

农产品流通税费政策亟待调整完善。尽管国家已出台政策,免除农产品销售的增值税,但农产品流通中其他一些税费政策仍有优化的空间。针对农产品流通税费过高的现状,我国已经出台免除农产品销售的增值税政策,对鲜活农产品实施从生产到消费的全环节低税收政策,将免征蔬菜流通环节增值税政策扩大到部分鲜活肉蛋产品。为了进一步降低税费,可以采取如下措施:首先,降低农产品供应链各环节的用电、用水、用气、用热价格,通过降低用电、用水、用气、用热价格,减少农产品供应链的运行成本。其次,规范和降低农产品市场收费,以盈利为目的的农产品批发市场势必增加对经销商户的收费,而政府投资兴建的公益性批发市场可以降低收费。最后,降低农产品供应链各环节税收,一是国际上一些国家将公益性农产品批发市场给予免税政策,我国为了降低农产品流通的税费,可以借鉴国际经验,对农产品批发市场减免征收营业税、所得税等。二是2013年1月,国务院公布"开展农产品增值税进项税额核定扣除试点,完善农产品增值税政策,继续对鲜活农产品实施从生产到消费的全环节低税收政策,将免征蔬菜流通环节增值税政策扩大到部分鲜活肉蛋产品"。同时政府应严格执行鲜活农产品运输绿色通道政策,将免收通行费措施落实到位,结合实际完善适用品种范围。从严审批新的一级及一级以下公路和独立桥梁、隧道收费项目。逐步推进西部地区取消政府还贷二级公路收费工作。深入推进收费公路专项清理,降低偏高的车辆通行费收费标准,抓紧修订《收费公路管理条例》,完善通行费形成机制。

(四)优先用地保障

1. 推动农地经营权的集中

政府应因地制宜地进行农业产业化经营和农产品供应链重构。为了达到农业规模化、产业化经营,在资源有偿和加强服务基础上完善土地承包经营权流转市场,推动农地经营权的集中,并发展多种形式的适度规模经营。政府应该引导和重构农产品供应链,向现代供应链模式转变,以提升农业产业化水平,增加农民收入。一般来说,农业产业规模大,地域特色鲜明的地方可以采用龙头企业为核心的农产品供应链模式。如果没有强势龙头企业,也可以通过建立农业合作组织,实现规模化、订单化生产,从而提升农业产业化经营水平。

2. 采取政策降低土地成本

随着我国城市化进程的加快,土地需求增加,导致土地价格急剧上升,土地成本占农产品供应链总成本的比例提高,因此在其他条件不变的前提下,降低土地的成本是考虑的首要因素。农产品供应链中对土地需求最为强烈的是农产品批发市场。2013 年 1 月国务院办公厅发布关于印发降低流通费用提高流通效率综合工作方案的通知,决定"从 2013 年 1 月 1 日至 2015 年 12 月 31 日,免征农产品批发市场、农贸市场城镇土地使用税和房产税",这无疑降低了土地成本。由此可见,我国政府在农产品批发市场建设用地方面已经出台了一些政策,今后我国政府针对批发市场建设发展起步较晚的现状,将会进一步加大资金投入,但由于农产品批发市场建设资金投入较多,全部资金不可能都由政府解决,如日本政府投资额占批发市场建设总投资的40%左右,起着启动资金和吸引其他资金的作用,对进场客户实行低收费,这些费用用于设施维护、人员开支,以保证市场正常运转,我国政府也应该从多个层面解决农产品批发市场建设资金。

3. 出台政策保障农产品批发市场建设用地

农产品批发市场用地,主要存在三个问题,即土地取得的程序问题、土地转让的类型问题和土地取得的审批问题。尽管以批发市场为核心的农产品市场体系已经日益完善,但是我国尚未出台针对批发市场建设用地的法律,导致政府在市场规划时不能统一部署、监管部门监管时法律缺失,因此急需出台《农产品批发市场法》

2013年1月,国务院办公厅发布《关于印发降低流通费用提高流通效率综合工作方案的通知》,决定"城市人民政府在制定调整土地规划、城市规划时,要优先保障农产品批发市场、农贸市场、社区菜市场和便民生活服务网点用地。严格控制将社区便民商业网点改作其他用途。鼓励地方政府以土地作价入股、土地租赁等形式支持农产品批发市场建设。鼓励各地选择合适区域、时段,开辟免摊位费、场地使用费、管理费的早市、晚市、周末市场、流动蔬菜车等临时交易场所和时段市场,其用地可按临时用地管理"。

2014年4月,商务部、发改委等部门发布《关于进一步加强农产品市场体系建设的指导意见》,明确规定"在土地利用总体规划和城乡规划中统筹安排农产品批发市场用地规模、布局,优先保障符合农产品市场发展规划的市场用地供应。支持利用工业企业旧厂房、仓库和存量土地资源兴办农产品市场。在符合规划和

用途管制前提下,鼓励农村集体经济组织依法以集体经营性建
设用地使用权入股、联营等形式与其他单位、个人共同兴办农产品
市场"。

参 考 文 献

《马克思恩格斯选集》第 4 卷,人民出版社 1995 年版。

[英]罗纳德·哈里·科斯、王宁:《变革中国:市场经济的中国之路》,徐尧、李哲民译,中信出版社 2013 年版。

[英]迈克尔·莱斯诺夫等:《社会契约论》,刘训练、李丽红、张红梅译,江苏人民出版社 2006 年版。

安德鲁·坎贝尔、凯瑟琳·萨姆斯·卢克斯:《战略协同》(第 2 版),任通海、龙大伟译,机械工业出版社 1999 年版。

H. 伊戈尔·安索夫:《协同与能力》,载安德鲁·坎贝尔、凯瑟琳·萨姆斯·卢克斯:《战略协同》(第 2 版),任通海、龙大伟译,机械工业出版社 1999 年版。

伊丹广之:《隐性资产》,载安德鲁·坎贝尔、凯瑟琳·萨姆斯·卢克斯:《战略协同》(第 2 版),任通海、龙大伟译,机械工业出版社 1999 年版。

[德]赫尔曼·哈肯:《协同学——大自然构成的奥秘》,凌复华译,上海译文出版社 2001 年版。

Allen F.Wysoeki、H.Christopher Peterson、and Stephen B.Harsh, "Quantifying Strategic Choice Along the Vertieal Coordination Continuum", *Intemational Food and Agribusiness Management Review*, 2003, vol(6).

Boger, S., "Quality and Contractual Choice: A Transaction Cost Approach to the Polish Hog Market", *Euro Review of Agriculrural Economics*, 2001, vol(3).

Abebe Ejigu Alemu, "Trader-supplier Coordination in the Agrifood Supply Chains in Northern Ethiopia", Paper prepared for presentation at the EAAE 2011 Congress Change and Uncertainty, 2011.

马士华:《供应链管理》,机械工业出版社 2006 年版。

冯海发、丁力:《有关国家农业行政管理体制的设置及启示》,《管理世界》1998 年第 3 期。

冯中越等:《北京农产品流通体系与协调机制研究》,中国统计出版社 2013 年版。

丁丽芳:《农产品供应链》,中国林业出版社 2013 年版。

杜红梅:《中国农产品绿色供应链耦合机制研究》,社会科学文献出版社 2012 年版。

李道亮:《中国农村信息化发展报告(2010)》,北京理工大学出版社 2011 年版。

郭娜:《生鲜蔬菜流通渠道效率研究》,人民出版社 2013 年版。

贾敬敦等:《中国农产品流通产业发展报告(2013)》,社会科学文献出版社 2013 年版。

夏春玉等:《中国农村流通体制改革研究》,经济科学出版社 2009 年版。

赵尔烈:《为了百姓的绿色餐桌》,中国财富出版社 2013 年版。

陈冰冰:《SCM 供应链管理——策略、技术与实务》,电子工业出版社 2004 年版。

杨秀苔:《资源经济学:资源最优配置的经济分析》,重庆大学出版社 1993 年版。

魏国辰、肖为群:《基于供应链管理的农产品流通模式研究》,中国物资出版社 2009 年版。

王志刚:《市场食品安全与农业发展》,中国农业科学技术出版社 2006 年版。

安玉发:《借鉴日韩经验深化我国农产品批发市场改革》,《经济要参》2010 年第 34 期。

孟菲、傅贤治:《美日农产品流通渠道模式比较及对中国的借鉴》,《中国农村经济》2007 年第 1 期。

马增俊:《中国农产品批发市场发展 30 年回顾及展望》,《中国流通经济》2015 年第 5 期。

马增俊、徐振宇、纳绍平:《中国农产品批发市场交易技术的演化:基于激励相容视阈的研究》,《北京工商大学学报(社会科学版)》2011 年第 11 期。

邓俊淼、戴蓬军:《供应链管理下鲜活农产品流通模式的探讨》,《农业经济》2006 年第 8 期。

谭涛、朱毅华:《农产品供应链组织模式研究》,《现代经济探讨》2004 年第 5 期。

唐震、曾文清:《农产品市场公益性价格补贴的政策研究》,《市场经济与价格》2014 年第 10 期。

倪长生、王糯兴:《我国台湾农产品批发市场发展经验及启示》,《安徽农业科学》2015 年第 5 期。

罗必良、王玉蓉、王京安:《农产品流通组织制度的效率决定:一个分析框架》,《农业经济问题》2000 年第 8 期。

罗必良:《中国农产品流通体制改革的目标模式》,《经济理论与经济管理》2003 年第 4 期。

李平、陈计芳、郭洋:《基于内容分析法的产业链概念分析综述》,《江苏商论》2013 年第 12 期。

黎东升、刘大集、祁春节:《改革以来我国农产品批发市场发展的现状与对策研究》,《湖北农学院学报》2003 年第 12 期。

凌宁波、朱凤荣:《构建由超市主导的生鲜农产品供应链》,《农村经济》2006 年第 7 期。

刘江鹏:《基于供应链整合的农产品物流模式研究》,《物流工

程与管理》2010 年第 12 期

李季芳:《我国生鲜农产品供应链管理思考》,《中国流通经济》2007 年第 1 期。

罗建群:《网络信息技术在农产品供应链管理中的应用》,《新学术论丛》2010 年第 3 期。

李新然、孙晓静:《基于 SCM 的企业绩效影响模型》,《科研管理》2009 年第 3 期。

刘瑞涵:《供应链整合运作模式探析——以农产品供应链为例》,《市场营销导刊》2009 年第 5 期。

刘瑞涵:《北京地产鲜果供应链整合模式研究》,中国农业科学院 2008 年博士学位论文。

李仁君:《中国三次产业的人力资本存量及其指数化测算》,《海南大学学报人文社科版》2010 年第 10 期。

刘畅、安玉发:《日本生协生鲜农产品供应链的变革及其对中国的启示》,《现代经济探讨》2011 年第 10 期。

陆杉:《农产品供应链成员信任机制的建立与完善——基于博弈理论的分析》,《管理世界》2012 年第 7 期。

李岩、傅泽田、刘雪:《农产品供应链管理问题初探》,《农村经济》2008 年第 3 期。

刘英华、吕志轩:《农产品供应链的纵向一体化:理论基础与实证分析》,《华东经济管理》2011 年第 4 期。

刘勇、刘纯阳:《农产品供应链外部成本及其分担机制——以湖南柑橘生产为例》,《世界农业》2008 年第 9 期。

龚梦、祁春节:《我国农产品流通效率的制约因素及突破点——基于供应链理论的视角》,《中国流通经济》2012 年第 11 期。

郭欣旺、李莹、周云凤:《小农户加入现代农产品供应链的思考》,《农村经济》2011 年第 2 期。

黄炳胜:《我国资源危机的成因和政策取向》,《学术论坛》

1999 年第 4 期。

胡莲:《基于质量安全的农产品供应链管理及其信息平台研究》,同济大学 2008 年博士学位论文。

郝爱民:《农产品供应链事件序列图模型及其应用——以河南小麦为例》,《安徽农业科学》2008 年第 34 期。

韩耀、杨俊涛:《论批发商主导型农产品供应链联盟》,《北京工商大学学报》2010 年第 5 期。

江波、吴秀敏:《农产品供应链垂直协作方式的选择——基于资产专用性维度的分析》,《农村经济》2008 年第 3 期。

席利卿:《农产品营销渠道纵向协作关系研究》,华中科技大学博士论文,2010 年。

许金立、张明玉:《农产品供应链协同机制研究》,《管理现代化》2011 年第 2 期。

薛建强:《农产品交易方式治理机制分析与优化建议》,《农村经济》2010 年第 12 期。

谢秋菊、褚洪光、赵智晶:《农产品供应链垂直协作关系探讨——以加工企业为中心》,《农村经济与科技》2010 年第 6 期。

熊彩云:《美国家禽鸡蛋业和肉猪业垂直协作方式的比较分析》,《世界农业》2004 年第 9 期。

肖为群、魏国辰:《发展农产品供应链合作关系》,《宏观经济管理》2010 年第 5 期。

徐晓新:《中国食品安全:问题、成因、对策》,《农业经济问题》2002 年第 10 期。

徐振宇、赵烨:《我国大城市农产品批发市场交易的演进趋势以北京为例》,《北京工商大学学报》2010 年第 6 期。

孙黎宏:《农产品供应链一体化经营模式研究》,《合肥学院学报(社会科学版)》2009 年第 4 期。

张敏:《基于核心企业的农产品供应链分析》,《物流技术》2004 年第 5 期。

张敏:《农产品供应链组织模式与农产品质量安全》,《农村经济》2010 年第 8 期。

朱霖、王洋:《中美日韩法农产品流通体系比较——以批发市场为中心》,《上海电机学院学报》2014 年第 6 期。

张丽南:《我国农产品批发市场文献综述——基于转型升级视角》,《商业经济》2014 年第 7 期。

张焕勇、浦徐进:《基于渠道权力的生鲜农产品供应链流通模式构建》,《商业研究》2013 年第 12 期。

庄晋财、黄群峰:《供应链视角下我国农产品流通体系建设的政策导向与实现模式》,《农业经济问题》2009 年第 6 期。

朱娟、胡定寰:《现代化的农产品供应链对我国小农户贷款行为的影响》,《农业经济问题》2007 年第 1 期。

张学志、陈功玉:《我国农产品供应链的运作模式选择》,《中国流通经济》2009 年第 10 期。

赵晓飞:《我国现代农产品供应链体系构建研究》,《农业经济问题》2012 年第 1 期。

朱雪珍:《绿色农产品供应链中供应商的选择》,《农业经济问题》2007 年第 4 期。

周雄伟:《供应链信息共享激励模型研究》,武汉大学 2010 年博士学位论文。

张春勋:《农产品交易的关系治理:对云南省通海县蔬菜种植户调查数据的实证分析》,《中国农村经济》2009 年第 8 期。

周树华、张正洋、张艺华:《构建连锁超市生鲜农产品供应链的信息管理体系探讨》,《管理世界》2011 年第 3 期。

张晟义:《涉农供应链管理理论构建——国家级农业产业化重点龙头企业的供应链实践》,西安财经大学 2010 年博士学位论文。

周应恒、王二朋:《优化我国食品安全监管制度——一个分析框架》,《南京农业大学学报(社会科学版)》2012 年第 4 期。

陈小静:《基于优质农产品供应链的我国农产品流通体系研究》,《农业经济》2010 年第 7 期。

盛革:《我国农产品现代流通服务体系的协同优化设计》,《管理评论》2009 年第 8 期。

易法敏、夏炯:《基于电子商务平台的农产品供应链集成研究》,《经济问题》2007 年第 1 期。

杨金海:《农产品供应链协调机制问题初探——基于委托—代理理论的视角》,《农村经济与科技》2009 年第 5 期。

游军、郑锦荣:《农产品供应链研究进展》,《湖南农业科技》2009 年第 10 期。

杨秀丹、郭洪生、赵延乐:《河北省农村信息基础设施与农民信息行为调查与分析》,《现代情报》2013 年第 5 期。

杨学义、李新卯:《以第三方物流企业为核心的农产品供应链管理模式探析》,《西安财经学院学报》2011 年第 1 期。

姚子辉:《需求与资源的有限性与无限性运动及对生产力发展的影响》,《学术界》1996 年第 2 期。

杨申燕、陈向军:《农产品供应链信息平台的构建与实施》,《经济社会体制比较》2009 年第 2 期。

于亦文、赵召华:《农产品供应链风险形成机理研究》,《物流科技》2011 年第 2 期。

杨为民:《农产品供应链一体化模式初探》,《农村经济》2007 年第 7 期。

魏毕琴:《论超市的生鲜农产品供应链上主体共生关系》,《消费经济》2011 年第 2 期。

汪普庆、周德翼、吕志轩:《农产品供应链的组织模式与食品安全》,《农业经济问题》2009 年第 3 期。

吴干冰、陈本新:《日本、韩国农产品批发市场考察报告》,《浙江树人大学学报》2005 年第 7 期。

吴秀敏、林坚、江波:《农产品供应链中加工企业垂直协作方式的选择分析——以四川省 90 家农产品加工企业为例》,《纪念农村改革 30 周年学术论文集》2008 年。

王洪鑫、樊雪梅、孙承志:《基于物流能力的农产品供应链绩效评价问题研究》,《生产力研究》2009 年第 19 期。

王素霞、胡定寰:《以超市为中心的农产品供应链流通成本研究》,《经济研究参考》2007 年第 26 期。

王爱群、夏英:《合同关系与农业垂直一体化应用比较研究》,《农业经济问题》2006 年第 7 期。

王志刚、许栩:《日本经济高速增长期农业法律与政策调整的经验及其借鉴意义》,《理论探讨》2012 年第 5 期。

王志刚、孙瑞瑞、包书政:《日本农协发展的新战略及其对中国农业产业化发展的启示》,《农学学报》2012 年第 3 期。

王圣广、马士华:《供应链的拓展应用研究》,《南开管理评论》1999 年第 6 期。

王文宾等:《不同政府决策目标下逆向供应链的奖惩机制研究》,《中国管理科学》2015 年第 7 期。

后　记

　　我们这个研究团队从20世纪90年代开始持续关注"三农"领域的流通问题,围绕"农村商品流通体制"、"农产品流通中介组织"、"农村市场中介组织""农产品供应链"等主题展开研究工作,其中有工作的辛苦、思考的痛苦,当然也有收获的喜悦。在这20多年里,我们经常能感到胸中激荡着一种情感,那是对我们的父老乡亲能过上好日子的希望,是对田园牧歌、美丽乡村的向往,也是对能用我们所学流通相关理论知识解决实际问题的期待。正是这种感情激励着我们深入农村调研,灯下伏案笔耕。当我们等够在某些方面解开疑团、提出建议的时候,我们是快乐的;当我们看到菜农因卖不掉菜而自杀等事件的报道时,我们又会陷入深深的痛苦之中。如何才使农民辛苦所得能够换回合理报酬,如何才能建成一个高效、高质的农产品流通体系,始终是需要我们孜孜以求去研究和解决的问题。身为流通学人,我们能够感觉到这份责任的沉重。

　　目前我国农产品流通形成了由多元主体、多种渠道、跨区域流通路径构成的流通体系。但是农产品在从地头到餐桌的过程中,农户与中间商的小散化、交易的随机性、产品的非标准化、产品质量信息不对称甚至缺失、流通损耗巨大、流通加工与流通增值能力弱等情况一直没有得到彻底改变。根据国际经验,农产品流通现代化的实现,不仅需要流通主体组织化程度以及市场能力的不断提高,需要信息技术的引进与广泛应用,更需要有先进的管理方法促成现代元素与传统元素的有效整合,打破巨大的系统运行惯性,实现农产品流通在水平上的飞跃。目前理论界和实践领域对供应链管理方法寄予厚望。

本书界定了"狭义的农产品供应链"概念并以此为研究对象,构建了组织整合加信息整合加资源整合的农产品供应链整合研究框架,回答在农产品流通过程中谁和谁有条件结成供应链合作伙伴,以什么样的方式在链上使用信息技术,如何对物流设施设备进行投资等问题,从而揭示农产品供应链获得增值的一般规律。

这部书是国家软科学项目和河北省高等学校高层次人才科学研究项目的研究成果。书稿由我和刘东英教授提出写作大纲,并总篡定稿,项目组成员刘振滨、郭娜、梁佳、米新丽、丁玉霞、潘丹丹、陈占民,参加调研、讨论和书稿撰写。我们在写作过程中分享知识、交流观点,互相学习,为项目的完成付出了辛苦劳动,这种刻苦敬业、精诚合作的精神正是我们团队所共同珍视的,我也希望这种精神能够长久延续。

让我们感到鼓舞的是有越来越多的学者、团队在从事这一领域的研究,从他们那里,我们看到严谨的学风、科学的方法和有价值的研究成果,对我们的研究有非常重要的启迪和帮助作用,在此我代表项目组表示衷心感谢,同时希望各位专家学者对我们的成果给予指正。书稿付梓,还要特别感谢人民出版社责任编辑付出的辛苦劳动!

纪良纲

2016 年 5 月